WRTO 世界研学旅游组织"十四五"规划研学旅行管理与服务专业精品教材

高等教育"十四五"规划研学旅行管理与服务专业系列教材

研学旅行资源导论

主　编：卫　红　郑远帆　郑耀星

副主编：孔　泽　田　媛　程　丽

参　编：魏丹丹　潘耍忠　马天伦

　　　　李　祥　王璐洁

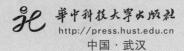

http://press.hust.edu.cn

中国·武汉

内 容 提 要

本教材的编写遵循中小学课外实践和研学旅行活动组织的要求,力求促进研学旅行资源开发与研学旅行活动的深度融合。教材内容从研学旅行资源的概念、分类以及产品开发入手,重点突出普及性和可操作性,以案例为基础,详细阐述了自然观赏类研学旅行资源、科普教育类研学旅行资源、体验考察类研学旅行资源、励志拓展类研学旅行资源、文化康乐类研学旅行资源、研学旅行资源调查与评价等方面的知识,特别针对研学旅行资源信息化平台建设,增加地理信息技术与研学旅行、研学旅行资源数据库章节,共计九章。各个章节设定了对应的章节目标、教学重点、知识框架、课前导入、延伸阅读、思考练习等多项教学内容,帮助教师开展教学和实践活动。

本教材主要适用于高等院校旅游管理及相关专业教学,也可作为研学旅行培训的教材和自学参考书。

图书在版编目(CIP)数据

研学旅行资源导论/卫红,郑远帆,郑耀星主编.—武汉:华中科技大学出版社,2023.4(2024.9重印)
ISBN 978-7-5680-9164-0

Ⅰ.①研… Ⅱ.①卫… ②郑… ③郑… Ⅲ.①教育旅游-旅游资源-研究-中国 Ⅳ.①F592

中国国家版本馆 CIP 数据核字(2023)第 044329 号

研学旅行资源导论 卫 红 郑远帆 郑耀星 主编
Yanxue Lüxing Ziyuan Daolun

策划编辑:李 欢 汪 杭
责任编辑:聂筱琴 汪 杭
封面设计:廖亚萍
责任校对:李 琴
责任监印:周治超

出版发行:华中科技大学出版社(中国•武汉) 电话:(027)81321913
　　　　　武汉市东湖新技术开发区华工科技园 邮编:430223
录　　排:华中科技大学惠友文印中心
印　　刷:武汉科源印刷设计有限公司
开　　本:787mm×1092mm 1/16
印　　张:14.25
字　　数:332千字
版　　次:2024年9月第1版第2次印刷
定　　价:49.80元

本书若有印装质量问题,请向出版社营销中心调换
全国免费服务热线:400-6679-118　竭诚为您服务
版权所有　侵权必究

WRTO 世界研学旅游组织"十四五"规划研学旅行管理
与服务专业精品教材
高等教育"十四五"规划研学旅行管理与服务专业系列教材

丛书编审委员会

总主编

马　勇　国家高层次人才特殊支持计划领军人才，国家"万人计划"教学名师
　　　　教育部高等学校旅游管理类专业教学指导委员会副主任
　　　　中国旅游研究院生态旅游研究基地首席专家
　　　　教育部旅游管理专业虚拟教研室负责人
　　　　湖北大学旅游发展研究院院长，教授，博士生导师

杨振之　世界研学旅游组织执行主席
　　　　中国旅游协会地学旅游分会副会长
　　　　四川大学旅游学院教授、博士生导师，四川大学旅游与休闲研究中心主任
　　　　成都来也旅游发展股份有限公司创始人

编　委

（排名不分先后）

郑耀星	田志奇	林贤东	饶英华
谢祥项	吴耿安	陈创光	林小凡
李　玺	张胜男	马庆琳	陈金龙
许昌斌	郑远帆	吕　明	黄　文
黄安民	李　慧	刘宏申	王　英
李建刚	董良泉	杨　娇	孟玲玉
卫　红	郭晓康	张云萍	吴　矜
潘淑兰	郭晓晴	张　超	陈　蔚
王　军	陈加明	姜　雪	童　昀
谷　音	贾朋社	钟　畅	彭小舟
韦欣仪	刘雁琪	董之文	

序一

读万卷书,行万里路。游学,自古以来便是我国学子增长见识、提高学问的方式。自 2016 年教育部等 11 部门印发《关于推进中小学生研学旅行的意见》以来,研学旅行在我国迅速发展并呈现出强劲的增长势头。2019 年,教育部在普通高等学校高等职业教育专科层次增补研学旅行管理与服务专业。2021 年,文化和旅游部印发《"十四五"文化产业发展规划》,提出开发集文化体验、科技创新、知识普及、娱乐休闲、亲子互动于一体的新型研学旅游产品。

研学旅行这一新业态的迅速发展,迫切需要大量的专业人才,因此,编制出版一套高水平、高质量、适应产业发展要求的教材十分必要。

教育部直属全国"双一流"大学华中科技大学出版社联合世界研学旅游组织,立项重点课题"基于研学旅行专业人才培养目标的课程体系建设与教材开发",旨在编写一套既具有国际视野,又具有中国特色;既有科学理论,又有实操指导;既适用于高等院校,又适用于行业从业者的高水平教材。2020 年世界研学旅游大会正式发布了本课题及组稿邀请函,得到全国 40 余所知名院校的教授、专家、学科带头人,以及近百所研学旅行基地(营地)、研学旅行服务机构专家,以及中小学骨干教师的积极响应和参与。课题成果最终凝结为本系列教材。

本系列教材首批规划 9 本,包含《研学旅行概论》《研学旅行资源导论》《研学旅行课程开发与管理》《研学导师实务》《研学营地基地运营管理》《研学旅行产品设计》《研学旅行项目开发与运营》《研学旅行市场营销》《研学旅行安全管理》,基本涵盖了当下研学旅行业态的各重要环节。本系列教材具有如下特点。

一、国际视野,中国特色

本系列教材的作者来自全国各地,他们不仅有国际化视野与丰富的海外学习或教学经验,同时还是高等院校或研学旅行基地(营地)的负责人,在撰写书稿时,既参考吸收了国际先进方法,又融入了中国特色、家国情怀与实操经验。

二、名师团队,先进引领

本系列教材由中组部国家高层次人才特殊支持计划领军人才、教育部旅游管理类专业教学指导委员会副主任马勇教授和世界研学旅游组织主席杨振之教授担任总主编,各分册主编由来自四川大学、湖北大学、福建师范大学、湖北师范大学、山西师范大学、华侨大学、澳门城市大学等知名院校的院长、教授、学科带头人以及研学旅行基地(营地)、研学旅行服务机构的负责人担任,他们有着丰富的执教与从业经验,紧跟教育部、文旅部指导意见,确保了本系列教材的权威性、准确性、先进性。

  三、理实结合,校企融合

  本系列教材各分册均采取校企"双元"合作编写模式,除了具有完备的理论,还引入大量实务案例和经典案例,并在编写体例上注重以工作过程为导向,设置教学项目与教学任务,确保理论与实操相结合。

  四、配套资源,纸数融合

  华中科技大学出版社为本系列教材建设了线上资源服务平台,在横向资源配套上,提供教学计划书、教学课件、习题库、案例库、参考答案、教学视频等系列配套教学资源;在纵向资源开发上,构建了覆盖课程开发、习题管理、学生评论、班级管理等集开发、使用、管理、评价于一体的教学生态链,打造出线上线下、课堂课外的新形态立体化互动教材。

  研学旅行管理与服务作为新增设专业和新兴行业,正步入发展快车道。希望这套教材能够为学子们带来真正的养分,为我国的研学旅行事业发展贡献力量。在此希望并诚挚邀请更多学者加入我们!

马勇
2022 年 5 月

序二
Foreword 2

本系列教材是世界研学旅游组织重点课题"基于研学旅行专业人才培养目标的课程体系建设与教材开发"的研究成果。

在中国,研学旅行正如火如荼地开展,各级政府部门、家长、学校、学生及社会公众对研学旅行的发展,正翘首以待。无论是中国古代的游学,还是西方的"大游学"(Grand Tour),千百年来的实践经验都无一例外地证明了回归户外、自然课堂的研学旅行是提高个人综合素质的不二之选。

在中国,现代意义上的研学旅行才刚刚兴起,借鉴西方发达国家一百多年来自然教育的先进经验,建立有中国特色的研学旅行教育体系,厘清各种误解,包括理念认知、基本概念和运作上的误解,是我们这套教材编写的出发点。

因此,本系列教材从编写之初就确立了这样一个原则:国际视野、中国特色,重实践、重运营,将理论与实践结合,做到知行合一。在编写作者的选择上,我们让一些既了解中国国情,又了解国际研学旅行情况的从业人员参与编写,并要求他们尽量研判国际自然教育的发展趋势及研学案例;将高校教师的理论研究与一线研学企业的实操经验相结合。这是本系列教材的一大特色。

本系列教材可用作高校教材,特别是高等职业学校研学旅行管理与服务专业的教材。

世界研学旅游组织重视研学旅行对人的成长和修养的价值,倡导研学旅行要从幼儿园儿童、中小学生抓起。研学旅行的目标是提高人的综合素质,真正实现知行合一。研学旅行倡导学生走出课堂,回归大自然,与大自然亲密接触,更注重学生在大自然中的体验和实践,反对走出课堂后又进入另一个教室,反对在博物馆和大自然中还是走灌输知识和说教的老路。没有实践和行动的研学,都达不到研学的目的。

希望这套教材能为中国方兴未艾的研学旅行事业添砖加瓦,能为读者,尤其是家长带来益处,也算是我们为社会做出的贡献。

是为序。

杨振之
2022 年 5 月

前言
Preface

　　游学是中国古代知识分子学习文化知识的重要途径之一,从春秋时期开始,既有诸子百家周游列国,也有普通百姓的踏青、重阳节登高等;既有商贾"肇牵车牛远服贾",也有文人和士大夫的"游异地,从师求学"。游学的发展,在古代传播了思想,促进了文化的交流。17世纪,英国、德国的贵族子弟到历史文化悠久的法国和意大利开启"漫游式修学旅行"。纵观中外,"读万卷书,行万里路"的教育理念和人文精神是相通的,尽管旅行的目的各不相同,但都有增长见闻、增加阅历的作用,从一定意义上讲,古代的游学可以看作早期的研学旅行。

　　到了新时代,为了强化素质教育,提升中小学生的自理能力、创新能力和实践能力,国务院各部门单独或联合出台了许多相关文件,力促研学旅行的发展。其中,2013年,《国民旅游休闲纲要(2013—2020年)》中明确提出:"逐步推行中小学生研学旅行""鼓励学校组织学生进行寓教于游的课外实践活动,健全学校旅游责任保险制度"。2014年,《关于促进旅游业改革发展的若干意见》首次明确了"积极开展研学旅行。按照全面实施素质教育的要求,将研学旅行、夏令营、冬令营等作为青少年爱国主义和革命传统教育、国情教育的重要载体,纳入中小学生日常德育、美育、体育教育范畴,增进学生对自然和社会的认识,培养其社会责任感和实践能力"。2016年,《关于推进中小学生研学旅行的意见》指出:"中小学生研学旅行是由教育部门和学校有计划地组织安排,通过集体旅行、集中食宿方式开展的研究性学习和旅行体验相结合的校外教育活动,是学校教育和校外教育衔接的创新形式,是教育教学的重要内容,是综合实践育人的有效途径。"2021年7月,中共中央办公厅、国务院办公厅印发了《关于进一步减轻义务教育阶段学生作业负担和校外培训负担的意见》(以下简称"双减")。"双减"政策更加注重青少年"德智体美劳"的全面发展,加强校内课堂与校外实践的结合,全方位提高教育质量和人才培养质量。

　　研学旅行作为一种新兴旅游方式,突破传统教育的束缚,将青少年带出传统"校园内"教学环境,充分利用沉浸式情景教学和互动式体验教学,打开了素质教育的一扇门。研学旅行,是新时代中小学教育补短板、强弱项的重要方式,有利于促进书本知识与社会实践的深度融合,推动青少年"德智体美劳"全面发展。研学旅行看什么,什么样的资源可以作为研学旅行资源,研学旅行资源如何开发等一些问题,成为当下研学旅行开展需要解决的重要问题。

　　基于此,在华中科技大学出版社的统筹下,从 2021 年开始,我们组织了上海师范大学、山西师范大学、天津职业大学、三明学院等单位的教师编写本书,力求能够以通俗易懂的方式阐述研学旅行资源的概念、类型,以及开发方式。本书分为九章,包括研学旅行资源概述、自然观赏类研学旅行资源、科普教育类研学旅行资源、体验考察类研学旅行资源、励志拓展类研学旅行资源、文化康乐类研学旅行资源、研学旅行资源调查与评价、地理信息技术与研学旅行、研学旅行资源数据库等内容。

　　本书可作为高等院校旅游管理及相关专业的本科生和大专生的教材,也可供研学旅行相关从业人员参考。

　　本书的编写受到山西师范大学教材建设项目经费资助。

　　本书在编写过程中,借鉴和引用了大量国内外专家、学者的相关成果,也正是国内外专家、学者在相关领域的理论研究和应用实践,为本书的编写提供了基本素材,在此特表衷心感谢。感谢马天伦、潘要忠以及山西师范大学 2020 级、2021 级旅游管理专业的同学的辛勤付出。感谢华中科技大学出版社的汪杭编辑,为推进本书的出版和发行,她在本书的组稿、统稿等方面付出了大量的心血,提出了许多建设性的意见和建议,编者常常被她的工作热忱所打动。同时感谢华中科技大学出版社的高效工作,使本书得以顺利出版。

　　随着研学旅行的发展,行业和学界对于研学旅行资源的认知会不断加深、不断拓展,由于编者在教学、研究和实践方面的水平有限,加之种种其他原因,本书难免有不妥和疏漏之处,敬请各位专家和读者不吝赐教。

编者
2023 年 2 月 23 日

目录
Contents

第一章 研学旅行资源概述 /001

第一节 研学旅行资源概念 /002
一、研学旅行缘由 /002
二、相关概念界定 /009

第二节 研学旅行资源特征 /012
一、教育性 /012
二、广域性 /012
三、多样性 /012
四、文化性 /013

第三节 研学旅行资源分类 /013
一、分类原则 /013
二、分类标准 /014

第二章 自然观赏类研学旅行资源 /023

第一节 山川研学旅行资源 /024
一、山川研学旅行资源概念 /025
二、山川研学旅行资源特点 /025
三、山川研学旅行资源分类 /026
四、山川研学旅行资源开发 /026

第二节 江湖海研学旅行资源 /032
一、江湖海研学旅行资源概念 /032
二、江湖海研学旅行资源特点 /032

三、江湖海研学旅行资源分类　　/033
　　四、江湖海研学旅行资源开发　　/035
第三节　森林草原沙漠研学旅行资源　　/044
　　一、森林研学旅行资源　　/044
　　二、草原研学旅行资源　　/048
　　三、沙漠研学旅行资源　　/050

第三章　科普教育类研学旅行资源　　/055

第一节　博物馆科技馆研学旅行资源　　/057
　　一、博物馆研学旅行资源　　/057
　　二、科技馆研学旅行资源　　/061
第二节　动物园植物园研学旅行资源　　/064
　　一、动物园研学旅行资源　　/064
　　二、植物园研学旅行资源　　/066
第三节　历史文化遗产研学旅行资源　　/069
　　一、历史文化遗产研学旅行资源概念　　/069
　　二、历史文化遗产研学旅行资源分类　　/069
　　三、历史文化遗产研学旅行资源开发　　/070
第四节　工业交通场地研学旅行资源　　/072
　　一、工业交通场地研学旅行资源概念　　/072
　　二、工业交通场地研学旅行资源特点　　/073
　　三、工业交通场地研学旅行资源开发——以佛山
　　　　陶瓷产业工业研学旅行为例　　/073
第五节　科研场所研学旅行资源　　/076
　　一、科研场所研学旅行资源概念　　/076
　　二、科研场所研学旅行资源特点　　/076
　　三、科研场所研学旅行发展现状　　/076
　　四、科研场所研学旅行资源开发——以中国
　　　　海洋大学研学旅行为例　　/077

第四章　体验考察类研学旅行资源　　/079

第一节　农庄　　/081
　　一、农庄基本概念　　/081
　　二、农庄分类　　/081

三、农庄亲子研学旅行开发模式　　　　　　　　　/083
四、开展农庄研学旅行的意义　　　　　　　　　　/084
五、农业研学旅行发展现状　　　　　　　　　　　/085
六、农庄研学旅行课程开发与设计　　　　　　　　/085

第二节　研学旅行实践基地　　　　　　　　　　　　/087
一、研学旅行实践基地概念辨析　　　　　　　　　/088
二、研学旅行实践基地面临的挑战及应对举措　　　/089
三、如何进行研学旅行实践基地建设　　　　　　　/091

第三节　研学冬夏令营　　　　　　　　　　　　　　/093
一、研学冬夏令营基本概念　　　　　　　　　　　/093
二、开展研学冬夏令营的目的　　　　　　　　　　/094
三、研学冬夏令营分类　　　　　　　　　　　　　/094
四、研学冬夏令营课程内容设计原则　　　　　　　/096

第四节　团队拓展训练基地　　　　　　　　　　　　/097
一、团队拓展训练基地概述　　　　　　　　　　　/097
二、团队拓展训练基地分类　　　　　　　　　　　/098
三、团队拓展训练经典项目　　　　　　　　　　　/098
四、团队拓展训练基地建设的必要性　　　　　　　/099
五、团队拓展训练基地建设面临的挑战及发展
　　对策　　　　　　　　　　　　　　　　　　/099

第五章　励志拓展类研学旅行资源　　　　　　/103

第一节　红色教育基地　　　　　　　　　　　　　　/105
一、红色教育发展历程　　　　　　　　　　　　　/105
二、红色教育基地概念研究　　　　　　　　　　　/107
三、红色教育基地研学旅行相关政策　　　　　　　/107
四、建设红色教育基地的意义　　　　　　　　　　/108
五、红色教育基地研学旅行产品设计流程　　　　　/109

第二节　校园研学旅行　　　　　　　　　　　　　　/110
一、校园研学旅行概念　　　　　　　　　　　　　/110
二、校园研学旅行相关政策　　　　　　　　　　　/111
三、开展校园研学旅行的意义　　　　　　　　　　/112
四、校园研学旅行产品打造　　　　　　　　　　　/113

第三节　国防教育基地　　　　　　　　　　　　　　/113
一、中国国防教育历史　　　　　　　　　　　　　/114

二、国防教育基地概念　　/115
　　三、国防教育基地研学旅行相关政策　　/115
　　四、建设国防教育基地的意义　　/117
　　五、国防教育基地研学旅行产品打造　　/118
第四节　军营基地　　/118
　　一、中国军营发展历史　　/119
　　二、军营基地研学旅行概念研究　　/120
　　三、军营基地研学旅行相关政策　　/120
　　四、开展军营基地研学旅行的意义　　/121
　　五、军营基地研学旅行产品打造　　/122

第六章　文化康乐类研学旅行资源　　/124

第一节　主题公园　　/126
　　一、主题公园发展概览　　/126
　　二、主题公园分类　　/130
　　三、主题公园研学旅行概念　　/132
　　四、主题公园研学旅行相关政策　　/133
　　五、开展主题公园研学旅行的意义　　/134
　　六、主题公园研学旅行资源开发　　/135
第二节　演艺影视城　　/136
　　一、演艺影视城发展历史概览　　/136
　　二、演艺影视城研学旅行概念　　/139
　　三、演艺影视城研学旅行相关政策　　/140
　　四、开展演艺影视城研学旅行的意义　　/141
　　五、演艺影视城研学旅行产品打造　　/141

第七章　研学旅行资源调查与评价　　/144

第一节　研学旅行资源调查　　/145
　　一、研学旅行资源调查概述　　/146
　　二、研学旅行资源调查方法　　/147
　　三、研学旅行资源调查步骤　　/148
第二节　研学旅行资源评价　　/151
　　一、研学旅行资源评价目的和原则　　/152
　　二、研学旅行资源评价内容和方法　　/153

第八章 地理信息技术与研学旅行 /164

第一节 地理信息技术概述 /166
一、地理信息系统(GIS)概述 /166
二、遥感(RS)技术简介 /168
三、全球导航卫星系统(GNSS)简介 /169

第二节 地理信息技术与研学旅行课程 /170
一、新课标背景下中小学研学旅行课程教育需求 /170
二、在中小学研学旅行课程中融入地理信息技术的目的与意义 /171
三、基于地理信息技术的研学旅行方案制定 /172

第三节 地理信息技术与研学旅行基地研究 /175
一、新政策背景下我国研学旅行基地研究概述 /175
二、研学旅行基地资源空间分布特征 /176
三、基于旅行者网络关注度与情感时空特征的研学旅行研究 /180

第九章 研学旅行资源数据库 /185

第一节 研学旅行资源数据库概述 /186
一、软硬件系统 /187
二、数据库系统 /188
三、研学旅行资源数据库系统 /189

第二节 研学旅行资源数据库建设 /191
一、研学旅行资源数据库内容 /191
二、基于GIS技术的研学旅行资源数据库建设标准 /192

第三节 研学旅行资源数据库设计 /196
一、研学旅行资源数据库框架结构 /196
二、研学旅行资源数据库设计规范 /197

第四节 研学旅行资源信息化平台 /200
一、研学旅行资源信息化平台构建目的与关键技术 /201
二、研学旅行资源信息化平台运营 /202

参考文献 /206

第一章 研学旅行资源概述

章节目标

◆ 知识目标
1. 掌握研学旅行资源的概念。
2. 研学旅行资源的特征以及研学旅行资源的类型。

◆ 能力目标
能够区分不同类型的研学旅行资源。

◆ 素质目标
1. 引导学生形成注重生态环境保护的理念。
2. 激发学生对祖国大好河山的热爱之情。

知识框架

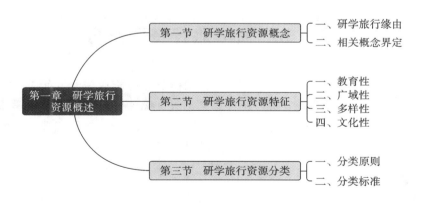

教学重点

1. 研学旅行资源的概念。
2. 研学旅行资源的特征。
3. 研学旅行资源的分类原则和分类标准。

课前导入

近年来，随着各中小学研学旅行项目的启动和《国民旅游休闲纲要（2013—2020年）》《中小学学生赴境外研学旅行活动指南（试行）》《关于推进中小学生研学旅行的意见》等系列政策的出台，我国研学旅行获得了迅猛发展，青少年研学旅行市场异军突起，迅速成为教育旅行市场的焦点。据统计，我国国内研学旅行人次由2014年的140万人次增长至2017年的340万人次，2018年国内研学旅行人次达到400万人次，市场规模达到125亿元，人均消费3117元/次[①]。庞大的研学旅行市场需要多样化研学旅行产品作为支撑，而最具吸引力的研学旅行产品需要以研学旅行资源为依托，所以可以认为研学旅行资源是发展研学旅行必不可少的物质基础。本章主要从研学旅行资源的概念、研学旅行资源的特征，以及研学旅行资源的分类原则和分类标准三个角度展开。

第一节　研学旅行资源概念

研学旅行产品是研学旅行的主要吸引物，而研学旅行资源是开发研学旅行产品的前提，所以研学旅行资源于研学旅行而言意义重大。随着旅行活动以及研学旅行活动的开展，学术界对于旅行、研学旅行概念的认知不断深化，研学旅行资源的内涵也在不断扩充，但目前为止，学术界尚未形成对研学旅行资源概念的统一表述。

一、研学旅行缘由

若追溯研学旅行的起源，西方在人类文明的轴心时代就有游学传统，我国在春秋战国时期已有游学产生。随着研学旅行需求的增加，自2013年起我国陆续出台系列研学旅行政策，为我国研学旅行的顺利开展奠定政策基础。

---

① https://ishare.ifeng.com/c/s/7omJDfimhlE.

（一）研学旅行起源

1. 国外研学旅行

西方国家在人类文明的轴心时代就有游学传统，古代游学最早在欧洲文明的发祥地——古希腊、古罗马兴起。毕达哥拉斯、阿基米德、亚里士多德等在游历过程中形成学术思想、完成著述。

但真正具有游学特征的教育活动，应该追溯到 17 世纪欧洲的"大游学"（Grand Tour），即英国、德国的贵族子弟到历史文化悠久的法国和意大利开启的"漫游式修学旅行"。"Grand Tour"本意为"大陆游学"，原指英国的贵族子弟跨过海峡到欧洲大陆进行的游学活动，后来这种活动也影响了欧洲大陆上的国家，如德国的贵族子弟也参与进来，所以后来被译作"大游学"。

提起欧洲的"大游学"，通常特指其鼎盛时期，即 17 世纪至 18 世纪。接受过文艺复兴洗礼后的英国，人文主义开始兴起，人们开始将自己求知的视线从神的身上逐渐转换到人的身上，越来越多的人尝试走出去。于是在欧洲大陆上，出现越来越多英国贵族的身影，他们走出国门，见识到了异国的建筑、艺术、文化、语言。在整个游学过程中，他们开阔了眼界、增长了见识、提高了修养，开始真正意识到外面有着更加精彩而宽阔的世界。他们将自己的所见所闻、所思所悟带回英国，吸引着一波又一波的人们去更远的地方游学。这样的游学活动一直持续到 19 世纪，游学之风也逐渐从资本主义上层社会蔓延到平民百姓。

日本修学旅行源于 1882 年栃木县第一初级中学（现栃木县立宇都宫高中）组织的一次参观旅游活动。那时教师组织学生参加在东京上野召开的"第二届实业发展促进博览会"，这也成为后来"高中生与初中生团体旅游"活动的开端。而"修学旅行"一词则在第二年长野师范学校（信州大学的前身）举行的类似活动中被命名，这次活动备受关注，并于 1887 年（明治二十年）4 月 20 日发行的《大日本教育杂志 54 号》上发表，"修学旅行"一词从此被人们广泛使用。《明镜国语辞典》将"修学旅行"定义为由教师带着学生到文化产业等重要基地参观，以加深对知识的理解以及陶冶情操的旅行。20 世纪 60 年代，修学旅行在日本被纳入教育大纲。20 世纪 80 年代，多国开始借鉴日本修学旅行的经验，在国内推广研学旅行。

2. 国内研学旅行

研学旅行由我国古代游学、近代修学旅行逐步演变而来，延续并发展了我国传统游学、"读万卷书，行万里路"的教育理念和人文精神，成为素质教育的新内容和新方式。

如果追溯我国研学旅行的起源，在春秋战国时期已有游学产生。春秋末期伟大思想家和教育家、儒家学派的创始人孔子"年少好礼"，因此，孟懿子和南宫敬叔便追随孔子学礼。孔子在 35 岁时，因鲁国内乱而走上游学之路。据《史记·孔子世家》等典籍所记载，孔子到访的诸侯国有卫、曹、宋、郑、陈、蔡、楚等国，足迹分布以今河南省为主。孔子的游学之旅虽艰辛，但收获颇多：极大地增长了学识见闻、提升了人生境界，"三人行，必有我师焉。择其善者而从之，其不善者而改之"等真知灼见就是在游学过程中总结得出；编订了编年体史书《春秋》。

战国时期"诸侯并起，厚招游学"，礼贤下士成为社会风尚。齐国稷下学宫成为当时游学活动的中心。稷下学宫是齐国第三任国君齐桓公在齐都临淄城稷门附近设立的学舍,是专供游学到齐国的天下学者讲学、辩论、议政的场所,兼具学术交流中心、高等学府和政府智库的性质,是战国时期百家争鸣文化现象的主要发生地。在稷下学宫鼎盛时期,学士达到"千有余人",单是受到礼遇的就有76人,《史记·田敬仲完世家》言:"(齐)宣王喜文学游说之士,自如驺衍、淳于髡、田骈、接予、慎到、环渊之徒七十六人,皆赐列第,为上大夫,不治而议论,是以齐稷下学士复盛,且数百千人。"

两汉承继战国游学之风,其兴起与经学兴盛有关。学子们远行访师问道,一方面是为了拜师求学、丰富知识;在汉代学子们想要有所成就、求取利禄,必须求知,而"知"的首要来源是书,但当时书难得,习经求知必先拜师;同时,游历名山大川和名胜古迹也是求知的重要途径之一。另一方面是为了广交师友、谋求名利。汉代读经主要目的是求取功名利禄,但单纯读经远远不够,还必须有人推荐,而游学能够广交师友,为自己谋求名利奠定基础。

西汉史学家、文学家、思想家司马迁非常注重实地考察,他的成功同他的游历是分不开的。司马迁20岁开始游历,先从长安出发,经河南、湖北,抵达湖南长沙;溯湘江而上,登九嶷山;至庐山考察夏禹通九江的传说;到浙江会稽山探寻民间传说中的禹穴;然后从北返回,途中渡过汶水(今大汶河)、泗水(今泗河),考察孔子在阙里等处的遗风;到彭城、沛郡一带收集秦末农民战争中有关刘邦、萧何、曹参、周勃、樊哙等的英雄故事;最后经梁地(今河南东北部)、楚地(今湖南、湖北附近区域)回到家乡。这次考察历时两三年,行程万余里①,司马迁不仅接触到了各地不同的文化风貌,还收集了大量一手资料,为编写《史记》做了充分的准备。

唐代兴"壮游"之风,众多士子走出书斋,进行远行,有的甚至远行至边塞。唐代游学既与前人游学存在共性,又具有其时代特征:一是范围扩大,唐代疆域范围的扩大,为游学者提供了地域的便利。著名诗人李白的游学足迹遍布全国,据不完全统计,其一生游历过206个州县,登过80多座山,游览过60多条江河川溪。二是主体多元,文人是游学的主体之一,如杜甫、孟浩然、王维等人,皆在游历过程中创造出无数佳作。儒士也是游学的重要力量。

家喻户晓的唐代著名高僧——玄奘为探究佛理奥义,终日沉浸于钻研学习。后又游历各地,参访名师。由于各师所说不一,各种经典也不尽相同,玄奘平日所接触的不过是译本,于是他决定西行求法,以解心中迷惑。据史书记载,玄奘西行求法历时17年,旅程达5万里,游历"百有三十八国",带回大小乘佛教经律论共650多部,装了整整24车。此后约20年,玄奘埋首于翻译工作,最终完成75部经论、1335卷经书的翻译工作,为佛学的发展做出巨大贡献。此外,玄奘在弟子的帮助下,完成了游记《大唐西域记》,其内容翔实准确,为后世的历史考古工作提供了参考。

两宋和明清时期,游学、书院文化盛行,士人旅行制度化,"读万卷书,行万里路"成为社会主流意识。两宋的游学虽然缺乏汉唐的恢宏气势,但是有游中"未敢忘忧国""格物致知""明心见性"的特色。明清时期,受大兴"文字狱"、实行思想控制的影响,形成既探索自然山水,又重实学、游步寄志的游学风格。这一时期出现了一位著名人物——徐

---

① 1里=500米。

霞客。其幼年好学,博览群书,少年即立下了"大丈夫当朝碧海而暮苍梧"的志向。明万历三十六年(1608年),22岁的徐霞客正式离乡出游,直到54岁逝世,其绝大部分时间都是在游历考察中度过。游历考察的30多年间,徐霞客先后4次进行了长距离的跋涉,足迹遍布大半个中国。其游历目的不单纯是寻奇访胜,更重要的是探索大自然的奥秘。徐霞客在考察地质、地貌等方面取得了超越前人的成就,他的旅游文学经典巨著更是其所有成就中的高峰。直到徐霞客这种真正意义上的专业旅行家的出现,旅行才正式作为人们的生活方式之一,因此,《徐霞客游记》堪称中国旅游史及中国文化史上的一座里程碑。

20世纪30年代,著名教育家陶行知倡导"知行合一",认为"行是知之始,知是行之成"。他组织江苏省淮安市新安小学的"新安旅行团"进行长途修学旅行,在50天的时间里通过唱歌、卖书、卖报、爱国演讲等办法自筹经费,赏江南风光,观察、学习沿途地理、民俗,了解近代工业文明。中华人民共和国成立以来,不少学校组织具有研学性质的红色旅游、地质生物考察等活动。但更多学校只关注成绩,进行应试教育,所以研学旅行一直未能制度化、规模化开展。直到2013年,国务院办公厅印发《国民旅游休闲纲要(2013—2020年)》,正式为研学旅行正名。

(二)研学旅行政策

自2013年开始,国家相继出台研学旅行相关政策,加之研学旅行活动意义广泛且适龄对象不断增加,在政策与需求的双重驱动下,我国研学旅行迸发出新活力。以下整理了2013—2021年国家出台的研学旅行相关政策,见表1-1。

表1-1 2013—2021年研学旅行相关政策

发布时间	发文机关	文件标题	主要内容
2013年	国务院办公厅	《国民旅游休闲纲要(2013—2020年)》	明确提出要"逐步推行中小学生研学旅行"
2014年	教育部	《教育部关于培育和践行社会主义核心价值观进一步加强中小学德育工作的意见》	提出"要广泛利用博物馆、美术馆、科技馆等社会资源,充分发挥各类社会实践基地、青少年活动中心(宫、家、站)等校外活动场所的作用,组织学生定期开展参观体验、专题调查、研学旅行、红色旅游等活动。逐步完善中小学生开展社会实践的体制机制,把学生参加社会实践活动的情况和成效纳入中小学教育质量综合评价和学生综合素质评价"
2014年	教育部	《中小学学生赴境外研学旅行活动指南(试行)》	强调安全出行和寓学于游。对举办者安排活动的教学主题、内容安排、合作机构选择、合同订立、安全保障等内容提出指导意见。为整个行业活动划定了基本标准和规则

续表

发布时间	发文机关	文件标题	主要内容
2014年	国务院	《关于促进旅游业改革发展的若干意见》	明确了要"积极开展研学旅行。按照全面实施素质教育的要求,将研学旅行、夏令营、冬令营等作为青少年爱国主义和革命传统教育、国情教育的重要载体,纳入中小学生日常德育、美育、体育教育范畴,增进学生对自然和社会的认识"
2015年	国务院办公厅	《关于进一步促进旅游投资和消费的若干意见》	强调"建立健全研学旅行安全保障机制。旅行社和研学旅行场所应在内容设计、导游配备、安全设施与防护等方面结合青少年学生特点,寓教于游。加强国际研学旅行交流"
2016年	教育部等11部门	《关于推进中小学生研学旅行的意见》	指出"中小学生研学旅行是由教育部门和学校有计划地组织安排,通过集体旅行、集中食宿方式开展的研究性学习和旅行体验相结合的校外教育活动,是学校教育和校外教育衔接的创新形式,是教育教学的重要内容,是综合实践育人的有效途径"
2016年	国家旅游局(现变更为中华人民共和国文化和旅游部)	《关于公布首批"中国研学旅游目的地"和"全国研学旅游示范基地"的通知》	要求各研学旅游目的地和示范基地要进一步挖掘研学旅游资源,切实提高管理服务水平和安全保障。强调要充分发挥对研学旅游目的地和示范基地的指导作用,将研学旅游培育成为各地旅游发展创新的增长点。授予10个城市"中国研学旅游目的地"称号,授予20家单位"全国研学旅游示范基地"称号
2016年	国家旅游局(现变更为中华人民共和国文化和旅游部)	《研学旅行服务规范》	制定了研学旅行行业标准,规范研学旅行服务流程,提升服务质量,引导和推动研学旅行健康发展
2017年	教育部办公厅	《关于公布第一批全国中小学生研学实践教育基地、营地名单的通知》	命名中国人民革命军事博物馆等204家单位为"全国中小学生研学实践教育基地",命名河北省石家庄市青少年社会综合实践学校等14家单位为"全国中小学生研学实践教育营地"

续表

发布时间	发文机关	文件标题	主要内容
2017年	教育部	《中小学德育工作指南》	要求"各地要加强组织实施,将《指南》作为学校开展德育工作的基本遵循,纳入校长和教师培训的重要内容,并将其作为教育行政部门对中小学德育工作进行督导评价的重要依据,进一步提高中小学德育工作水平"
2018年	教育部办公厅	《关于公布2018年全国中小学生研学实践教育基地、营地名单的通知》	命名中国人民解放军海军南海舰队军史馆等377家单位为"全国中小学生研学实践教育基地",命名北京市自动化工程学校等26家单位为"全国中小学生研学实践教育营地"
2020年	国务院	《关于全面加强新时代大中小学劳动教育的意见》	阐述加强劳动教育的重大意义、指导思想和基本原则等
2020年	教育部、国家文物局	《关于利用博物馆资源开展中小学教育教学的意见》	对中小学利用博物馆资源开展教育教学提出明确指导意见,进一步健全博物馆与中小学合作机制,促进博物馆资源融入教育体系,提升中小学生利用博物馆学习的效果
2021年	教育部等6部门	《义务教育质量评价指南》	从县域、学校、学生三个层面设立评价指标体系,针对唯分数、唯升学倾向,提出"不给学校下达升学指标,不单纯以升学率评价学校、校长和教师"
2021年	—	《中小学生研学旅行服务合同(示范文本)》	教育部基础教育司司长吕玉刚指出,2021年的教育工作目标和计划包括制订《全国中小学生研学实践教育工作指南》《中小学生研学旅行服务合同(示范文本)》,将研学旅行服务合同规范起来

资料来源:根据已发布政策文件整理。

研学旅行的发展离不开相关政策的出台,编者在对研学旅行相关政策进行梳理的基础上,将我国研学旅行发展划分为3个阶段:2013年之前为酝酿准备阶段,2013—2016年为局部试点阶段,2016年至今为全面实施阶段。

第一阶段:2013年之前,酝酿准备阶段。中华人民共和国成立初期,我国为培养人才,实施公派游学。1978年,党的十一届三中全会作出实行改革开放的历史性决策,进而我国在政治、文化、教育等方面发生巨大变化。1993年12月,在南京召开了第一届中日青少年修学旅行研讨会,会上中日双方就修学旅行展开交流,由于大量日本旅行团将中国作为修学旅行目的地,为我国修学旅行的开展提供了借鉴,修学旅行在我国逐渐兴起。

第二阶段：2013—2016年，局部试点阶段。2013年之前，仅有部分学校开展研学旅行活动，绝大部分学校更关注学习成绩，因此，研学旅行活动未能系统化开展。2012年12月，教育部印发了《关于开展中小学生研学旅行试点工作的函》，将安徽、江苏等地确定为第一批研学旅行试点地区，标志着我国研学旅行进入局部试点阶段。前期的研学旅行试点工作为2016年《关于推进中小学生研学旅行的意见》的正式出台奠定了良好的基础。2013年，国务院办公厅印发《国民旅游休闲纲要（2013—2020年）》，鼓励学校组织学生进行寓教于游的课外实践活动，健全学校旅游责任保险制度，提出"逐步推行中小学生研学旅行"设想，进一步推动了我国研学旅行的发展。

第三阶段：2016年至今，全面实施阶段。2016年，教育部等11部门印发《关于推进中小学生研学旅行的意见》，提出将研学旅行纳入中小学教学计划，这意味着我国研学旅行进入全面实施阶段。自2016年起，《关于公布首批"中国研学旅游目的地"和"全国研学旅游示范基地"的通知》《关于公布第一批全国中小学生研学实践教育基地、营地名单的通知》《关于公布2018年全国中小学生研学实践教育基地、营地名单的通知》等政策文件的相继出台，表明我国在全国范围大力推广研学旅行。

（三）研学旅行需求

在我国，开展研学旅行不仅得益于其产生的积极意义，而且是市场需求之必然。

1. 研学旅行意义

（1）从国家层面看：开展研学旅行活动严格贯彻落实了《国家中长期教育改革和发展规划纲要（2010—2020年）》的政策要求，有利于我国传统文化的传播和新兴科技的发展，助力我国文化产业发展；同时，研学旅行作为旅游业的新兴形式之一，其价值增长能够推动我国第三产业发展，提升第三产业在GDP中所占比例。

（2）从学校层面看：推行研学旅行是深化我国教育改革的重要举措，有利于推进中小学生的素质教育，加强学生的"知行合一"，为培养国家人才做好充分准备。研学旅行加强了学校教育和校外多样教育的结合，减少了传统教育的"背书式"体验，增强了教育教学的趣味感，从而更能吸引学生的注意力。同时研学旅行利于校内外合作，从而延伸教育教学基地，促进教学方式多样化。

（3）从学生层面看：学生作为研学旅行活动最大的主体，研学旅行活动的开展于学生而言意义重大。研学旅行有利于学生开阔眼界、增长知识，促进书本知识与生活经验的深度融合。研学旅行期间，学生通过尝试做一些之前没有做过的事，增强自信心，锻炼独立自主解决问题的能力以及实践动手能力；同时，满足了学生的旅行需求，能够培养学生文明旅行的意识。

2. 研学旅行需求

第七次全国人口普查数据显示，我国0—14岁人口为2.53亿，占17.95%，较10年前上升了1.35个百分点①。2021年12月，执惠旅游提供的相关数据显示，目前研学旅行对象中，3—16岁青少年数量的占比超过80%，不断增长的适龄青少年人口将为研学

---

① https://baijiahao.baidu.com/s?id=16994265665395264318&wfr=spider&for=pc.

旅行带来巨大的市场需求。

"从长远来看,亲子休闲游和研学游都非常具有市场潜力,预计未来细分市场会越来越多,"途牛旅游网相关负责人表示,"'双减'政策出台后,孩子有更多的时间可以安排课后生活,也催生了更多亲子研学的产品。而随着三孩政策的全面开放,市场将出现适合多孩家庭的亲子游产品,推动整个供应链的变化。"

2017年10月发布的《中国研学旅行发展报告》显示,随着素质教育理念的深入和旅游产业的跨界融合,研学旅行市场需求不断释放,中国研学旅行市场总体规模将超千亿元。

二、相关概念界定

在对研学旅行资源进行概念界定之前,须先明确研学旅行概念。以下内容主要对研学、旅行、研学旅行、旅行资源、研学旅行资源五个概念进行界定。

(一)研学旅行

1. 研学

研学即研究性学习,又称探究式学习、探究式科学教育、以学生为中心的指导教学法等。和传统的以教师的"教"为主的教学模式不同,研学不再局限于传统的课堂教学、书本知识的传授,而是提倡让学生走出教室,在教室外通过实践方式学习和获得知识。研学作为一种科学的教学方法,起源于美国。20世纪60年代,美国把"Hands-on Inquiry Based Learning"(HIBL)列为基础教育改革的重要原则之一,即在教师和学生共同组成的学习环境中,让学生亲历科学探究的学习过程。1994年,国际科学理事会和联合国教科文组织在全世界推广"Hands-on Inquiry Based Learning"(HIBL)改革项目。2001年,教育部、中国科学技术协会首次将"Hands-on Inquiry Based Learning"(HIBL)引入中国,简称"做中学",即让学生在动脑、动手的过程中利用学到的知识发现问题、解决问题。

研学与传统学习的本质区别在于:研学是以学生为中心,强调学生的主动性、创造性,目的是引导学生建立新的科学概念,改善已有的科学概念,以及培养学生的探究能力和科学态度;传统学习的核心是"学",强调的是知识的传递,即以教师为中心,学生通过教师的"教"获取知识,学生的主动性和创造性难以在传统学习的过程中发挥出来,不利于培养学生的自主学习能力。本书所探讨的研学概念为以学生为中心,学生进行自主探究、自主学习,进而归纳知识的学习过程。

2. 旅行

提起"旅行"一词,容易将其与旅游混为一谈,世界旅游组织和联合国统计委员会将"旅游"定义为为了实现休闲、商务或其他目的,离开惯常环境,到某地并停留在那里,但持续时间不超过一年的活动。保继刚(1992)认为旅游是在闲暇时间所从事的游憩活动的一部分,是在一定的社会、经济条件下产生的一种社会经济现象,是人类物质文化生活的一部分。谢彦君(1994)认为旅游是旅游者为实现一定目的而前往异地度过的一种具有休闲、消费属性的短暂经历。李天元(2004)认为旅游是指旅游者出于各种目的(非移民或就职)离开常住地的短暂逗留活动,以及由此引起的各种现象和关系的总和。

但从严格意义上看，旅行有别于旅游。在英文中，"旅游"被翻译为"tourism"，"旅行"被翻译为"travel"。在中文中，旅游一般指旅行游览，可以将旅游与旅行之间的关系概括为对立统一。所谓"对立"是指旅游与旅行本质不同，二者之间虽具有异地性这一共同特征，但旅游更加强调的是目的性，如探亲访友、考察探索、宗教朝拜、愉悦身心、极限挑战等，由此形成探险旅游、研学旅游、游憩旅游、考察旅游等多样化的旅游方式。旅行强调的是"行"，突出的是旅行者实现空间上的移动，仅仅是一种外出行走的运动形态。所谓"统一"是指旅游与旅行之间相互依存，旅游活动必然伴随旅行，而旅行过程可能包含旅游，即"行"中有"游"，"游"则必"行"，所以可以认为旅行是旅游得以实现的运动方式，而旅游则是旅行的众多形态之一。

3. 研学旅行

现代的"研学旅行"一词起源于日本。明治维新时期，文化开明，主张发展现代教育、培育现代化人才，规定中小学生每年要参与一次为期数天的社会学习，并将这种学习形式称为"研学旅行"。"研学旅行"一词在我国最早出现于2013年2月国务院办公厅印发的《国民旅游休闲纲要（2013—2020年）》中。2014年4月19日，时任中共教育部基础教育司司长的王定华在第十二届全国基础教育学校论坛上提出了"研学旅行"的概念，即研学旅行是指研究性学习和旅行体验相结合的，学生集体参加的，有组织、有计划、有目的的校外参观体验实践活动。2016年11月30日，教育部等11部门印发的《关于推进中小学生研学旅行的意见》提出：中小学生研学旅行是由教育部门和学校有计划地组织安排，通过集体旅行、集中食宿方式开展的研究性学习和旅行体验相结合的校外教育活动，是学校教育和校外教育衔接的创新形式，是教育教学的重要内容，是综合实践育人的有效途径。

随着研学旅行活动的大力开展，学界对此的关注也逐渐增加。翟力（2018）认为研学旅行是一种非静态的，并且在不断演化的文化传播活动。潘惠梅、刘咏梅（2018）认为研学旅行有广义、狭义之分，广义的研学旅行是指旅行者以获取文化为主要目的的文化旅行活动，狭义的研学旅行是指由教育部指导、学校组织的校外实践活动。周彬、陈园园等（2021）认为研学旅行是以研究性、探究性学习为目的的专项旅游，是旅游者出于文化求知需要开展的旅游活动，包括出国留学、校园旅游、学校之间的文化学习交流和特殊兴趣学习游等不同类型，其特征主要表现在：学习是核心目的，在旅行的过程中接受教育，领队须是学者。程珊珊、刘婷等（2017）认为研学旅行应该从广义和狭义两种角度讨论，广义的研学旅行是旅行者为了满足自己求知的需要，以学习为目的，暂时离开居住地到异国他乡开展的文化体验活动；狭义的研学旅行是由学校组织，以学生为对象，以增长见识、开阔视野、塑造人格为目的的实践活动。

基于已有研究成果，本书认为研学旅行可以从狭义和广义两个角度界定：狭义的研学旅行是指教育部或学校有意识地、有计划地安排的，以研究性学习和旅行体验为主要目的的校外集体性活动。在这个概念中，需要理解四点：一是研学旅行的组织者是教育部或学校，具体活动的开展可以与旅行社、景区或者其他专业研学旅行机构合作；二是研学旅行的安排是有意识、有计划的，如果是周末三两同学自发外出旅行，这种不属于研学旅行的范畴；三是研学旅行的主要目的是研究性学习和旅行体验，即通过旅行体验达到研究性学习的目的，与学习割裂开来的旅行不属于研学旅行；四是研学旅行为校外集体性活动,研学旅行活动地可以是学校以外的任何能够实现研学旅行目的的目的地,同时研学旅行是以班级或年级或学校为单位、由学校教师作为领队开展的,在整个过程中,教师引导学生一起动手,在活动体验中共同学习。广义的研学旅行是指以获取文化为主要目的的旅行活动,这里只强调研学旅行目的,对参与主体、组织者等不做要求,如党政人员的红色文化旅行就属于广义的研学旅行。

(二)研学旅行资源

1. 旅行资源

李天元(1991)认为凡是利于造就对旅游者具有吸引力的环境的自然因素、社会因素或其他任何因素,都可以构成旅游资源。楚义芳(1992)认为旅游资源是指在自然和人类社会中具有吸引力的自然存在和历史遗迹、文化环境,以及以娱乐为目的的人工创造物。国家旅游局(现变更为中华人民共和国文化和旅游部)在《旅游资源分类、调查与评价》(GB/T 18972—2017)中将旅游资源定义为自然界和人类社会凡能对旅游者产生吸引力,可以为发展旅游业所开发利用,并可产生经济效益、社会效益和环境效益的各种事物和现象。国外学者大多认为旅行资源不仅包括旅行目的地的旅行对象物,还包括旅行目的地的基础设施和优良服务,以及目的地的交通条件等。

本书认为旅行资源是指凡能激发旅行者的旅行动机,为旅行业开发所利用,并由此产生经济效益、社会效益、环境效益和文化效益的所有事物和现象。由于旅行资源涉及范围广,因此可以将旅行资源特点总结为四点:一是组合性,一个孤立的要素或一个独立的资源点是很难形成使旅行者离开其居住地专程前来游览的吸引力的,而复杂多样、相互联系、相互依存的各个要素组合在一起,便能够吸引旅行者前往某地;二是多样性,中国是世界上旅行资源极丰富的国家,资源种类繁多,具备各种功能,具有代表性的旅行资源有民族文化资源、宗教文化资源、地文景观资源等;三是时间性,是指同一地理环境会随季节的变化而发生变化,在某一特定季节会形成某些适合旅行的特殊景观,能为旅行者带来特别的体验,如东北冰雪旅行、雾凇观赏旅行等;四是不可转移性,旅行活动常被称为"无形贸易""风景出口",实际上就是凭借众多资源把旅行者从客源地吸引到目的地,这正是旅行资源区别于其他资源的需求流动性。

2. 研学旅行资源

研学旅行资源概念是在研学旅行和旅行资源概念的基础上形成的,本书认为研学旅行资源概念具有狭义和广义之分。狭义的研学旅行资源是指学校范围之外的,能够满足中小学生群体研究性学习和旅行体验目的的一切资源。在这个概念中有四点需要说明:一是研学旅行资源具有地域指向性,由于旅行活动具有异地性特点,所以学校内部的研学资源被排除在外;二是研学旅行资源功能具有多样性,既能够满足学生群体研究性学习需求,又能够使其获得良好的旅行体验;三是由于研学旅行主体以中小学生为主,以其他文化需求旅行者为辅,这就决定了研学旅行资源的对象主要是学生群体;四是本书在界定旅行资源时,认为旅行资源经过开发能够产生一定的经济效益、社会效益、环境效益、文化效益,传统的旅行目的地可能更注重经济效益,而博物馆、美术馆、红色革命基地等研学旅行目的地对于文化效益的重视高于经济效益。广义的研学旅行资源是指在自然界和人类社会中,能够对旅行者产生吸引力,并且能满足旅行者文化需求的一切资源。从广义上来看,研学旅行资源对象广泛,只要在旅行活动中能够满足旅行者文化需求的资源都可以称为研学旅行资源。

第二节 研学旅行资源特征

研学旅行资源与旅行资源之间是个性与共性的关系,研学旅行资源既具有旅行资源的一般属性,又具有其特殊性。可以将研学旅行资源的特征总结为教育性、广域性、多样性、文化性。

一、教育性

从研学旅行、研学旅行资源的概念来看,研学旅行的主要目的之一在于教育,而其教育功能的实现在很大程度上又取决于具有教育价值的旅行资源,如国内外名校体验游。2016年国家旅游局(现变更为中华人民共和国文化和旅游部)发布的《研学旅行服务规范》规定:小学一至三年级以知识科普型和文化康乐型资源产品为主,并以乡土乡情研学为主;小学四至六年级以知识科普型、自然观赏型和励志拓展型资源产品为主,并以县情、市情研学为主;初中年级以知识科普型、体验考察型和励志拓展型资源产品为主,并以县情、市情、省情研学为主;高中年级以体验考察型和励志拓展型资源产品为主,并以省情、国情研学为主。由此看出,政策出台后,研学旅行教育功能的实现要求将研学旅行资源的教育价值与研学旅行课程设计紧密结合。

二、广域性

从广义上来看,只要能够满足旅行者研究性学习、文化需求的一切资源都可以称为研学旅行资源,所以可以认为研学旅行资源在自然界和人类社会分布广泛。地上有名山秀水、流泉瀑布等自然景观以及传统建筑、乡土风情等众多人文景观,地下有溶洞、暗河、温泉等自然景观;天上有瞬息万变的天象、气象景观;海洋有礁岛怪石、海洋生物和海底世界等自然景观。城市有现代化建筑、先进的科技园、现代化工厂等社会景观;乡村有美丽的田园风光、典型的传统建筑、浓郁的乡土文化等自然景观和人文景观。不仅亚洲、欧洲、北美洲等地区研学旅行资源丰富,南极洲、北极洲等地区同样具有大量的研学旅行资源存在,只不过这些地区由于气候极端、无人居住,所以资源开发力度不够。

三、多样性

研学旅行资源的多样性特点主要表现在内容和价值两个方面。从内容来看,研学旅行资源根据不同的分类标准可以划分成若干类型:按照资源属性可以将其划分为自然研学旅行资源和人文研学旅行资源;按照资源级别可以将其划分为国家级研学旅行资源、省级研学旅行资源、市(县)级研学旅行资源;按照资源功能可以将其划分为自然观赏类研学旅行资源、科普教育类研学旅行资源、体验考察类研学旅行资源、励志拓展类研学旅行资源、文化康乐类研学旅行资源。从价值来看,研学旅行资源具有多种多样的价值,主要包括艺术欣赏价值、历史文化价值、科学研究价值等,对于某一处研学旅行资源而言,这些价值往往是同时存在的。

四、文化性

研学旅行的主要目的之一是满足旅行者研究性学习需求,在一定意义上可以将研学旅行视为一种文化交流活动,即通过旅行活动,旅行者在获得美的享受的同时,能够获得文化知识,所以研学旅行资源必须要具有一定的文化内涵或文化属性。例如,红色革命基地、博物馆、科技馆、历史遗迹、传统建筑等,除了增加人们的历史文化知识,还能激发人们探索自然奥秘的激情、开阔人们的思维。因此,在对研学旅行资源进行开发时,不仅应深入研究资源的文化内涵,而且更应将蕴含于景观的文化内涵充分地展现给旅行者,使其由单纯的表面旅行演化为内涵旅行,从而增加研学旅行资源的吸引力。

第三节 研学旅行资源分类

分类是指根据事物的特点分别归类。它是根据分类对象的共同点和差异点,将对象区分为不同种类的一种逻辑方法。它是以比较为基础的,通过比较识别出事物之间的共同点和差异点,然后根据其共同点将事物合并为较大的类,根据差异点将事物划分为较小的类,从而将事物区分为具有一定从属关系的不同等级类别的系统。研学旅行资源分类是根据资源的相似性和差异性进行合并或划分出具有一定从属关系的不同等级类别的过程。

一、分类原则

分类的原则是分类的准绳、标准,只有遵循一定的原则才能保持分类的科学性和实用性。研学旅行资源分类原则可以概括为逐级性、全面性和系统性。

(一)逐级性

逐级性的分类原则即分级与分类相结合的原则。研学旅行资源是一个相对复杂的系统,它可以分为不同级别、不同层次的亚系统。所以在分类时可以把分级与分类结合起来,逐级进行分类,避免出现越级划分的逻辑性错误。

(二)全面性

研学旅行资源分类的全面性原则主要体现在两个方面:一是资源范围全面。在对研学旅行资源进行分类时,必须将众多类型的研学旅行资源全部囊括在内,不可遗漏资源类型。二是分类标准全面。研学旅行资源内容的广泛性和复杂性,决定了研学旅行资源分类因素的复杂性和多重性。因此,在对研学旅行资源进行分类时除了要突出资源的景观属性等主导因素,还应充分考虑资源的成因、等级、功能等基本特征,以此来确定研学旅行资源的基本类型差异,从而对研学旅行资源的类型进行更细的划分。

(三) 系统性

研学旅行资源种类多样,因此这些资源的形态、美学等各种属性之间必然存在一定的差异性和相似性,我们可以根据它们的差异性和相似性尽量地进行区分和合并。首先,把具有相同属性的研学旅行资源划归一类,同一级、同一类型的研学旅行资源应该具有一定的相似性;其次,较大类别的研学旅行资源之间,必然存在一定的差异性,再根据差异性进行区分,将它们分别划分为不同的类型;最后,使每一种研学旅行资源经过集合归类后,在研学旅行资源分类表中占据一个准确的位置。这样也就可以将纷繁复杂的研学旅行资源区分为具有一定从属关系的不同等级类别的系统,从而做到分类系统化、规范化。

二、分类标准

(一) 参照国家标准划分

本书借鉴《旅游资源分类、调查与评价》(GB/T 18972—2017)中对旅游资源基本类型的划分,同时结合研学旅行资源的特点,将研学旅行资源划分为8个主类、23个亚类和110个基本类型,见表1-2。

表1-2 研学旅行资源分类

主类	亚类	基本类型
A 地文景观	AA 自然景观综合体	AAA 山丘型景观　AAB 台地型景观　AAC 沟谷型景观　AAD 滩地型景观
	AB 地质与构造形迹	ABA 断层景观　ABB 褶曲景观　ABC 地层剖面　ABD 生物化石点
	AC 地表形态	ACA 台丘状地景　ACB 峰柱状地景　ACC 垄岗状地景　ACD 沟壑与洞穴　ACE 奇特与象形山石　ACF 岩土圈灾变遗迹
	AD 自然标记与自然现象	ADA 奇异自然现象　ADB 自然标志地　ADC 垂直自然带
B 水域风光	BA 河系	BAA 游憩河段　BAB 瀑布　BAC 古河道段落
	BB 湖沼	BBA 游憩湖区　BBB 潭池　BBC 湿地
	BC 地下水	BCA 泉　BCB 埋藏水体
	BD 冰雪地	BDA 积雪地　BDB 现代冰川
	BE 海面	BEA 游憩海域　BEB 涌潮与击浪现象　BEC 小型岛礁
C 生物景观	CA 植被景观	CAA 林地　CAB 独树与丛树　CAC 草地　CAD 花卉地
	CB 野生动物栖息地	CBA 水生动物栖息地　CBB 陆地动物栖息地　CBC 鸟类栖息地　CBD 蝶类栖息地

续表

主类	亚类	基本类型
D 天象与气候景观	DA 天象景观	DAA 太空景象观赏地　DAB 地表光现象
	DB 天气与气候现象	DBA 云雾多发区　DBB 极端与特殊气候显示地　DBC 物候景观
E 建筑与设施	EA 人文景观综合体	EAA 社会与商贸活动场所　EAB 军事遗址与古战场　EAC 教学科研实验场所　EAD 建设工程与生产地　EAE 文化活动场所　EAF 康体游乐休闲度假地　EAG 宗教与祭祀活动场所　EAH 交通运输场站　EAI 纪念地与纪念活动场所
	EB 实用建筑与核心设施	EBA 特色街区　EBB 特色屋舍　EBC 独立厅、室、馆　EBD 独立场所　EBE 桥梁　EBF 渠道、运河段落　EBG 堤坝段落　EBH 港口、渡口与码头　EBI 洞窟　EBJ 陵墓　EBK 景观农田　EBL 景观牧场　EBM 景观林场　EBN 景观养殖场　EBO 特色店铺　EBP 特色市场
	EC 景观与小品建筑	ECA 形象标志物　ECB 观景点　ECC 亭、台、楼、阁　ECD 书画作品　ECE 雕塑　ECF 碑碣、碑林、经幢　ECG 牌坊牌楼、影壁　ECH 门廊、廊道　ECI 塔形建筑　ECJ 景观步道、甬道　ECK 花草坪　ECL 水井　ECM 喷泉　ECN 堆石
F 历史遗迹	FA 物质文化遗产	FAA 建筑遗迹　FAB 可移动文物
	FB 非物质文化遗产	FBA 民间文学艺术　FBB 地方习俗　FBC 传统服饰装饰　FBD 传统演艺　FBE 传统医药　FBF 传统体育赛事
G 旅游购品	GA 农业产品	GAA 种植业产品及制品　GAB 林业产品与制品　GAC 畜牧业产品与制品　GAD 水产品与制品　GAE 养殖业产品与制品
	GB 工业产品	GBA 日用工业品　GBB 旅游装备产品
	GC 手工工艺品	GCA 文房用品　GCB 织品、染织　GCC 家具　GCD 陶瓷　GCE 金石雕刻、雕塑制品　GCF 金石器　GCG 纸艺与灯艺　GCH 画作

续表

主类	亚类	基本类型
H 人文活动	HA 人事活动记录	HAA 地方人物　HAB 地方事件
	HB 岁时节令	HBA 宗教活动与庙会　HBB 农时节日　HBC 现代节庆
数量统计		
8个主类	23个亚类	110个基本类型

（二）按照资源成因划分

1. 自然研学旅行资源

从狭义来看，自然研学旅行资源是指学校范围之外的，能够满足学生群体研究性学习和旅行体验目的的，由各种地理环境或生物构成的自然景观资源；从广义来看，自然研学旅行资源是指自然界凡是能够对旅行者产生吸引力的，并且能满足旅行者文化需求的一切资源。自然研学旅行资源按其形态特征和成因可以归纳为以下几类：

（1）地貌景观类研学旅行资源：包括山地景观、喀斯特景观、丹霞景观、砂岩峰林景观、风成地貌景观、火山景观、冰川景观、海岸景观等。

（2）水体景观类研学旅行资源：包括海洋、河流、湖泊、瀑布、海滨和各类泉水等。

（3）生物景观类研学旅行资源：包括森林、草原和各种野生动植物、海洋生物等。

（4）自然地带性景观类研学旅行资源：如热带景观等。

（5）气候类研学旅行资源：如避暑、避寒胜地和四季宜人的温带与副热带游览地。

（6）天气气象类研学旅行资源：如泰山日出、庐山云瀑、黄山云海以及虽可遇不可求但出现频率较高的峨眉"佛光"、沙漠海市蜃楼、极地极光等。

（7）其他自然研学旅行资源：如特殊自然现象等。

以山地景观型研学旅行资源为例，在进行研学项目设计时应始终以青少年素质教育为主线，融生活素质教育、社会认知教育、体验教育、自然教育、艺术教育、休闲度假等多种业态于一体，让学生通过动植物及地质科普教育、体能拓展训练、野外应急基本知识学习以及野炊、露营等户外体验活动，以集体旅行、集中食宿的方式走进大自然，在与平常不同的生活中拓宽视野、丰富知识，加深与自然的亲近感，增加对集体生活方式的体验以培养社会公共道德，培养自理能力、创新精神和实践能力。

2. 人文研学旅行资源

在狭义上，人文研学旅行资源是指学校范围之外的，能够满足学生群体研究性学习和旅行体验目的的，由各种人文环境构成的人文景观资源；在广义上，人文研学旅行资源是指人类社会凡是能够对旅行者产生吸引力的，并且能满足旅行者文化需求的一切资源。人文研学旅行资源按其表现形态可以归纳为以下几类：

（1）历史遗迹类人文研学旅行资源：包括古人类遗迹，古都、古战场遗迹，名人遗迹，近现代重要史迹等。

(2) 古建筑类人文研学旅行资源:包括长城、城墙、宫殿、运河、桥、民居、堤防、坊、阙等。

(3) 古代陵墓类人文研学旅行资源:包括帝王陵墓、悬棺葬、崖葬、纪念性陵墓等。

(4) 城镇类人文研学旅行资源:包括历史文化名城、小城镇、现代化大都市等。

(5) 古典园林类人文研学旅行资源:包括景观园林、私家园林、皇家园林等。

(6) 宗教文化类人文研学旅行资源:包括各类宗教相关的文化与建筑等。

(7) 社会风情类人文研学旅行资源:包括民俗、饮食文化等。

(8) 音乐戏剧类人文研学旅行资源:包括各地流行音乐和地方戏等。

人文研学旅行资源丰富的地区可以充分挖掘历史、民俗等文化资源,结合学生暑期游、寒假游、周末游等需求,研发出非遗传承、民俗体验等课程,开展一系列研学旅行活动。学生在研学旅行过程中,通过游览历史遗迹、身着民族服饰、制作特色美食等,感受国家的民族精神,激发对历史文化的学习兴趣。

(三) 按照资源级别划分

1. 世界级研学旅行资源

世界级研学旅行资源主要指世界遗产,包括世界文化遗产、世界自然遗产、世界文化与自然双重遗产。

(1) 世界文化遗产:包括物质文化遗产和非物质文化遗产。物质文化遗产是具有历史、艺术和科学价值的文物;非物质文化遗产是指各种以非物质形态存在的、与群众生活密切相关的、世代相承的传统文化。

(2) 世界自然遗产:从美学或科学角度看,具有突出的普遍价值的由地质和生物结构或这类结构群组成的自然面貌;从科学或保护角度看,具有突出的普遍价值的地质和自然地理结构以及明确划定的濒危动植物物种生境区;从科学、保护或自然美学角度看,具有突出的普遍价值的天然名胜或明确划定的自然地带。

(3) 世界文化与自然双重遗产:又称"自然与文化双重遗产"。根据《保护世界文化和自然遗产公约》的主旨,世界文化与自然双重遗产是指兼具自然与文化之美的代表,同时具备自然遗产与文化遗产两种条件的遗产项目。

2. 国家级研学旅行资源

(1) 国家级风景名胜区。

国家级风景名胜区指具有观赏、文化或者科学价值,自然景观、人文景观比较集中,环境优美,可供人们游览或者进行科学、文化活动的区域。自1982年起,截至2017年3月,国务院总共公布了9批、244处国家级风景名胜区。其中,第一批至第六批称为国家重点风景名胜区,2007年起改称中国国家级风景名胜区。第一批1982年11月8日发布,共44处;第二批1988年8月1日发布,共40处;第三批1994年1月10日发布,共35处;第四批2002年5月17日发布,共32处;第五批2004年1月13日发布,共26处;第六批2005年12月31日发布,共10处;第七批2009年12月28日发布,共21处;第八批2012年10月31日发布,共17处;第九批2017年3月21日发布,共19处。具有代表性的国家级风景名胜区如北京的故宫博物院、天坛公园、颐和园、八达岭长城,河北的秦皇岛市山海关景区、保定市安新白洋淀景区、承德避暑山庄及周围寺庙景区,山西的大同市云冈石窟、忻州市五台山风景名胜区等。

（2）国家历史文化名城。

国家历史文化名城指保存文物特别丰富，具有重大历史文化价值和革命意义的城市。从行政区划看，国家历史文化名城并非一定是市，也可能是县或区。1982—2021年划分的国家历史文化名城具体见表1-3。

表1-3　1982—2021年划分的国家历史文化名城

时间	国家历史文化名城
1982年（24处）	北京、承德、大同、南京、苏州、扬州、杭州、绍兴、泉州、景德镇、曲阜、洛阳、开封、江陵、长沙、广州、桂林、成都、遵义、昆明、大理、拉萨、西安、延安
1986年（38处）	天津、阆中、敦煌、淮安、保定、宜宾、银川、宁波、济南、自贡、喀什、歙县、商丘、镇远、呼和浩特、寿县、安阳、丽江、上海、亳州、南阳、日喀则、徐州、福州、武汉、韩城、平遥、漳州、襄阳、榆林、沈阳、南昌、潮州、武威、镇江、重庆、张掖、常熟
1994年（37处）	正定、长汀、岳阳、建水、邯郸、赣州、肇庆、巍山、新绛、青岛、佛山、江孜、代县、聊城、梅州、咸阳、祁县、邹城、雷州、汉中、哈尔滨、淄博、柳州、天水、吉林、郑州、琼山、同仁、集安、浚县、乐山、衢州、随州、都江堰、临海、钟祥、泸州
2001年（2处）	山海关、凤凰
2004年（1处）	濮阳
2005年（1处）	安庆
2007年（7处）	泰安、海口、金华、绩溪、吐鲁番、特克斯、无锡
2009年（1处）	南通
2010年（1处）	北海
2011年（6处）	宜兴、嘉兴、太原、中山、蓬莱、会理
2012年（2处）	库车、伊宁
2013年（4处）	泰州、会泽、烟台、青州
2014年（2处）	湖州、齐齐哈尔
2015年（3处）	常州、瑞金、惠州
2016年（3处）	温州、高邮、永州
2017年（2处）	长春、龙泉
2018年（1处）	蔚县
2020年（1处）	辽阳
2021年（3处）	通海、黟县、桐城

（3）全国重点文物保护单位。

全国重点文物保护单位是由中华人民共和国国务院对不可移动文物所核定的最高保护级别。国务院文物行政部门在省级、市级、县级文物保护单位中，选择具有重大历史、艺术、科学价值的确定为全国重点文物保护单位，或者直接确定为全国重点文物保护单位，报国务院核定公布。截至2019年10月16日，全国重点文物保护单位公布批次及数量具体如下：第一批1961年3月4日公布，共180处；第二批1982年2月23日公布，共62处；第三批1988年1月13日公布，共258处；第四批1996年11月20日公布，共250处；第五批2001年6月25日公布，共521处；第六批2006年5月25日公布，共1081处；第七批2013年5月3日公布，共1944处；第八批2019年10月16日公布，共762处①。

(4) 国家级森林公园。

建立森林公园的目的是保护其范围内的一切自然环境和自然资源，并为旅游者游憩、文化娱乐、科学研究等提供良好环境。根据等级，森林公园可以分为国家级森林公园、省级森林公园和市（县）级森林公园，其中，国家级森林公园是中国大陆境内森林公园的最高等级，森林景观特别优美，人文景物比较集中，观赏、科学、文化价值高，地理位置特殊，具有一定的区域代表性，旅游服务设施齐全，有较高的知名度。据人民网报道，截至2019年2月12日，我国共有国家级森林公园897处。

(5) 国家级地质公园。

国家级地质公园指以具有国家级特殊地质科学意义，具有较高的美学观赏价值的地质遗迹为主体，并融合其他自然景观与人文景观的一种独特的自然区域。截至2019年10月8日，国家级地质公园公布批次及数量具体如下：第一批2001年4月公布，共11处；第二批2002年3月公布，共33处；第三批2004年2月公布，共41处；第四批2005年8月公布，共53处；第五批2009年8月公布，共44处；第六批2011年11月11日至14日公布，共36处；第七批2014年1月15日公布，共23处；第八批2018年3月公布，共31处；第九批2019年9月8日公布，共8处；第十批2019年10月8日公布，共5处②。

(6) 国家级自然保护区。

国家级自然保护区指对具有代表性的自然生态系统、珍稀濒危野生动植物物种的天然集中分布区，有特殊意义的自然遗迹等保护对象所在的陆地、陆地水体或者海域，依法划出一定面积予以特殊保护和管理的区域。截至2018年5月31日，国家级自然保护区分布情况具体如下：北京2个，天津3个，河北13个，山西8个，内蒙古29个，辽宁19个，吉林24个，黑龙江49个，上海2个，江苏3个，浙江11个，安徽8个，福建17个，江西16个，山东7个，河南13个，湖北22个，湖南23个，广东15个，广西23个，海南10个，重庆6个，青海7个，西藏11个，陕西26个，甘肃21个，宁夏9个，新疆15个，四川32个，贵州10个，云南20个③。

3. 省级研学旅行资源

省级研学旅行资源主要包括省级风景名胜区、省级历史文化名城、省级文物保护单位以及省级自然保护区、省级森林公园，有的省还公布了历史文化名镇。具有代表性的省级研学旅行资源如慕田峪长城风景名胜区、白云山—小西天风景名胜区、青龙山风景名胜区等。

---

① https://www.huangpucn.com/info/135808.html
② http://www.xian.cgs.gov.cn/kpzs/dzly/201703/t20170324_425441.html
③ http://bhq.papc.cn/sf_05418265418B4A72A26C786212D75A2C_262_cary.html

4. 市（县）级研学旅行资源

市（县）级研学旅行资源主要包括市（县）级风景名胜区和市（县）级文物保护单位。

（四）按照资源功能划分

按照资源功能，可以将研学旅行资源划分为自然观赏类研学旅行资源、科普教育类研学旅行资源、体验考察类研学旅行资源、励志拓展类研学旅行资源、文化康乐类研学旅行资源五大类，本书将以此种方式进行研学旅行资源划分。

1. 自然观赏类研学旅行资源

自然观赏类研学旅行资源主要包括山川、江、湖、海、森林、草原、沙漠等自然资源，如世界自然遗产、国家公园、国家级风景名胜区、国家级自然保护区等。以自然观赏类研学旅行资源为依托打造的自然观赏类研学旅行产品相对来说最使人悠闲、抒怀。在秀美壮丽的自然环境中，通过对研学旅行者进行生活素质教育、社会认知教育、体验教育、自然教育、艺术教育等，满足其对大自然最纯粹的好奇。动植物及地质科普教育、体能拓展训练、野外应急基本知识学习以及野炊、露营等野外体验活动都是自然观赏类研学旅行比较热门的项目。从国家战略层面看，伴随"健康中国"战略的逐步实施和素质教育的不断发展，让研学旅行者特别是青少年感受大自然、体验拓展活动、增强综合素质的体验式自然教育受到了社会广泛的推崇。开阔的环境、清新的空气是旅行者的首要追求，自然观赏类研学旅行也就成为极受欢迎的类型之一。2021年1月游侠客提供的数据显示，自然观赏类研学旅行的出团量占研学旅行总出团量的一半。本书第二章将自然观赏类研学旅行资源具体分为山川类、江湖海类、森林草原沙漠类三大类。

2. 科普教育类研学旅行资源

科普教育类研学旅行资源主要包括各种类型的博物馆、科技馆、主题展览、动物园、植物园、历史文化遗产、工业项目、科研场所等资源。以科普教育类研学旅行资源为依托打造的科普教育类研学旅行产品以专业性场馆为主，时间上具有可控性，适合短期研学旅行，多为学校组织研学旅行的首选。经过多年发展，这些专业性场馆都设计了丰富多彩的研学活动，学生不再是简单参观、听讲，而是通过参与趣味性、体验型活动，在互动中运用所学知识。以博物馆研学旅行为例，2017年中共中央办公厅、国务院办公厅印发了《关于实施中华优秀传统文化传承发展工程的意见》，指出要把中华优秀传统文化融入生产生活，大力发展文化旅游，充分利用历史文化资源优势，规划设计推出一批专题研学旅游线路，引导游客在文化旅游中感知中华文化。在素质教育理念的发展以及国家文化战略的需求背景下，博物馆研学旅行成为一种新兴的文化传播方式，受到政府部门的重视。本书第三章将科普教育类研学旅行资源具体分为博物馆、科技馆、主题展览、动物园、植物园、历史文化遗产，工业交通场地，科研场所五大类。

3. 体验考察类研学旅行资源

体验考察类研学旅行资源主要包括农庄、研学旅行实践基地、冬夏令营营地、团队拓展训练基地等资源。这种类型的研学旅行活动通常集中在一个固定空间内进行针对性或复合型拓展学习、训练，对锻炼中小学研学旅行者自理、自立能力方面的作用尤为明显。以营地研学旅行为例，被列入第一批"全国中小学生研学实践教育基地"的杭州（国际）青少年洞桥营地就是一个复合型的教育基地，占地面积0.73平方千米，拥有彰显探索未来海洋和太空世界的航母风格建筑群,建筑面积1.6万平方米。这里有大小营房、飞碟训练馆和海难逃生、车辆坠水逃生等70余个活动设施。在借鉴国内外营地建设经验的基础上,该营地自主研发了100余项室内外拓展活动,包含了青少年学习生活自理、训练生存技能、接受国防教育三方面的系列拓展活动,主要有"小鬼当家""营地特种兵""新劳动观念养成""农耕文化体验"等多种类型的夏令营项目。本书第四章将体验考察类研学旅行资源具体分为农庄、研学旅行实践基地、研学冬夏令营、团队拓展训练基地四大类。

4. 励志拓展类研学旅行资源

励志拓展类研学旅行资源以"励志"为主,适合初、高中生参与,主要包括红色教育基地、大学校园、国防教育基地、军营基地等资源。目前许多红色旅游景点都开展了红色夏令营、红色文化知识竞赛等研学旅行活动。上海市文旅局会同相关部门制定了《上海研学旅行服务规范》,鼓励、引导、支持上海市旅行社将相关红色旅游景区景点纳入其研学旅行参观名录。高校研学旅行通过开设专业体验课程、在实验室进行简单试验等沉浸式体验大学专业的方式,逐渐取代走马观花式的校园参观。励志拓展类研学旅行活动利用高校科普场馆、实训场馆、图书馆等,为中小学开展素质教育、科普教育提供第二课堂。此外,可以利用丰富的教育旅行资源,开发具有地方文化传承、传统文化展示、科普科学体验等研学旅行产品,在助推学生思考未来的同时,承担起传承中华优秀传统文化的责任与使命。本书第五章将励志拓展类研学旅行资源具体分为红色教育基地、校园研学旅行基地、国防教育基地、军营基地四大类。

5. 文化康乐类研学旅行资源

文化康乐类研学旅行资源主要包括各类主题公园、演艺影视城等资源。以文化康乐类研学旅行资源为依托的文化康乐类研学旅行活动以体验和学习社会先进文化为主,主要目的在于提高学生对先进文化的认同,培养社会责任感,树立正确的世界观,促进自身品格发展。文化康乐类研学旅行活动作为整个研学旅行行程中的一个重要环节,多与其他类型研学旅行活动同时出现。以演艺影视城研学旅行为例,演艺影视城可以大力推进"研学+旅行"战略发展模式,优化研学旅行课程体系,开设一系列研学旅行项目,如"影视演艺鉴赏""央视小课堂""影城特色开笔礼""六艺国学堂""安全消防教育""绿色总动员"等创新课程。文化康乐类研学旅行活动通过现场教学、亲身体验等方式使学生进行参与式学习,激发学生对未知领域的探索兴趣,帮助学生构建多元化的知识体系。本书第六章将文化康乐类研学旅行资源具体分为主题公园和演艺影视城两大类。

本章小结

1. 国外研学旅行起源很早,但真正具有游学特征的教育活动,应该追溯到17世纪欧洲的"大游学";国内研学旅行由古代游学、近代修学旅行逐步演变而来,2013年前研学旅行未能制度化、规模化开展。直至2013年,我国出台相关政策,加之研学旅行活动意义广泛且适龄对象不断增加,在政策与需求的双重驱动下,我国研学旅行迸发出新活力。

延伸阅读

延伸阅读1

2. 研学旅行有狭义和广义之分：狭义的研学旅行指教育部或学校有意识、有计划安排的，以研究性学习和旅行体验为主要目的的校外集体性活动。广义的研学旅行指以获取文化为主要目的的旅行活动。

3. 研学旅行资源也有狭义和广义之分：狭义的研学旅行资源是指学校范围之外的，能够满足中小学生群体研究性学习和旅行体验目的的一切资源。广义的研学旅行资源是指在自然界和人类社会中，能够对旅行者产生吸引力，并且能满足旅行者文化需求的一切资源。

4. 研学旅行资源具有教育性、广域性、多样性、文化性特征。

5. 研学旅行资源的分类应遵循逐级性、全面性和系统性原则。参照《旅游资源分类、调查与评价》（GB/T 18972—2017）可以将研学旅行资源划分为8个主类、23个亚类和110个基本类型；按照资源成因可以将研学旅行资源划分为自然研学旅行资源和人文研学旅行资源；按照资源级别可以将研学旅行资源划分为世界级研学旅行资源、国家级研学旅行资源、省级研学旅行资源、市（县）级研学旅行资源；按照资源功能可以将研学旅行资源划分为自然观赏类研学旅行资源、科普教育类研学旅行资源、体验考察类研学旅行资源、励志拓展类研学旅行资源、文化康乐类研学旅行资源。

思考练习

1. 研学旅行资源的分类标准有哪些？
2. 研学旅行资源有哪些特点？
3. 简述研学旅行资源的概念。

第二章
自然观赏类研学旅行资源

◆ 知识目标
1. 理解山川研学旅行资源的概念及其分类。
2. 理解江湖海研学旅行资源的概念并能够区分。
3. 理解森林草原沙漠研学旅行资源的概念及特点。
4. 掌握山川研学旅行资源开发的要点。
5. 掌握江湖海研学旅行资源开发的步骤。
6. 掌握森林草原沙漠研学旅行资源开发的要点。

◆ 能力目标
1. 能够设计和开发优质的山川研学旅行课程,撰写一份山川研学旅行活动策划书。
2. 能够设计和开发优质的江河、湖泊、海洋研学旅行课程。
3. 能够设计和开发优质的森林、草原、沙漠研学旅行课程。

◆ 素质目标
培养学生对自然观赏类研学旅行资源的课程设计能力。

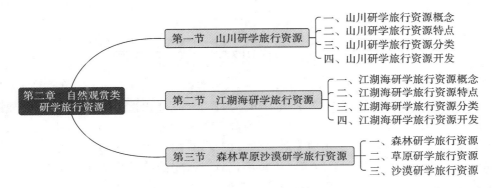

1. 明确山川研学旅行资源、江湖海研学旅行资源、森林草原沙漠研学旅行资源的基本概念。

2. 理解在山川、江河、湖泊、海洋、森林、草原、沙漠中开展研学旅行活动内容的不同。

华山,古称"西岳",雅称"太华山",为五岳之一,位于陕西省渭南市华阴市,在省会西安以东120千米处。南接秦岭,北瞰黄渭,自古以来就有"奇险天下第一山"的说法。

华山研学旅行资源包括:

(1)"华夏之根":通过对"华夏之根"的广泛宣传,吸引更多的学生了解华夏起源地,来华山祭祖、朝拜,在华山深度地感受中国源远流长的历史文化。

(2)"智取华山"英雄山:以索道下站的八勇士纪念碑与北峰纪念亭为切入点讲解红色文化,让学生在红色故事中体会革命先烈的英雄事迹,激发学生的爱国之情。

(3)华山全景美如画:"势飞白云外,奇险冠天下",立北峰望壮阔的全景,感受祖国河山的无限美好,激发学生对祖国的自豪感。

(4)华山论剑:侠之大者为国为民,中华儿女不但崇文同时尚武,豪气干云霄,让学生在这里受到洗礼和熏陶,做顶天立地、报效祖国的栋梁之材。

(5)华山有道:自古华山一条道,奇险天下第一山。"世上无难事,只要肯登攀""华山虽险,顶有过路",让学生体验登山过程的艰辛,从而磨炼意志、强健体魄。

"读万卷书,行万里路。"行走大美山川,用研学提升知识,已成为学生获取知识、磨炼意志的重要途径。本章将探讨自然观赏类研学旅行资源,包括山川研学旅行资源、江湖海研学旅行资源、森林草原沙漠研学旅行资源。

第一节　山川研学旅行资源

我国山川研学旅行资源丰富,名山大川是科学研究、文化教育、科普活动的主要阵地。山川是指山岳和河流。山川是个地质构造概念,有山必有川,山川是由地质变换所形成的地形地貌。山川中,露出地表高高耸立的是山,山与山之间的跨越地带便是川,山川是山与川相连的地质构造地貌。山川不仅具有一定的美学价值和文化旅游价值,还具有科普教育、探险运动和康体健身运动等旅游功能。

一、山川研学旅行资源概念

山川研学旅行资源是以山体为载体的各种研学旅行资源的聚合体,有广义和狭义之分。狭义的山川研学旅行资源是指以山体景观为主的山水景观资源类型。广义的山川研学旅行资源是以地文景观为载体,由多种旅游资源组合而成的旅游综合体,不仅包括山川本身,还包括与之相关的生物景观、水文景观、天象景观、人文景观等。本书介绍的主要指广义的山川研学旅行资源。

二、山川研学旅行资源特点

(一) 景观类型丰富

山川研学旅行资源从宏观上可以分成自然和人文两大部分。山川自然研学旅行资源包括以下几个部分:山体、丘陵、陡坡、悬崖、峡谷、沟壑等地质构造形成形式多样的地貌组合,构成山川景观的硬质骨架;山谷中分布的河流和湖泊与山体骨架形成刚柔并济的景观对照;受水平和垂直气候带的影响,山川形成丰富多样的生物景观。此外,复杂的地形变化所形成的山川小气候及由此衍生的山川天象景观也是山川自然研学旅行资源的重要组成部分。山川人文研学旅行资源主要指山区居民为适应山川环境所形成的社会文化生活习惯,包括民风民俗、宗教文化、山川农耕文化等内容。由此可见,山川是陆地上景观最为丰富的立地类型。

(二) 资源原生性强

山区受人类经济活动影响较少,自然资源和环境较好地保持着原始状态,相比于平原地带,受人为活动破坏的程度小,因此其自然旅行资源原生性强。此外,山区居民由于各方面条件的影响,其生活习俗和民风较好地继承了原生文化,相对于受强烈的现代生活冲击的城市环境,山区保存了浓郁的传统文化氛围。

(三) 生态环境优越

由于可进入性相对较差,现代工业社会对山川生态环境的影响相对较小,而且山川多为植被覆盖集中的区域,因此,山川的生态环境显著优于其他场所。良好的生态环境是现代旅游发展不可或缺的重要资源。

(四) 历史文化积淀深厚

我国历史悠久,许多名山都渗透了文化遗迹,深厚的历史文化积淀使得山川的人文景观与自然景观相互映衬、相互穿插、紧密结合。山川的古建筑、宗教寺庙、名人墨迹、传说典故丰富多彩,是独特的风景名胜,也是重要的山川研学旅行目的地。我国古代就已有"三山五岳"之说,许多山岳以不同的景色闻名于世,如泰山之雄、华山之险、嵩山之峻、峨眉之秀、雁荡之奇、黄山之雅、天山之丽。名山有一定的位置、范围、界限,有决定其成名的丰富内涵,如有景则名、有仙则名、有僧则名、有史则名、有宝则名。因此,山川既是自然的产物,又是历史文化的遗存,既是旅游观赏、文化教育的场所,又是科普、科研的"户外博物馆"。

三、山川研学旅行资源分类

根据不同特色,山川研学旅行资源可分为宗教型山川研学旅行资源、风光型山川研学旅行资源、文化型山川研学旅行资源。值得注意的是,根据特色划分的山川研学旅行资源,三种类型并不是完全独立的,而是相互依存的,如泰山研学旅行资源,既是宗教型山川研学旅行资源,又是风光型山川研学旅行资源,还是文化型山川研学旅行资源。

(一)宗教型山川研学旅行资源

此类研学旅行资源包括佛教名山、道教名山等研学旅行资源,如四大佛教名山、五岳等。宗教型山川研学旅行资源是学生了解宗教知识的重要研学旅行资源。

(二)风光型山川研学旅行资源

此类研学旅行资源景观优美、各有特色,如泰山之雄、黄山之雅、华山之险、青城之幽、峨眉之秀。风光型山川研学旅行资源可使学生了解自然、认识自然。

(三)文化型山川研学旅行资源

此类研学旅行资源富有文化性,如泰山这一文化型山川研学旅行资源,拥有天人合一的山川文化、国泰民安的封禅文化、一览众山小的名人文化、"登泰山保平安"的信仰文化。

四、山川研学旅行资源开发

2016年11月,教育部等11部门联合发布《关于推进中小学生研学旅行的意见》,指出中小学生研学旅行是由教育部门和学校有计划地组织安排,通过集体旅行、集中食宿方式开展的研究性学习和旅行体验相结合的校外教育活动。研学旅行课程是创新性的教育形式,因山川研学旅行资源包含自然与人文两方面特性,所以山川研学旅行课程可以使学生增进对自然的了解、提升生态保护意识,可以培养学生地理核心素养,让学生在研学旅行中体验传统文化、发展社会情感能力、拓展创新思维、激发决策行动力。

(一)长白山研学旅行课程

1. 长白山研学旅行资源简介

长白山因其主峰白头山多白色浮石与积雪而得名。它位于欧亚大陆东端、吉林省东南部、中朝两国边境上,是中国东北最高的山地。长白山是一座休眠的火山,因其独特的地质构造,造就了其绮丽迷人的景观,有湖、谷、池、山、泉、林、峰等。长白山不仅风光美丽迷人,而且资源丰富、动植物种类繁多,是欧亚大陆北半部极具代表性的自然综合体,是世界上少有的"物种基因库"和"天然博物馆"。2007年11月的统计数据显示,这里生存着1800多种高等植物,栖息着50多种兽类,280多种鸟类,50多种鱼类以及1000多种昆虫。以天池为中心的长白山保护区为中国最大的自然保护区,具有较高的科研、保护和旅游价值,于1980年被列为联合国教科文组织"人与生物圈",是世界瑰宝。

2. 长白山研学旅行课程目标

新人教版高中地理必修(第一册)第四章"地貌"的内容共两节,第一节为"常见地貌类型",第二节为"地貌的观察"。长白山是吉林省著名的5A级旅游景区,主要地貌类型包括火山地貌、冰川与冰缘地貌、流水地貌。长白山自然资源丰富多样,景区开发相对成熟且交通发达便于研学旅行的开展,所以选择长白山作为研学旅行目的地最合适不过。以《普通高中地理课程标准》(2017年版)为指导,学生通过从宏观到微观观察地貌景观,掌握描述地貌的基本方法;通过学习主要地貌类型,学会探究地貌的成因。这两节内容的学习思路总结起来就是观察地貌—描述地貌—识别地貌类型—探究地貌成因,在学习地貌时还要特别注意地理实践力的培养。根据以上要求,确立的研学旅行课程目标如下:

(1) 学生通过查阅书籍或者上网收集长白山地貌的相关信息,提高收集地理信息与提出地理问题的能力。

(2) 学生运用GPS定位、等高线地形图、遥感影像,观察并识别地貌类型,提升分析地理问题的能力;通过小组合作学习,记录并探究地貌成因,增强团队合作意识。

(3) 活动准备充分后,学生能够践行长白山活动方案,培养解决地理问题和概括反思的能力。

3. 研学旅行活动准备

(1) 教师准备工作。

教师在遵循安全性和可操作性原则的基础上对长白山进行实地考察,计划以长白山的三种主要地貌类型为划分依据,将高一一个班级的学生分为三组,分别去长白山北坡的火山地貌、冰川与冰缘地貌、流水地貌景区开展研学旅行活动。经教研组讨论确定,长白山研学旅行的时间是一天,研学旅行总线路为学校—长白山北坡—天文峰—气象台—天池—乘槎河—长白山"U"形谷—地下河—地下森林—学校。教师还应提前开设长白山研学旅行主题班会,仔细介绍研学旅行活动流程,发放研学旅行任务清单,通过安全教育提高学生安全意识,讲解旅行突发状况紧急应对预案,带领学生熟悉使用地理工具的方法。

(2) 学生准备工作。

学生提前阅读研学旅行任务清单,预习高中教材地貌有关知识,自备常用药品与急救药品,各组组内讨论,共同设计活动方案,明确组内各自分工,下载需要的学习软件。

4. 研学旅行活动设计

以研学旅行课程目标为指导,以研学旅行活动的充分准备为基础,在教师的带领下,各组高效开展长白山研学旅行活动,具体的长白山北坡研学旅行活动设计见表2-1。

表 2-1　长白山北坡研学旅行活动设计

研学旅行地点	研学旅行内容	地貌类型	次级地貌类型	研学解读
天文峰	结合等高线地形图判断天文峰的地貌类型并探究地貌成因	火山地貌	火山锥体	天文峰海拔2670米,被称为长白山的第三高峰,是由火山喷发物构成的火山锥体
气象台	利用遥感影像描述气象台的地貌特征,小组讨论推测地貌成因		熔岩台地	位于气象台观光道路的东侧阶地,是由多次火山熔岩流堆积产生的多阶地上熔岩台地
天池	观察天池,识别其他地貌类型并思考天池中的水是从哪里来的		火山口湖	天池是一座休眠火山,水在火山口内积聚成湖,天池水来自降水和地下泉水
乘槎河	观察乘槎河的两侧,寒冻风化岩屑广泛分布,判断这属于什么地貌类型	冰缘地貌	岩屑堆积物	乘槎河两侧在寒冻风化及重力的作用下,存在着大量的岩屑堆积物,形成了冰缘地貌
长白山"U"形谷	远处眺望"U"形深谷,谷底地势平缓,识别"U"形谷是什么地貌类型	冰川地貌	冰蚀地貌	"U"形谷受冰川运动影响,在漫长的寒冷崩塌及侵蚀作用下形成
地下河	近距离观察地下河,其河道较为狭小,宽度为3—5米,判断地下河的地貌类型	流水地貌	河谷地貌	地下河因硫化水的常年侵蚀,由地面以下4—8米的切口组成
地下森林	观察藏于断陷沟谷里的地下森林,使用"GPS实时海拔"手机软件定位并测量出它是该区域海拔最低的地貌景观,分析该地貌的形成过程		沟谷地貌	长白山火山喷发以后,地层出现断陷,经历了数万年的时间,在地表径流的切割与剥蚀作用下,形成了大型沟谷

(二)蒙顶山研学旅行课程

1. 蒙顶山研学旅行资源简介

蒙顶山位于四川省雅安市境内、四川盆地西南部,横亘于名山区西北侧,山势北高南低,呈东北—西南带状分布,延伸至雅安市境内。山体长约10千米,宽约4千米。蒙顶山五峰环列,状若莲花,最高峰上清峰海拔1456米。蒙顶山风景区坐落在名山区境内,距成都市110千米,离雅安市15千米,318国道纵贯景区,成都—雅安高速公路的两条引道与蒙顶山和百丈湖直接相连,交通十分方便。蒙顶山风景区是国家4A级旅游景区。从蒙顶山西眺可见峨眉山、瓦屋山、周公山诸山。向东俯视,原野平畴,山峦起伏,溪涧纵横,风景如画。现存古刹永兴寺、千佛寺、净居庵等坐落于茶园。蒙顶山地处四川盆地与青藏高原的过渡地带,位于东亚季风与南亚季风的交汇处,独特的地理位置与气候条件造就了该区域奇丽的自然景观,自古有"扬子江中水,蒙山顶上茶"之美誉,加之深厚的文化积淀,形成了众多主题鲜明、各有特色的文化名胜,为该区域开展研学旅行提供了丰富的课程资源。

2. 研学旅行课程理念与目标

(1) 课程理念。

研学旅行课程开发与设计要紧紧围绕学生这个主体,满足不同学生个性化、差异化的发展需求,以体验式课程为主要形式,以考察和实践为主要载体,培养学生终身发展和社会发展必备的品格和能力,塑造追求真理、崇尚科学的人文精神。

(2) 课程目标。

依据《普通高中地理课程标准》(2017年版)并参照有关学者提出的《研学旅行课程标准》,结合蒙顶山风景区研学旅行资源的实际情况,开发与设计蒙顶山研学旅行课程。学生通过课程学习,能够运用地理思维和信息作出合理的决策以及解决生活中的现实问题,不断提升地理核心素养,激发学习兴趣,转变学习方式,为今后升学、择业、个人发展打下坚实基础。具体课程目标如下:

①提升区域认知水平。学生能够从区域的视角认识地理环境及其与人类活动的关系。学生通过实地考察,学会结合地形图描述一个区域的地貌特征并探究其成因;教师引导学生运用地图归纳我国茶叶分布的地理共性,并进一步分析茶叶种植的区位因素;学生通过思考蒙顶山农业产业布局的依据与现实意义,逐步提升区域认知能力。

②培养地理实践力。学生能够运用地理工具,收集和整理气温、降水、海拔、土壤、植被等地理信息,解释说明相关地理事象的原理和规律,并探寻各要素的内在联系,从而具备一定的地理探究意识和能力。通过采茶、制茶等"沉浸式"课程开发,突出学生在课程中的主体地位,调动学生学习兴趣,培养学生实践能力。

③训练综合思维能力。学生通过课程学习,能够从整体的角度,全面、系统地分析地理问题,不断增强问题探究意识,培养综合思维。首先,学生查阅并在地图上标记我国茶叶主要产区,分析这些区域地理特征共性,并进一步总结茶叶种植的区位因素;其次,教师引导学生从蒙顶山区位特征出发,将其与其他茶叶产区区位特征进行对比,思考蒙顶山茶享誉世界、茶品优质的原因;最后,学生结合实地考察概括出蒙顶山农业产业布局特点,并思考蒙顶山除茶叶、猕猴桃种植业外,不适合其他种植业发展的主要原因。以问题探究的形式,引发学生进行层层深入的思考。

④养成人地协调观。学生能够从人地关系的角度,正确认识人类活动与蒙顶山风景区的关系,积极探索其可持续发展路径,树立科学的人地协调发展理念。通过采访景区内游客的旅游体验和了解当地居民生产、生活状况,尝试为蒙顶山旅游产业持续健康发展提出建议。

⑤增强爱国主义情感。学生通过参观革命纪念馆,了解革命先烈的英勇事迹,增强爱党、爱国和热爱社会主义的深厚情感,从而形成高度的爱国主义和集体主义精神,培育社会主义核心价值观。

3. 研学旅行课程设计

本次课程在结合学科教学、地域特色、学生学情等基础上,对研学旅行主题进行梳理归类,最终选取了"七岩十八盘"、红军纪念馆、皇茶园、"蒙顶山秀色"四条具有典型性和代表性的研学旅行线路,以主题化形式展开研学旅行活动,将研学旅行有机整合形成系统化课程。四条研学旅行线路位置紧密相邻,连续性较好,可实现研学旅行活动的无缝衔接。此外,每条线路潜在的育人功能不同,分别有各自具体的课程目标。其中,"七岩十八盘"线路旨在让学生学会利用地理工具收集和整理信息,在进行地貌考察过程中潜移默化地提升学生地理实践力;红军纪念馆线路以体验式课程方式进行,目的是让学生通过了解革命先辈艰辛创业史,不断增强其爱国主义情感和民族自信心;皇茶园线路将结合其地学要素,以问题探究的形式层层深入,培养学生综合思维能力;"蒙顶山秀色"线路主要是提升学生区域认知能力以及增强他们对家乡的认同感和归属感。具体课程设计内容见表2-2。

表 2-2　蒙顶山研学旅行课程设计

研学旅行线路	研学旅行主题	研学旅行地点	研学旅行任务
"七岩十八盘"	登高怀古迹,慕远梦新途	象鼻岩、隐身岩、白虎岩、"禅惠庐"三角亭	(1)借助地理工具分别测量该线路最高点和最低点海拔,计算其相对高度,并绘制两点间的地形剖面图。 (2)选取合适点进行地貌观察,过程中做好记录(如经纬度、海拔、坡度、土地利用等要素);整理观察记录,撰写观察报告。 (3)学生通过实地观察,结合地形图学会描述蒙顶山地貌特征,并探讨其成因。 (4)学会借助地理工具获取该线路各研学旅行地点的海拔、气温和降水等地理信息,并选取一类当地优势树种作为调查对象,查阅有关资料从而了解其生长习性,说明该地适合这类树种生长的原因
红军纪念馆	华夏男儿多壮志,一生戎马卫家园	红军纪念馆、望郎台、红军战壕	(1)以小组为单位,收集整理有关蒙顶山革命史实资料,参观红军纪念馆,了解革命事业艰苦历程,并撰写心得体会。 (2)以红色文化为主题开展文艺汇演,各小组选报1—2个节目
皇茶园	有约阶前茶半盏,轻摇折扇话家常	蒙泉井、灵泉院、"蒙茶仙姑"、甘露石屋、茶文化圣地	(1)在地图上查询并标记我国茶叶主要分布区,尝试分析这些区域地理特征共性,并进一步总结茶叶种植的区位因素。 (2)结合蒙顶山区位特点,将其与其他茶叶产区进行对比,尝试分析蒙顶山茶享誉世界、茶品优质的主要原因。 (3)结合实地考察分析蒙顶山农业产业布局特点,并思考蒙顶山发展茶叶、猕猴桃种植业,而不发展其他农业产业的主要原因。 (4)收集整理蒙顶山茶文化有关资料,并观看茶技表演,体验采茶、制茶过程

续表

研学旅行线路	研学旅行主题	研学旅行地点	研学旅行任务
"蒙顶山秀色"	几曾回首望山河,四海升平咏赞歌	四方亭、盘龙亭、远望亭、龙崖	(1)通过实地考察,结合地图简要分析名山区城市空间分布特点,并尝试将该城市区域与自己所在区县区位条件进行对比。 (2)通过采访景区内游客的旅游体验和了解当地居民生产、生活状况,为蒙顶山旅游产业持续健康发展提出建议

4. 研学旅行课程实施

(1)教师配置。

为提高本课程质量,建议师生比控制在1∶10左右;任课教师需要打破学科界限,整合课程资源,针对不同主题内容进行相关知识储备,能够在相关模块学习上对学生进行有效指导。每个小组除了配备1—2名地理学科教师进行专业指导,还应根据不同研学旅行线路、研学旅行任务的特点,为学生配备其他学科教师进行专业化、针对性指导。例如,在进行植被识别以及当地经济作物考察环节,选派生物教师进行研学指导,在红军纪念馆线路配备历史教师进行讲解。此外,在进行研学旅行成果展示时,选派美术教师、音乐教师对各小组进行专业艺术指导。

(2)学生分组。

为保证本课程的高效进行,研学旅行活动期间所有活动均以小组为单位展开,每组8—10人。

(3)课程安排。

教师准备:①前期考察,了解蒙顶山风景区研学旅行资源以及基础设施状况,重点排查各条线路的安全隐患,对交通、食宿等后勤工作进行提前部署,并针对活动各环节制定相应安全保障方案和突发事件紧急预案;②制定明确的课程目标和实施方案,合理分配研学旅行任务;③扩充学生研学旅行理论知识储备,并对学生进行野外勘察等研学旅行技能培训;④指导学生正确使用地理工具,收集相关课程资料;⑤组织学生开展主题班会,介绍蒙顶山基本情况以及研学旅行注意事项,并进行安全培训;⑥建立家校安全保障体系,协助学生购买安全保险。

学生准备:①熟悉考察手册,了解课程总体安排,明确研学旅行目标;②扩充研学旅行理论知识,提升野外实地勘察技能;③准备课程所需工具,如速写板、纸笔、手机以及相关软件等;④分组活动,选定小组长,明确小组成员任务分工;⑤准备野外出行所需生活用品。

(4)课程实施。

按照既定研学旅行课程目标开展活动,鼓励学生发现问题,并引导学生自主探究,必要时可以进行一定讲解,让学生能够对所学知识进行补充和印证。活动过程中要注重对学生地理实践力的培养,为学生创造更多主动学习和探究的机会,增强学生活动体验感与参与感。

延伸阅读2

延伸阅读3

(5) 课程总结。

及时对学生的研学旅行成果进行分析反馈,并给予相应指导意见。积极创造条件,鼓励学生开展多种形式的研学旅行成果展示,对优秀研学旅行成果予以表彰,充分调动学生研学旅行积极性,不断丰富研学旅行活动的幸福德育内涵。此外,经典研学旅行课程案例的开发,是研学旅行活动持续健康发展的重要保证。将历届学生研学旅行成果进行归档管理,鼓励学生自行设计、积累、分享与交流。还可以通过对比历届档案,从中总结经验教训,进行动态性课程开发,努力让课程朝着"范例式"方向发展,以满足不同学校、学生开展研学旅行活动的需要。

第二节　江湖海研学旅行资源

江湖海是自然资源的重要组成部分,是构成研学旅行资源重要的物质基础。江河、湖泊、海洋以其自身优美的景色,可以单独形成有价值的风景名胜区或成为风景名胜区的主景。江湖海的成因及长期形成的与江湖海相关的民俗、人文等文化资源均是研学旅行的重要资源。

一、江湖海研学旅行资源概念

江湖海研学旅行资源是以江湖海为载体的各种研学旅行资源的聚合体。江湖海研学旅行资源的概念也有广义和狭义之分。狭义的江湖海研学旅行资源是指以江湖海为主的水体景观资源类型。广义的江湖海研学旅行资源是以江湖海景观为载体,由多种旅游资源组合而成的资源综合体,不仅包括江湖海本身,还包括与之相关的生物、天象、人文等资源。本书中主要指广义的江湖海研学旅行资源。

二、江湖海研学旅行资源特点

(一) 地域性

江湖海研学旅行资源具有地域性。由于不同地域的气候、地质、生态等自然地理因素的具体情况各不相同,因此江湖海的成因千变万化。热带地区的江河(如南美亚马孙河、非洲刚果河等)一般水量大,河面开阔,两岸森林密布,故水色澄碧;亚热带湿润地区的江河(如长江、珠江等)水量较大,风光明媚,沿岸人文景观丰富;温带地区的江河四季流量变化大,枯水期常常只有涓涓细流,而洪水期则波涛滚滚;寒温带和寒带地区的江河则以冰雪形态著称。

(二) 时间性

江湖海研学旅行资源具有时间性。江湖海的景色一年四季俱不相同,就是一日之中,景色也常会发生变化。"日出江花红胜火,春来江水绿如蓝""峨眉山月半轮秋,影入平羌江水流""寒雨连江夜入吴,平明送客楚山孤"以及"今宵酒醒何处,杨柳岸晓风残月"等,都生动地刻画出不同季节和不同时间江湖海的景色。

（三）综合性

江湖海研学旅行资源具有综合性,不仅包含江湖海资源本身,同时还包含与江湖海相关的国学文化、船舶文化、农耕文化、诗词文化、水手文化、海洋文化、湖泊文化等资源。

三、江湖海研学旅行资源分类

江湖海研学旅行资源具体可分为江河研学旅行资源、湖泊研学旅行资源、海洋研学旅行资源。

（一）江河研学旅行资源

江河研学旅行资源的主要载体是江河,江河是陆地地表沿线形凹地运动的经常性或周期性的水流,规模大的称为江或河,规模小的叫溪或涧。江河的补给水源主要是雨水,也有冰雪融水和地下水。江河发源地叫河源,流注海洋、湖泊或另一江河的入口叫作河口,流路通常根据其特征分为上游、中游和下游,这些河段各自都有其独特的形态和景观。江河水景多分布在大河上、中游区。江河水面窄,多同两岸山崖构成山水综合景,河道迂回曲折,两岸奇峰罗列,山水比例适宜,山光水影,景物成双,富有意境美。如处于长江上游的三峡景观;漓江上游河段的"几程漓水曲,万点桂山尖"的"人间仙境";钱塘江上游的富春江,江水清澈、澄碧,两岸奇峰插云,怪石凌空,景色奇秀。江河下游,河流展宽,河水平静流淌,时而贴近山麓,时而展延平川,两岸山势和缓或呈现冲积平原景观,经济文化发达,人文景观丰富,特别是在江河入海口处景观开阔壮丽,河海景观皆引人入胜。在干旱区,有些河流最后没于沙漠;在石灰岩地区,有些河流经溶洞和裂隙而没于地下,成为地下河流。

从本质上看,江河是一种多功能的地理实体,作为研学旅行资源,江河往往与山川相融,且是自然风光与人文景观交相辉映之处;江河是重要的旅游通道,江河两岸往往可进入性好,物产丰富;江河两岸往往是经济发达、历史悠久、人文景观荟萃之地。

我国江河地区一般是人类文明发展较早的地方,开发历史悠久,江河研学旅行资源既包含自然资源,也包含沿江河历史文化名城和现代都市等人文资源。中国的水系主要由七大江河组成,自北向南依次为松花江、辽河、海河、黄河、淮河、长江、珠江。

（二）湖泊研学旅行资源

湖泊研学旅行资源的主要载体是湖泊,我国湖泊众多,按其成因,可分为构造湖、火山口湖、堰塞湖、河迹湖、海迹湖、冰蚀湖、溶蚀湖等。湖泊研学旅行资源既包含湖泊自然资源,也包含与湖泊相关的人文资源。

1. 构造湖

由地壳运动内力的作用,包括地质构造运动所产生的地壳断陷、拗陷和沉陷等所形成的各种构造凹地,如向斜凹地、地堑及其他断裂凹地所产生的构造湖盆,经贮水、积水而形成的湖泊称为构造湖。这类湖泊的特点是湖岸平直，岸坡陡峻，湖形狭长，深度较大。我国著名的构造湖主要有云贵高原上的洱海、抚仙湖、滇池，青藏高原上的青海湖、色林错，内蒙古高原上的呼伦湖、岱海，湘江的博斯腾湖，长江中下游地区的洞庭湖、鄱阳湖、巢湖，台湾的日月潭等。

2. 火山口湖

火山口湖是由火山喷发后遗留的死火山口或熔岩高喷口积水而成。这类湖泊的特点是湖泊多呈圆形或马蹄形，面积较小，湖岸陡峭，湖水较深。我国著名的火山口湖有长白山天池，兴凯湖，广东湛江的湖光岩，台湾大屯山区的向天池、面天池等。

3. 堰塞湖

堰塞湖或由火山熔岩流拦截河谷而成，或由地震、冰川、泥石流导致山崩滑坡物堵塞河道而成。具有代表性的堰塞湖主要有东北的镜泊湖、五大连池，藏东南的易贡错、然乌错，四川黔江的小南海等。

4. 河迹湖

河迹湖是由河流改道变迁、蛇曲形河道裁弯取直分割后留下来的旧河道形成的湖泊。这类湖泊多呈弯月形或牛轭形，水深较浅。位于江汉平原最南部的洪湖、内蒙古的乌梁素海、扬州的瘦西湖、敦煌的月牙泉均是河迹湖。

5. 海迹湖（潟湖）

由于沿岸沙嘴、沙洲等不断向外延伸，浅水海湾被沙堤或沙嘴分开进而形成海迹湖。杭州西湖、苏北射阳湖、无锡太湖等就是典型的海迹湖。

6. 冰蚀湖

冰蚀湖是在高山或高纬地区，由古冰川在流动过程中对岩性较软或破碎的岩石带挖蚀而成的一种负地形侵蚀地貌，常沿岩性软弱带向构造线呈串珠状延展。冰川运动过程中，刨蚀、掘蚀地面产生的凹地积水形成湖泊。这类湖盆平面形态呈长条状，冰蚀湖湖岸平缓，常有漂砾残存，部分湖岸地带现代冰缘形态非常发育，如法里斯湖岸的石环和多边形土。盆壁与盆底的基岩面上往往有冰川磨光面及冰川刻槽和擦痕。冰蚀湖的湖底、湖畔多为巨大的、平铺的石条、石板，部分为裸露基石。中国藏北高原的一些湖泊就是冰蚀湖，典型的冰蚀湖有巴松湖、拉姆拉错、嘎隆拉冰蚀湖等。新疆阿尔泰山区的喀纳斯湖也是典型的冰蚀湖。

7. 溶蚀湖

溶蚀湖是由地下水或地表水溶蚀石灰岩等可溶性岩石所形成的低洼地积水而成的，一般呈圆形或椭圆形。贵州威宁的草海、云南中甸的纳帕湖等，都是典型的溶蚀湖。

（三）海洋研学旅行资源

中国不仅是一个国土广袤的大陆国家，同时又是一个具有漫长海岸线和辽阔海洋的海洋国家。中国是人类海洋文明的重要发祥地，其内涵丰富的海洋文化是人类历史文明的重要组成部分。当前，海洋已成为我国重要的蓝色国土资源，海洋产业是我国海洋战略的重要组成部分。海洋研学旅行重在使学生树立海洋国土意识。海洋研学旅行是学生认识海洋、亲近海洋和体验海洋的最佳方式。

海洋研学旅行资源是指一切与海洋相关的自然与人文资源,如海洋历史文化资源、海洋地质地貌、海洋潮汐、渔家村落等。通过海洋研学旅行,研学旅行主体可以全面了解海洋的重要性,从而深入认识海洋、关心海洋、保护海洋。

海洋研学旅行资源包括:

(1)海洋科普,海洋是由海岸、海水、岛屿、礁石、生物等组成的生态系统,包括海洋地质地貌、海洋潮汐、海洋生物生态系统等。

(2)海洋文化,包括与大海、大洋有关的文学作品及主题产品,如诗歌散文、小说剧本、美术绘画、音乐舞蹈等。

(3)海洋经济,涉及远洋运输、港口设施、港口(自由贸易港)贸易、海产渔业、海洋油气田、海洋工程等。

(4)海洋生活,包括疍家生活、水上社区、渔家村落等。

(5)海洋运动,包括岸边运动(如沙滩排球、沙滩足球、沙滩摩托、崖壁攀岩等)、海上运动(如海泳、冲浪、海钓、帆船、摩托艇、降落伞、热气球等)、海底运动(如深、浅潜水,海底观光等)、海岛活动(如无线电测向与定位、海岛生存等),以及其他与团队建设相关的趣味活动等。

(6)海洋军事,包括海上国防、海上防卫、航母舰船、海岛驻防等。

四、江湖海研学旅行资源开发

以下分别从江河研学旅行资源、湖泊研学旅行资源、海洋研学旅行资源三方面进行阐述。

(一)大运河(常州段)研学旅行课程设计与实施案例①

大运河是世界文化遗产,是中国古代劳动人民在中国东部平原上创造的一项伟大的水利工程,是世界上最长的运河,也是世界上开凿最早、规模最大的运河。大运河是京杭运河、隋唐运河、浙东运河的总称。2014年6月22日第38届世界遗产大会宣布,中国大运河项目成功入选《世界文化遗产名录》,成为中国第46个世界遗产项目。

1. 大运河(常州段)研学旅行资源特点

(1)乡土性。

经过两千多年的文化积淀,大运河(常州段)的三次变迁造就了大量富有地方乡土文化特色的人文资源,是中小学生了解家乡历史发展的极佳切入点。大运河(常州段)的唯一性,在于大运河是调节太湖和长江的唯一水系,而常州是被大运河穿过的唯一有府署住所的古城,其赋予研学旅行资源鲜明的地方特色,为中小学生爱家乡、爱国情怀的培养提供了便利。

(2)价值性。

大运河本身所具有的漕运、自然生态修复、科学考古功能等,为中小学生开展科学研究提供了优质素材。乡土文化作为地方民众智慧的结晶,凝结了地方文化的精神内

---

① 刘加凤.家国乡情,在研学课程中哺育——以大运河(常州段)乡土文化研学旅行课程为例[J].基础教育课程,2021(14):11-17.

涵,是地方中小学生开展研学旅行的理想对象。大运河乡土文化研学旅行实践,不仅可以激发中小学生提出有价值的现实问题,还可以促进其将现实问题转化为有价值的社会课题,进而解决现实社会难题。

(3) 真实性。

研学旅行实践要走进自然和社会生活的真实环境,去观察真实现象,探究真实问题,从而获得真实的研究成果。大运河作为具象的物质存在,具有动态性、开放性、历史性、体验性、文学性等特点,使学生能通过实地观察、体验等学习形式对真实的社会现象和问题有所发现与感悟,为学生参与互动和科学考察探究创造了先决条件。

2. 大运河(常州段)乡土文化研学旅行资源分类

大运河(常州段)乡土文化研学旅行资源被划分为四大类:

一是运河工程遗产。在古代,大运河主要用作漕运,其流经的地方留下了众多古闸、古堰、古埭、古坝、古桥等,常州现存奔牛闸等古运河流域河道工程遗址,可开展考古、艺术赏析等科学研究活动。

二是运河聚落遗产。江南古运河现存孟河、焦溪、奔牛三镇,可重点挖掘古运河历史;今运河流域现存古村、古街、古巷、古迹、工厂等,可开展文学历史追溯、文化遗产保护与传承等考察交流活动。

三是运河非物质文化遗产。2022年6月相关统计数据显示,大运河(常州段)沿线分布水利工程遗产、聚落遗产、其他物质文化遗产、非物质文化遗产等共计5类163项,可开展河川文化对社会经济影响类探究性学习活动。

四是运河衍生文化。以运河文化为核心,衍生出多种文化类型,极大地提升了常州的知名度和美誉度,可开展革命传统教育、国情教育、职业体验等社会实践探究活动。

3. 大运河(常州段)研学旅行课程设计与实施

大运河(常州段)研学旅行课程目标定位包括:一是提高学生对自然、社会和自身的认知,二是激发学生学习探究的兴趣,三是培养学生会学习、会生活的能力,四是培养学生集体生活和沟通合作的能力,五是培养学生的创新思维能力,六是增强学生的社会责任感。

大运河(常州段)研学旅行课程体系见表2-3。

表2-3 大运河(常州段)研学旅行课程体系①

研学旅行主题	研学旅行对象	研学旅行地点	研学旅行内容
初识乡土文化	市树、市花	一年级 东坡公园	前往市花(月季)种植园——东坡公园,观察月季的颜色和品种,欣赏它的叶子和花,描述月季的味道、色彩和形状,画下简笔画
		二年级 西瀛门	前往市树(广玉兰)观赏地——西瀛门,选取一棵广玉兰树作为对象,观察它的叶子、树干和整体造型,画下简笔画

---

① 刘加凤.家国乡情,在研学课程中哺育——以大运河(常州段)乡土文化研学旅行课程为例[J].基础教育课程,2021(14):11-17.

续表

研学旅行主题	研学旅行对象	研学旅行地点	研学旅行内容
初识乡土文化	人文景观	三年级 银丝面馆	前往大运河边餐饮百年老字号——银丝面馆品尝美食,了解五种具有当地特色的美食,且学会做其中一种美食,用视频记录下制作过程
		四年级 御马头	从御马头乘坐游船游览大运河常州精华段,欣赏两岸风光,记下游览行程及所见所闻,并比较大运河与其他河流不同之处
	历史发展	五年级 博物馆	参观博物馆,深入了解常州的发展历史与璀璨文化,画出大运河(常州段)三次变迁的大致路线图
		六年级 规划馆	参观规划馆,说说大运河(常州段)未来五年或十年将会发生什么样的新变化;假设你是城市规划师,向市民说明大运河生态保护的意义
品读乡土文化	城市精神	初一年级 青果巷	参观位于青果巷的梳篦博物馆,体验梳篦的制作过程,熟悉其非遗文化价值,探究信息技术在文化传承中的应用
		初二年级 奔牛闸	实地调研奔牛闸,运用物理知识(连通器原理)诠释闸门的运行轨迹,运用哲学知识说明人与客观规律的关系
		初三年级 东坡公园	观察东坡公园的舣舟亭,说说亭子的来历及建筑之美,总结江南木结构建筑的特色,利用三视图原理画出亭子不同侧面的造型
传承乡土文化	民族情怀	高一年级 瞿秋白纪念馆	参观瞿秋白纪念馆,了解常州"三杰"的英勇事迹和崇高精神,阐述中国共产党的先进性
		高二年级 运河五号	参观棉纺厂(运河五号),了解常州三位以上的实业家,理解他们的精神追求与时代意义,探讨民族精神还可以通过什么方式展现
		高三年级 中医街	走访中医街,了解常州中医发展进程和特色,说一说中医药学对世界医疗发展的贡献

以大运河红色文化——常州"三杰"主题研学旅行课程方案为例(见表2-4),研学旅行前,主要通过三项工作开展课程导入。一是课程衔接。常州"三杰"研学旅行课程以普通高中思想政治选修1《科学社会主义常识》中的"新民主主义革命的理论和实践"一课的内容为蓝本,进行研学旅行的相关背景知识阅读。二是行前一课。指导教师分发研学旅行手册,讲述研学旅行课程的具体行程安排、物质准备和心理准备、安全提醒等事项。三是知识储备。引导学生搜集常州"三杰"有关资料,了解常州城市精神、民族情怀与红色文化的联系,撰写研学旅行笔记。

研学旅行中主要根据研学旅行主题和研学旅行项目,逐步落实研学旅行地点、研学旅行内容和研学旅行课程授课教师等具体工作。首先是研学旅行地点的选择。研学旅行地点既要考虑安全性、可操作性问题,又要考虑其与知识的整体关联性。其次是研学旅行内容的设计。研学旅行内容是实现研学旅行课程目标的重要抓手,内容紧扣研学旅行主题展开,既要循序渐进,又要拓展延伸。最后是授课教师的安排。研学旅行课程授课教师既可以是学校教师,也可以是营地研学旅行指导教师,还可以邀请社会各界专家担任授课教师。

研学旅行后主要是研学旅行课程成果展示与课程评价。课程成果可以采用征文比赛、校园文化艺术展等形式展出,一方面对学生学习成果予以肯定,另一方面为学生相互借鉴、交流学习提供平台。课程评价是研学旅行课程非常重要的环节,它既是对学生学习效果的检验,也是对研学旅行指导教师和学校教师教学成果的检验,是研学旅行课程得以不断优化的重要条件。课程评价应注重过程性评价,适当以成果为导向,以学生学科素养的提升为目标,设计自评、互评和他评等多种形式。

表 2-4 大运河红色文化——常州"三杰"主题研学旅行课程方案①

研学旅行主题:常州"三杰";研学旅行时间:2天;研学旅行对象:高一学生

研学旅行目标	1. 通过教材阅读和行前一课的讲解,熟悉新民主主义革命发生的历史背景和历史意义 2. 通过参观博物馆、纪念馆和聆听专业讲解,深入了解常州"三杰"红色革命故事和新民主主义革命知识 3. 通过参与读书节和体验数据分析中心的工作,理解"常州三杰"的崇高精神,感知城市精神和民族情怀				

研学旅行进展	研学旅行课时	研学旅行主题	研学旅行项目	能力指向	研学旅行日程
行前	自定	"起锚"	衔接教材	阅读理解、信息搜索、信息整理、信息转化、演绎推理、思维认知、辩证思维、归纳概括	准备阶段
行前	1课时	"扬帆"	行前一课		准备阶段
行中	2课时	"起航"	参观考察		第一天
行中	2课时	"传承"	专家讲座		第一天
行中	2课时	"洗礼"	参观考察		第二天
行中	2课时	"感悟"	体验互动		第二天
行中	2课时	"奋进"	拓展延伸		第二天
行中	2课时	"共享"	总结分享		第二天
行后	自定	"收获"	成果展示		结束阶段

① 刘加凤. 家国乡情,在研学课程中哺育——以大运河(常州段)乡土文化研学旅行课程为例[J]. 基础教育课程,2021(14):11-17.

(二)杭州西湖研学旅行课程设计与实施案例[①]

杭州西湖风景名胜区,位于浙江省杭州市西湖区龙井路1号,分为湖滨区、湖心区、北山区、南山区和钱塘区。2022年9月相关统计数据显示,杭州西湖风景名胜区总面积达59.04平方千米,其中湖面面积6.38平方千米,外围保护区面积35.64平方千米。杭州西湖风景名胜区主要景点有122处,包括特级景点26处,一级景点25处,二级景点39处,三级景点21处,四级景点11处;有国家重点文物保护单位5处,省级文物保护单位35处,市级文物保护单位25处,还有39处文物保护点和各类专题博物馆点缀其中。著名景点如断桥、雷峰塔、钱王祠、净慈寺、苏小小墓等。1985年,杭州西湖风景名胜区被选为"全国十大风景名胜"之一。2007年,杭州市西湖风景名胜区被评为"国家5A级旅游景区"。2011年6月24日,"杭州西湖文化景观"正式列入《世界遗产名录》。

杭州西湖的景观和人文遗迹作为能够体现中国传统文化的经典之作,是古代东方审美体系中的一个坐标,也是很好的教育资源。杭州市金都天长小学以乡土乡情为主题,依托自然资源和文化遗产资源,巧妙地将西湖自然、人文、历史、艺术融合在一起,开设了"走读西湖"研学旅行课程。

1. "走读西湖"研学旅行课程设计思路

"走读西湖"研学旅行课程总体设计思路是以物为媒,重组学习逻辑。"走读西湖"研学旅行课程以学生的身心特点为依据,以学科整合的主题式项目学习为核心,以强化学生选择的学习方式开展,是"童眼看世界"的主要平台和重要途径。课程的设计符合学生的身心特点和认知水平,能够激发学生的学习兴趣,唤醒学生的探究意识。在研究主题的呈现方式上,体现开放性。学校充分考虑学生的年龄特征、兴趣爱好和认知水平的差异,提供多样的素材,在同一主题下设计了多个研学旅行地点,让学生自主选择,充分体现了学生的主体性。

2. "走读西湖"研学旅行课程目标

通过"走读西湖"研学旅行课程的开发与实践,了解和传承杭州西湖特色文化,让学生在一种开放的、灵活的、生动的、自由的学习情境中获取知识技能、掌握过程方法,养成正确的、科学的、良好的情感态度价值观和个性品质,从而获得充分的、自由的、独特的发展,在经历和体验中得到真正的成长。

以核心素养为导向,根据学校和美教育人格培养的"心、体、礼、乐、习"五要素,引导学生通过识物感悟家乡美、实践体验团队美、文化传承人文美、艺术展示个性美、学习探究方法美,促进学生和美人格的养成,为后续学习打下扎实基础。

3. "走读西湖"研学旅行课程内容设计

"走读西湖"研学旅行课程的实施紧紧围绕西湖文化中的人文、自然、艺术、社会等因素,适度参考《我与杭州》《人·自然·社会》等地方教材中的内容而展开。课程以项目整合的形式呈现,循自然而教,依西湖四季变化,分学段、分时间对西湖物产进行欣

[①] 杭州市金都天长小学.杭州市金都天长小学"走读西湖"研学课程的设计与实践[EB/OL].[2018-06-01]. http://www.360doc.com/userhome/34175808.

赏、探究，培养学生的家国情怀，全面提高学生艺术审美、科学探究、人文交往等素养。在对西湖物象进行梳理、归并的基础上，根据学生已有的生活经验，整合科学、人文、艺术三大领域的内容，设计了6个年级6个模块（美食、传说、诗画、物产、山水、花卉）的内容。

活动内容的编排由低年级到高年级呈简单到复杂的趋势，一年级到六年级的探究主题由易到难，从单一到组合，充分体现层次性、阶段性。"走读西湖"的每个主题是根据各个班级学生的兴趣、特长等具体情况不断地完善、充实，具有生成性，从而满足学生个体间差异化的需求。这样的课程是确定性与不确定的统一，自成系统却不乏丰富和生动。

4. "走读西湖"研学旅行课程组织形式

"走读西湖"研学旅行课程以活动为主要形式，强调学生的现场学习和亲身经历，注重充分发挥学生的自主性，使学生成为课堂的主人。组织形式大致有三类：

（1）小组活动。小组构成由学生自己协商确定，可以是兴趣相同的学生组成研究小组，也可以是能力相当的学生组成研究小组。

（2）个人活动。允许学生进行独立活动，并独立完成活动任务，以利于培养学生独立思考的能力和独立解决问题的能力。

（3）集体活动。以班级、年级为活动单位共同完成一项主题活动，通过分工合作、共同探究、集体讨论的方式，以求全面、深入地理解某一主题。

5. "走读西湖"研学旅行课程实施

根据研学旅行课程的需要，教学内容的安排以分散与集中相结合的方式进行。"春之声"和"秋之实"是由学校统一组织年级在每年的春季和秋季开展，"夏之盛"和"冬之韵"是由假日小队组织开展活动。这里主要介绍学校活动"春之声"和"秋之实"的实施。

学校以年级为单位，从学生、课程、情境、教师和设计五个方面进行系统备课，集中进行分析研究、收集材料、编写教案，并且聘请有一定综合实践课程经验的教师巡回指导。各学科教师一般从人文、艺术、自然、社会四个方面对主题进行分析与整合，使学生对主题有一个全方位、立体式的了解。例如，在"丹桂飘香"这个主题中，从艺术之桂、人文之桂、科学之桂、功用之桂四个角度收集材料、分析整理。

"走读西湖"研学旅行课程每个主题的教学一般采用集体备课、教师走班和分头执教相结合的方式进行。每一个板块根据内容的多少，设置1—2课时，自然板块由科学教师执教，人文板块由语文教师执教，艺术板块由体艺教师执教，社会板块由思想品德教师、数学教师执教，各学科教师协同实践指导。从四个不同的角度，由相应教师独立或协同上课，让学生在短时间内对该主题有全方位的了解。

在前期收集资料、校内集中学习之后，根据实践学习的方案，组织各年级组教师和家长志愿者到学习现场，分组进行实地考察和研究，分组的原则是自愿选择，按照艺术、人文、科学、功能四个组，倡导学生喜欢什么，就研究什么、学习什么。在学生根据自己的喜好自由组队之后，教师会根据学生的能力差异进行适当调控。现场学习不仅给学生营造了宽松的活动空间，还给予他们自主选择的权利，使学生的学习更有针对性和实效性。

在研学旅行课程实施过程中，教师引导学生以其最擅长的形式，如诗词、绘画、文章、歌曲等在班级里进行成果展示。在"踏雪寻梅"主题活动中,学生分别用画梅、作诗、吟诵、摄影、散文等形式进行成果展示。

6. "走读西湖"研学旅行课程评价

"走读西湖"研学旅行课程评价注重对学生的表现和素质发展进行整体评价,评价内容关注过程、兼顾结果,注重对学生进行整体公正、实事求是的评价,既建立学生研学旅行活动过程的档案,也注意简便易行。同时还注重评价方式的多样化,采取自我评价和他人评价、个别评价与集体评价、形成性评价与总结性评价等多种形式。通过学生自评、组内互评、家长评价等形式促进学生养成良好的研学旅行习惯,提升学生的综合素养。

(三)海洋渔业研学旅行课程设计与实施案例[①]

我国是一个海陆兼备的国家,海域辽阔,近海渔场很多,其中舟山渔场是我国最大的近海渔场,与千岛渔场、纽芬兰渔场、秘鲁渔场齐名。舟山渔场位于杭州湾以东、浙江东北部,范围为北纬29°30′—31°00′,东经120°30′—125°00′,面积约5.3万平方千米,自古以丰富的渔业资源闻名,享有"祖国渔都"和"东海鱼仓"的美称,是我国发展海洋渔业的重要基地。舟山渔业科技实力雄厚,建设了我国首个国家级远洋渔业基地——舟山国家远洋渔业基地以及3个我国首批海洋牧场科技工作站,对于我国现代渔业的发展具有重要意义。其中舟山国家远洋渔业基地在大力发展远洋渔业的同时,积极挖掘、发挥其海洋科普教育价值,于2020年底获评"舟山市中小学生研学实践教育基地"。基于舟山渔场对于我国海洋渔业发展的重要性及其研学实践教育基地的资源优势,本书以舟山渔场为例,阐释海洋渔业研学旅行课程的设计与实施。

舟山渔场最著名的鱼种是大黄鱼,舟山大黄鱼是全国首批海鲜类国家地理标志商标拥有者。大黄鱼名列我国四大海产之首,自古就深受人们的喜爱。清代诗人王荇蕙用"琐碎金鳞软玉膏,冰缸满载入关舫"描绘了当时大黄鱼丰收的景象,彼时的野生大黄鱼产量高,是平价的海鲜。而如今,野生大黄鱼濒临绝迹,价格高不可攀,市面上在售的大黄鱼几乎都是人工养殖而成。野生大黄鱼从兴盛走向濒危,根本原因在于过度捕捞。自20世纪50年代起,随着捕捞工具的升级和捕鱼大军的扩大,野生大黄鱼种群的繁殖发育面临着越来越大的挑战。1974年,越冬场的野生大黄鱼鱼群遭受了由2000多对大围网机帆船展开的大围捕,从此元气大伤,再也没能在舟山渔场等产卵场形成鱼汛。野生大黄鱼的濒危为我国渔业发展敲响了警钟,警示着人们应当合理开发利用海洋渔业资源。

为恢复大黄鱼鱼种资源,相关学者积极投身于大黄鱼人工养殖研究。1993年,国内大黄鱼人工养殖实现了关键技术的突破,并逐渐向产业化发展。大黄鱼养殖业发展至今,形成了从育苗、养殖到运输、加工的产业链,大黄鱼成为我国海水养殖规模最大的鱼种,获得了重生。大黄鱼从兴盛到濒危再到重生的发展历程涵盖了多重海洋教育意义,在舟山渔场开展的海洋渔业研学旅行可以此为主线展开。

---

① 何晓丹,高超,徐皓.面向海洋教育的高中地理研学旅行设计——以舟山渔场为例[J].地理教学,2021(17):54-58.

1. 舟山渔场研学旅行课程设计思路

舟山渔场研学旅行课程借助大黄鱼的兴盛、濒危与重生这一主线,让学生进入真实情境,探究大黄鱼在舟山渔场繁盛的原因,调查野生大黄鱼高价的原因,了解休渔期与休渔节,探究大黄鱼产业发展(包含大黄鱼人工育苗技术、海洋牧场等大黄鱼人工养殖技术以及大黄鱼冷藏技术和加工业发展),这一系列的探究虽然都是基于大黄鱼展开的,但并不拘泥于对大黄鱼的认知,而是可以上升到更高维度的对海洋渔业的认知,并从中培育学生一定的海洋素养。通过由该主线展开的研学旅行,学生对海洋渔业将有更为清晰、深刻的认知,在此基础上引出渔权问题,帮助学生透过渔权问题来了解我国的海洋主权与海洋权益,培育学生的海洋权益意识。

舟山渔场研学旅行课程设计思路如图 2-1 所示。

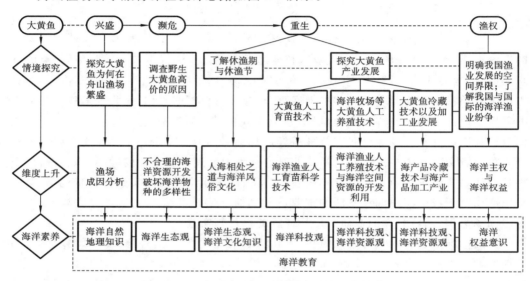

图 2-1　舟山渔场研学旅行课程设计思路

2. 舟山渔场研学旅行课程实施

实施舟山渔场研学旅行课程,首先要对学生进行安全教育,在整个研学旅行过程中也要确保学生的人身安全;其次,向学生简述大黄鱼在舟山渔场的兴衰与重生,明确情境探究的主题,继而展开探究活动,具体活动设计见表 2-5。

表 2-5　舟山渔场研学旅行活动设计

情境探究主题	活动设计
大黄鱼为何在舟山渔场繁盛	①小组合作收集大黄鱼习性、鱼汛等相关资料;再结合海水的性质、洋流等所学知识,分析大黄鱼在舟山渔场盛产的原因。②前往浙江省舟山海洋生态环境监测站,体验监测海水水温、盐度、深度等海水性质以及海洋生物质量的科学方法
野生大黄鱼高价的原因	小组合作在渔场码头进行调查并记录包括野生大黄鱼在内的 10 种海产品价格,由野生大黄鱼的高价引发学生思考、探究背后的原因

续表

情境探究主题		活 动 设 计
何为休渔期与休渔节		通过访谈渔民的方式了解休渔期的时间与意义,了解渔民在休渔节这一文化节日中如何开展庆祝活动
大黄鱼人工养殖产业发展	大黄鱼人工育苗技术	①前往浙江省海洋水产研究所,探究大黄鱼人工鱼苗培育的科学技术,了解水产养殖学等涉海学科。②若研学旅行在春夏之交鱼苗投放时节开展,可让学生参与体验人工鱼苗投放
	大黄鱼人工养殖技术	前往舟山定海远洋渔业小镇,探究深海渔场、海洋牧场等海水养殖技术,了解海洋空间资源的开发利用
	大黄鱼的冷藏与加工	①在定海远洋渔业小镇探究低温保鲜、气调保鲜等大黄鱼保鲜技术。②探究大黄鱼腌制、熏制以及下脚料加工增值的加工生产技术
渔权问题	我国渔业发展的空间界限	小组合作,结合《联合国海洋法公约》以及我国主张的海域空间结构示意图,明确我国在哪些海域可以开展渔业活动,进而明确我国海洋主权与海洋权益问题
	我国与国际的海洋渔业纠纷	开展相关座谈会,结合近些年我国渔民与外国发生冲突的事例,了解我国面临的海权纷争问题,思考海洋主权的重要性以及如何维护我国的海洋安全与海洋权益

3. 舟山渔场研学旅行课程评价

海洋研学旅行的本质是研学,研学注重学生在研学旅行过程中主观能动性的发挥以及知识获取的方法与途径,故本次渔场研学旅行要注重对学生在研学旅行活动中的积极性、团队合作能力、问题探究能力等的过程性评价。此外,为了检验本次海洋教育的成效以及帮助学生内化、升华对海洋的认知,需要给学生布置制作 PPT 进行渔场研学旅行总结汇报与研学旅行成果展示(如撰写相关文章、绘制相关宣传海报等)的任务,并将其作为本次研学旅行结果性评价的指标。本次舟山渔场研学旅行本着过程性评价与结果性评价相结合、学生与教师共参与的原则,制定了舟山渔场研学旅行课程评价表(见表2-6)。

表2-6 舟山渔场研学旅行课程评价表

评价导向	评价指标	(满分100分) 比重	评级主体	
			学生(自评)	教师(参评)
过程性评价	参与渔场研学旅行活动的积极性	10%		
	情境探究中的沟通交流能力	10%		
	小组合作时的团队合作能力	10%		
	海洋地理知识的迁移运用能力	10%		
	研学旅行中问题的分析与探究能力	10%		

续表

评价导向	评价指标	（满分100分）比重	评级主体	
			学生（自评）	教师（参评）
结果性评价	渔场研学旅行的问题调查、探究成果	10%		
	渔场研学旅行总结汇报	20%		
	渔场研学旅行成果展示	20%		
得分		—	—	
总分	学生自评×70%＋教师评价×30%			

延伸阅读

延伸阅读4

延伸阅读5

延伸阅读6

第三节　森林草原沙漠研学旅行资源

森林、草原、沙漠是重要的研学旅行资源。我国森林、草原、沙漠研学旅行资源丰富,森林、草原、沙漠是科学研究、文化教育、科普活动的主要阵地。森林、草原、沙漠不仅具有一定的美学价值和文化旅游价值,还具有科普教育、探险运动和康体健身运动等旅游功能。

一、森林研学旅行资源

（一）森林研学旅行资源概念

我国幅员辽阔,自然条件复杂,生物种类丰富,群落类型繁多,森林研学旅行资源非常丰富。

森林研学旅行资源是指以森林为载体的各种研学旅行资源的聚合体。森林研学旅行资源的概念有广义和狭义之分,狭义的森林研学旅行资源主要指森林自然研学旅行资源,而广义的森林研学旅行资源既包含森林自然研学旅行资源,也包含与森林相关的森林人文研学旅行资源。本书所指的是广义的森林研学旅行资源。

在森林研学旅行资源中,森林公园是重要的研学旅行基地。森林公园是具有一定规模和质量的森林风景资源与环境条件,是可以开展森林旅游的,并按法定程序申报批准的森林地域。中国的森林公园分为国家级森林公园、省级森林公园和市（县）级森林公园三级,其中国家森林公园是指森林景观特别优美,人文景物比较集中,观赏、科学、文化价值高,地理位置特殊,具有一定的区域代表性,旅游服务设施齐全,有较高的知名度,可供人们游览、休息或进行科学、文化、教育活动的场所,由国家林业和草原局作出准予设立的行政许可决定。

森林研学旅行,可使学生了解与森林相关的知识;可拓展学生的视野,使学生亲近自然、了解自然、热爱自然,形成尊重自然、顺应自然、保护自然的生态文明理念,提高生态文明素养;通过研学旅行活动,如近距离观察植被等,培养学生团队协作能力与观察能力。

(二)森林研学旅行资源特点

1. 多样性

森林研学旅行资源具有多样性的特点,茂密的森林有丰富的动植物资源、地质地貌资源、水资源等。因此,森林研学旅行可以开展地质、植物、动物、水系等专题的探秘。

2. 自然与人文紧密结合

佛教、道教等宗教活动场所多在山上,而山上又是森林资源丰富的地方,自然和人文互相烘托,如四大佛教名胜地、五岳、四大道教名山等,均是人文古迹与自然山林地貌紧密结合的代表。此外,一些少数民族与森林和谐相处,无论是村寨建筑、生活习惯、民俗节庆,都与森林密不可分,创造出独具特色的森林文化。

3. 可持续性

森林研学旅行资源具有可持续性,在进行研学旅行的过程中,不损害森林景观资源和环境,并从中学习各种知识,获得身心舒畅和享受。因此,在科学管理的前提下,开展森林研学旅行能对生态保护产生积极作用。

(三)森林研学旅行资源开发

本书以湖北青龙山国家森林公园为例,在《普通高中地理课程标准》(2017年版)的指导下设计研学旅行教学方案①。

湖北青龙山国家森林公园位于武汉市江夏区城关纸坊镇东南约1千米处,毗邻青龙路005县道,交通便捷,从武汉市及其周边的咸宁市、鄂州市等地乘车出发可当天往返。

1. 课标分析

高中地理选修Ⅱ"地理野外实习"模块要求学生能够通过实践训练,具备观察与描述野外地理现象、运用工具获取野外地理信息、分析论证地理实际问题等实践能力,并且能够对自然环境的形成产生客观的认识,与新课标中所着重强调培养的地理实践力与人地协调观等地理核心素养相契合,而基于野外实地考察的研学旅行是实施此类实践训练的理想模式。

2. 学情分析

通过对高中地理必修课程、选择性必修课程中"自然地理基础"模块与选修课程中"地理野外实习"模块的学习,学生已经初步掌握开展地质地貌野外实习所需的基础知识,并且对野外实习操作技能,如阅读、运用与绘制示意图、地形图和地质剖面图,观察某地景观要素并分析影响其形成的要素,对野外地质地貌的基本形态进行观察、测量、分析等具有一定的了解,但学生普遍缺乏动手实践的经验,需要教师予以示范和详细指导。

---

① 朱伊奇.地理核心素养视角下的研学旅行教学设计——以湖北省青龙山国家森林公园为例[J].新课程研究(上旬刊),2018(9):92-94.

3. 前期准备

(1) 发放安全协议书,向学生与家长详细告知本次研学旅行的时间、地点、内容、过程等事项,并征求其参与意向,于学生返校时回收安全协议书并统计参与人数,据此联系客运公司租用车辆。

(2) 准备足够的地质锤、地质罗盘、放大镜等基本工具,编写并向学生下发学案与参考资料,供学生预习与参考。

(3) 基于组内异质、组间同质的准则划分小组,同时每组需推选出一名小组长。

(4) 密切注意出行当天的天气状况,若遇暴雨等恶劣天气,则推迟本次研学旅行。

4. 教学环节与教学内容

本次研学旅行共设置九个教学环节。

(1) 研学旅行情况介绍。

教学地点:前往途中。

教师活动:详细介绍本次研学旅行的基本概况、注意事项与具体要求,并向学生布置具体学习任务。

学生活动:专注听教师介绍,并用纸笔记录关键信息。

(2) 矿物与岩石的识别与鉴定。

教学地点:座山。

教师活动:介绍主要造岩矿物与常见岩石的特征,并展示不同矿物与岩石的范例。

学生活动:结合范例,尝试根据特征鉴定当地的主要造岩矿物。

地理核心素养:地理实践力。

(3) 地质罗盘的使用。

教学地点:座山。

教师活动:讲解、示范地质罗盘的使用方式,并在学生练习使用时予以指导。

学生活动:以小组为单位,练习并实际运用地质罗盘收集地质构造产状数据。

地理核心素养:地理实践力。

(4) 山地地貌类型识别与成因调查。

教学地点:座山—青龙山沿途。

教师活动:概括性地介绍座山—青龙山沿途地质地貌概况与外动力地质作用条件,并要求学生识别沿途出现的山地地貌类型并分析该地区山地地貌形成的关键控制因素。

学生活动:①运用所学知识,识别座山—青龙山沿途出现的山地地貌类型;②在参考座山、青龙山等山地形成的地质条件的基础上,结合外动力地质作用,分析当地山地地貌形成的关键控制因素。

地理核心素养:区域认知、综合思维、地理实践力。

(5) 节理构造的野外识别。

教学地点:青龙山。

教师活动:结合实例,简要介绍张节理、剪节理及其构造特征,并组织学生进行观察识别。

学生活动：观察并识别张节理、剪节理的构造特征。

地理核心素养：地理实践力。

（6）断层构造的野外识别。

教学地点：青龙山。

教师活动：①结合实例，介绍各断层发育的标志与断层对出露地层所造成的影响，引导学生就上述因素对断层的性质进行判断；②要求学生观察、记录沿途地形地貌概况。

学生活动：①观察并识别断层面、断层带、伴生节理等断层发育的标志，探寻断层所导致的地层出露重复与缺失；②在教师引导下，就上述因素对断层的性质进行判断；③观察、记录沿途地形地貌概况。

地理核心素养：综合思维、地理实践力。

（7）沉积构造的观察与分析。

教学地点：青龙山—后刘沿途。

教师活动：①针对构造运动与地层接触关系等方面进行讲解，帮助学生对构造运动的特征进行分析；②要求学生继续观察、记录沿途地形地貌概况。

学生活动：①现场观察常见沉积构造特点与地层间的各种接触关系特征；②结合教师的讲解，运用所学知识分析上述特点所反映的构造运动特征；③继续观察、记录沿途地形地貌概况。

地理核心素养：综合思维、地理实践力。

（8）地形图与地质剖面图简图绘制。

教学地点：后刘。

教师活动：在要求学生观察并记录后刘地区的地形地貌概况后，详细讲解基于地质与地形地貌概况绘制某一地区地形图与地质剖面图简图的方法，并在示范后，要求学生以小组为单位进行实际绘制，在学生绘制时提供方法指导。

学生活动：以小组为单位，基于沿途观察、记录的地形地貌概况与教师对绘图方法的讲解、示范，结合参考资料，在教师的指导下尝试绘制研学旅行线路沿线的地形图与地质剖面图简图，并派代表进行展示与说明。

地理核心素养：区域认知、地理实践力。

（9）分享与讨论。

教学地点：返回途中。

教师活动：组织学生分享本次研学旅行的感受、心得、体会与收获，并且针对在研学旅行过程中所出现的困难与疑惑，与学生进行讨论与探究。

学生活动：踊跃发言，积极表达个人意见。

地理核心素养：人地协调观。

5．课后作业

研学旅行结束后，要求学生以小组为单位撰写研学旅行报告并进行课堂展示，组织与表现形式自定，但其内容需重点体现小组分工、考察方法、考察过程与考察成果，以在进一步拓展、深化地理核心素养的育人价值之余,充分锻炼学生的团队合作能力与创新能力。

二、草原研学旅行资源

(一)草原研学旅行资源概念

中国是世界上草原资源极丰富的国家,2019 年 7 月的相关统计数据显示,全国草原总面积将近 400 万平方千米,占全国土地总面积的 40%,为现有耕地面积的 3 倍。如果从中国的东北到西南划一条斜线,也就是从东北的完达山开始,越过长城,沿吕梁山,经延安,一直向西南到青藏高原的东麓为止,可以把中国分为两大地理区:东南部分是丘陵平原区,离海洋较近,气候温湿,大部分为农业区;西北部分多为高山峻岭,离海洋远,气候干旱,风沙较多,是主要的草原区。

草原研学旅行资源是指以草原为载体的各种研学旅行资源的聚合体。草原研学旅行资源的概念有广义和狭义之分,狭义草原研学旅行资源主要指草原自然研学旅行资源,而广义的草原研学旅行资源既包含草原自然研学旅行资源,如地质地貌、地域水体、地域生物、气候气象等,也包含与草原相关的草原人文研学旅行资源,如与草原相关的宗教场所、历史遗迹、宗教文化、地方建筑街区。本书所指的是广义的草原研学旅行资源。

草原研学旅行以草原所在地的文化风情、建筑、礼仪、美食为研学知识点,通过草原研学旅行,了解当地人文风情,欣赏蒙古族特色建筑和欧式特色建筑,感受草原的哈达礼仪,体验草原美食。

(二)草原研学旅行资源特点

1. 丰富多样性

草原研学旅行资源具有丰富多样性,包含与草原相关的地质地貌、地域水体、地域生物、气候气象、宗教场所及宗教文化、民俗文化、历史遗迹等资源。草原研学旅行可使研学旅行主体了解草原,认识草原及其文化,体验草原生活。

2. 季节性

草原研学旅行资源季节变化大,春夏秋冬各有不同。每年 6 月中旬至 9 月中旬可以感受大草原"天苍苍,野茫茫。风吹草低见牛羊"的勃勃生机;冬季草原银装素裹,原驰蜡象,惟余莽莽,可体会广阔无垠的雪域高原之纯洁。

3. 自然与人文相融合

蒙古族豪放热情的性格,游牧的生活方式及由此产生的蒙古包等居住形式,对自然的敬畏与热爱等都与草原紧密融合,构成一个浑然天成的体系。自然与人文的融合为草原研学旅行的多样性奠定了良好的基础。

(三)草原研学旅行资源开发

本书以张家口"张北草原天路"为例,阐述基于地理实践力培养的草原研学旅行设计①。

1. 活动考察准备阶段

研学旅行地点要选择地理实践性相对突出的地方,设计比较充实紧凑、能够让学生收集和处理各种信息、留有充足的思考和讨论时间的活动。研学旅行存在很多变化因素,要提前进行研学旅行地点的考察,预备多种应急预案以应对各种突发状况。因此,应在提前对"张北草原天路"东段进行实地考察的基础上,遵循"立足身边实践"的基本原则,设计具有地理特色的风电主题公园、桦皮岭等研学旅行地点,目的在于开阔学生的视野,弥补课堂学习的不足,增强学生解决实际问题的能力。

2. 活动实施

研学旅行活动实施过程中要让学生在实践的过程中产生认知冲突,颠覆传统的认知,对实地考察中出现的问题及时记录和提问,进一步深入研究,提高学生积极探究、合作的能力,形成求真务实的态度,提高学生的地理实践力。研学旅行过程中的地理素材来源于生活实践,用实践过程中出现的地理问题和现象,增强学生地理学习的现实感、立体感和主题感。因此,本次研学旅行重点对"张北草原天路"风电主题公园、桦皮岭进行地理观察、观测、调查,组织专题活动等,培养学生动口、动手、动脑的能力,提高学生的地理实践力。

野外研学旅行实践过程让学生对这里的情况有了更加精细的认识和了解,让他们开始理解形成当地发展现状的根本原因,有助于提高学生的观察能力、动手操作能力,将知识学以致用。学生通过实地考察并结合张北地形图、气候图,探究在这里进行风力发电的原因;通过与当地居民、政府人员交流,了解发展风电的影响;通过访谈风电企业负责人,了解风电发展困境及转型方向。学生在研学旅行中搜集了大量真实的资料,通过整理实地记录、开展地理专题活动、进行成果展示,不仅锻炼了团队协作能力,而且提高了思维迁移能力。地理实践活动让学生在发现、分析及解决问题中思维更活跃,认知也更多元化,真正做到"做中学,学中做"。

在研学旅行中对自然环境的考察,能够让学生清楚掌握自然要素之间的紧密联系,贯通综合思维。在桦皮岭,学生可以结合人教版高中地理必修1中"自然地理环境的差异性"的课程内容,制定调查方案,并进行小组合作。可从以下几方面进行调查。①地势:亲身感受地势的变化。②气温:用温度计测当地的气温。③地形:结合谷歌地形图以及罗盘分辨南北坡,通过地形坡向分析这里植被茂密的原因。④生物:结合生物的生长习性,对桦树生长条件进行分析,这体现了学科之间的综合性。小组对获得的观测数据进行归纳总结,合作完成地理实践报告。这解决了自主学习的封闭性问题,激发了学生的主动性和创造性。地理野外实践为学生提供了一种真实情境,让学生走出课堂,通过积极探究的方式产生认知冲突,从而提高学生的地理实践力。

3. "张北草原天路"研学旅行评价

研学旅行评价要求多元化的评价方式,不局限于某一种评价要求,更多的是基于让

---

① 宋颖俐,郭中领.基于地理实践力培养的研学旅行设计——以张家口"张北草原天路"为例[J].西部素质教育,2019,5(13):73.

学生全面成长的出发点。研学旅行这一体验式课程的评价方式改变了传统课堂中唯分数论的观念,更多的是注重学生综合能力的培养。在此次研学旅行过程中主要从学生对本次研学旅行的知识掌握程度、参与度、数据的搜集和整理能力、知识的迁移能力等方面给出合理的建议,并将每位学生活动过程中的表现及研学旅行成果进行等级评价,分为超过预期、符合预期、接近预期三个标准。

三、沙漠研学旅行资源

(一) 沙漠研学旅行资源概念

沙漠是指地面完全被沙所覆盖、植物非常稀少、雨水稀少、空气干燥的荒芜地区。沙漠亦作"沙幕"。我国极为著名的八大沙漠分别指:塔克拉玛干沙漠、古尔班通古特沙漠、巴丹吉林沙漠、腾格里沙漠、乌兰布和沙漠、库布齐沙漠、柴达木盆地沙漠、库木塔格沙漠。

沙漠研学旅行资源是指一切与沙漠相关的自然与人文资源,如沙漠历史文化资源、沙漠地质地貌、沙漠村落等。沙漠研学旅行有利于学生了解沙漠形成的原因,认识和了解各种沙生植物,了解世界荒漠化形势和我国治沙成果。学生通过参与防沙治沙行动,培养生态环保意识;通过沙漠研学旅行,磨炼生存意志,提高生活自理能力。

(二) 沙漠研学旅行资源特点

我国是世界上沙漠及沙漠化土地极多的国家,在浩瀚的沙海中蕴藏着丰富多样的沙漠研学旅行资源,既包括沙漠自然研学旅行资源,也包括沙漠人文研学旅行资源。

1. 分布广泛

我国沙漠研学旅行资源主要分布于北纬35°—50°、东经75°—125°的北方内陆盆地和高原,形成一条西起塔里木盆地西端,东迄松嫩平原西部,横贯西北、华北和东北地区,东西长达4500千米,南北宽约600千米的断续弧形沙漠带。此外,在黄淮海平原的黄河故道上,长江中下游平原的鄱阳湖滨和青藏高原的藏南各地也有部分沙地分布,在华南、华东和华北的海岸有海岸沙地分布。

2. 地域性

我国北方沙漠研学旅行资源的纬向范围属于极端干旱荒漠、干旱荒漠、干旱荒漠草原、半干旱草原、半湿润森林五个生物气候亚带,经向范围属于高原亚寒带、暖温带、中温带和寒温带四个气候带,加上地处暖温带、亚热带及热带的东部平原沙地和海岸沙地,使我国沙漠研学旅行资源的生物气候带复杂多样。

3. 季节性

地域的不同,使得沙漠地貌各具特色,具有明显的季节性。同时,由于人类社会活动多受制于自然环境,又使沙漠人文研学旅行资源同样表现出明显的季节性,如北方沙漠研学旅行的旺季在5—9月,沙漠地区少数民族的赛马活动和民俗风情表演也集中于此时。

4. 自然与人文相融合

由于沙漠迁徙和其他历史原因,在沙漠自然景观中往往矗立许多人文胜迹。沙漠自然景观与人文景观相融合,使沙漠研学旅行资源具有丰富的文化内涵和美学、科学、历史文化价值。

(三) 沙漠科普研学旅行资源开发①

1. 沙漠科普研学旅行课程设计目标

(1) 科学素养层面:通过沙漠科普研学旅行,在实地考察中,认知沙漠独特的生态系统。综合运用地理、生物、物理、化学、数学、语文、艺术等方面的知识,得以认知基础学科知识在实际科考中的应用。有效掌握沙漠科学知识,训练沙漠科考素养,培养沙漠科考品质。

(2) 技术能力层面:学习并掌握各类实验、科考工具的使用,实践沙漠科考的常规方法,学习一般的治沙技能和步骤,都是沙漠科普研学旅行的重要技术目标。

(3) 社会参与层面:认识合理治理沙漠化,维持沙漠生态系统与其他地域的生态平衡的重要性。了解治沙科技在人类与自然关系中的重要应用,思考科学技术手段的社会价值。

2. 沙漠科普研学旅行课程主题

基于沙漠环境特有的自然资源和人文资源,可以将沙漠科普研学旅行课程建设分为五个主题。

(1) 沙漠地貌。

本主题主要考察沙漠环境的地形地貌,识别沙丘的迎风坡、背风坡,并测量沙丘的相关数据。

(2) 沙漠水源。

本主题主要考察沙漠环境的水质生态,了解沙漠湖泊、绿洲的成因,测量沙漠湖泊的水质生态。

(3) 沙漠植物。

本主题主要考察沙漠环境的植物特征,观察、分析、总结沙生植物与其他地质环境下植物的差别。

(4) 沙漠动物。

本主题主要考察沙漠环境下特有的动物种类,寻找沙漠特有昆虫,并进行观察记录。

(5) 沙漠治理。

本主题主要考察沙漠治理的科学方法,了解我国现在的沙漠化状况及沙漠形成的原因,实践沙漠治理方法,探索治沙背后的科学原理。

3. 沙漠科普研学旅行课程

沙漠科普研学旅行课程准备内容见表2-7。

---

① 杜明夏.STS多维目标下科普研学课程设计——以沙漠研学课程为例[J].科学教育与博物馆,2021,7(2):122-128.

表 2-7　沙漠科普研学旅行课程准备内容

主题	学段	沙漠知识储备	技术能力储备	相关学科
"岁月可歌"——沙漠地貌	小学	了解沙漠的基本成因，沙漠的主要特征及典型沙丘	具备以绘画形式展现沙漠地貌形态的能力	科学、美术
	初中	了解沙漠成因及气候因素，认知不同类型的沙丘，了解沙盘在地理学习中的运用	了解沙盘制作材料、步骤、技巧等，具备制作沙漠地貌沙盘的能力	地理、数学、物理、美术
	高中	了解形成沙漠的气候、维度、人为因素等各项因素，了解不同类型沙丘的特征及表现，学习等高线图绘制在地理学中的运用	学习使用专业工具对可测量沙丘进行测量，并制作沙丘模型等高线图	
"生命律动"——沙漠水源	小学	认知沙漠有水源的存在，了解沙漠用水的不易，珍惜沙漠水资源	学习野外净水器制作，解决野外生存用水问题	科学、数学
	初中	了解沙漠水资源的基本类型和沙漠水资源的质量，了解可用水资源的基本标准	学会利用水质检测工具对沙漠地区的水质进行检测	地理、化学
	高中	了解沙漠水资源的基本类型及其利用价值，预先思考沙漠水资源和其他地区水资源的不同之处	学习采取水样，并能正确分析其化学成分，将该水样与其他地区的水样进行对比	
"绿色容颜"——沙漠植物	小学	认知沙漠绿植的存在，了解代表性沙漠绿植	具备绘画植物的基本能力	科学
	初中	了解代表性沙漠绿植，总结沙漠绿植的共同特征	具备绘画植物的基本能力	地理、生物
	高中	了解沙漠绿植的共同特征，思考沙漠绿植与气候之间的关系	具备绘画植物的基本能力	
"俏皮精灵"——沙漠动物	小学	了解沙漠中特有的小动物的形态及其生活习惯	具备在合适的地方探究昆虫的能力	科学、语文
	初中	了解沙漠中的动物类型及其食物链	具备诱捕沙漠昆虫的能力(备注:研究之后将其放生)	生物、语文
	高中	了解沙漠中的动物类型及其食物链，学习诱捕昆虫的一般方法	具备诱捕沙漠昆虫的能力，记录昆虫形态特征，并完成诱捕报告	

续表

主题	学段	沙漠知识储备	技术能力储备	相关学科
"壮美誓言"——沙漠治理	小学	了解沙漠化的原因及其危害、治理沙漠化的感人小故事	了解麦草方格治沙原理	科学、劳动
	初中	了解沙漠化的原因及其危害、中国的沙漠化现状及其治沙成就,以及先进的治沙科技	了解麦草方格治沙原理、技巧	地理、历史
	高中	了解沙漠化的危害以及中国的治沙成就、中国的独特治沙方式、世界各国的先进治沙方式,以及先进的治沙科技	学习各类沙漠化治理技术,包括麦草方格、沙漠土壤化等技术	地理、历史、通用技术

本章小结

1. 山川研学旅行资源是以山体为载体的各种研学旅行资源的聚合体。其概念又有广义和狭义之分。狭义的山川研学旅行资源是指以山体景观为主的山水景观资源类型。广义的山川研学旅行资源是以地文景观为载体,由多种旅游资源组合而成的旅游综合体,不仅包括山川本身,还包括与之相关的生物景观、水文景观、天象景观、人文景观等。

2. 因山川研学旅行资源包含自然与人文两方面的特性,山川研学旅行课程可以使学生增进对自然的了解、提升生态保护意识,可以培养学生地理核心素养,让学生在旅行中体验传统文化、发展社会情感能力、拓展创新思维、激发决策行动力。

3. 江河研学旅行资源既包含自然资源,也包含沿江河所筑的历史文化名城和现代都市等人文资源。

4. 海洋研学旅行重在使学生树立海洋国土意识。海洋研学旅行是学生认识海洋、亲近海洋和体验海洋的最佳方式。

5. 沙漠研学旅行有利于学生了解沙漠形成的原因,认识和了解各种沙生植物;了解世界荒漠化形势和我国治沙成果。学生通过参与防沙治沙行动,培养生态环保意识;通过沙漠研学旅行,磨炼生存意志,提高生活自理能力。

6. 森林研学旅行资源具有多样性的特征,茂密的森林有丰富的动植物资源、地质地貌资源、水资源等。因此,森林研学旅行可以开展地质、植物、动物、水系等方面的专题探秘活动。

延伸阅读

延伸阅读7

思考练习

1. 以山川研学旅行为主题，选取任一山川，收集相关资料，撰写一份策划方案。
2. 以江湖海研学旅行为主题，选取任一江河、湖泊、海洋研学旅行资源，收集相关资料，撰写一份策划方案。
3. 以沙漠研学旅行为主题，选取任一沙漠，收集相关资料，撰写一份策划方案。
4. 以森林研学旅行为主题，选取任一森林公园，收集相关资料，撰写一份策划方案。
5. 以草原研学旅行为主题，选取任一草原，收集相关资料，撰写一份策划方案。

第三章 科普教育类研学旅行资源

章节目标

◆ 知识目标
1. 掌握博物馆、科技馆研学旅行资源的概念。
2. 掌握博物馆、科技馆研学旅行资源开发内容。
3. 掌握动物园、植物园研学旅行资源开发内容。
4. 理解历史文化遗产研学旅行资源开发内容。
5. 掌握工业交通场地研学旅行资源开发内容。
6. 了解科研场所研学旅行资源开发现状。

◆ 能力目标
1. 能够设计和开发优质的博物馆、科技馆研学旅行课程,撰写一份研学旅行活动策划书。
2. 能够设计和开发优质的动物园、植物园研学旅行课程。
3. 能够设计和开发优质的历史文化遗产研学旅行课程。
4. 能够设计和开发优质的工业交通场地、科研场所研学旅行课程。

◆ 素质目标
培养学生对科普教育类研学旅行资源的课程设计能力。

知识框架

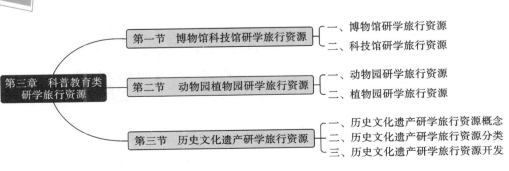

```
                                    ┌─ 一、工业交通场地研学旅行资源概念
                 ┌─ 第四节 工业交通场地研学旅行资源 ─┼─ 二、工业交通场地研学旅行资源特点
                 │                  └─ 三、工业交通场地研学旅行资源开发
第三章 科普教育类 │                     ——以佛山陶瓷产业工业研学旅行为例
研学旅行资源     │                  ┌─ 一、科研场所研学旅行资源概念
                 │                  ├─ 二、科研场所研学旅行资源特点
                 └─ 第五节 科研场所研学旅行资源 ────┼─ 三、科研场所研学旅行发展现状
                                    └─ 四、科研场所研学旅行资源开发
                                       ——以中国海洋大学研学旅行为例
```

1. 明确博物馆、科技馆、主题展览、动物园、植物园、历史文化遗产、工业交通场地、科研场所研学旅行资源的基本概念及开展研学旅行的目的。

2. 理解在博物馆、动植物园、历史文化遗产、工业交通场地、科研场所中开展研学旅行活动内容的不同。

景德镇陶瓷博物馆研学旅行

陶瓷文化是中华优秀传统文化的重要组成部分,是民族文化高度发展的产物,也是民族文化的结晶。景德镇是享誉世界的千年瓷都,孕育着灿烂辉煌的陶瓷历史文化。两千多年的冶陶史、一千多年的官窑史、六百多年的御窑史,千年窑火至今不息,创造了"工匠八方来,器成天下走"的繁荣景象。陶瓷文化的独特魅力,广泛影响着世界各地人们的生活方式、价值取向、审美情趣。景德镇的陶瓷文化,一直都是展示中国文化的名片、讲述中国故事的平台、传递中国声音的窗口。

而研学旅行作为重要的"知行合一"综合实践教育方式,为景德镇陶瓷文化传播开创了新路径。自中小学生研学旅行教育实施以来,景德镇地区从2017年开始规模化接待研学旅行队伍,主要为北京、上海及周边省(市)的生源。2018年,到景德镇研学旅行的生源地进一步扩展,人次也大幅增长。2019年,景德镇已成为全国中小学生研学旅行教育的热门城市,迎来了全国大部分地区的生源。据景德镇中国陶瓷博物馆统计,2017年、2018年、2019年接待研学旅行教育的中小学生分别为83865人次、162997人次、453295人次。尤其是2019年,人次呈现井喷现象,是2017年的数倍,由此可见,2019年陶瓷博物馆研学旅行的教育价值得到了更好的发挥。

陶瓷博物馆研学旅行教育的热门项目具体如下。

一是基本陈列、展览的参观。那些巧夺天工的陶瓷展品经常使得学生流连忘返,相关课程设计一般分为三部分,即陶瓷是如何从一抔泥土变成精美的瓷器、不同器类的演变及其与古代人们生活习俗之间的关系、精巧的造型和丰富的图文纹饰与不同

时代的审美之间的关系等。在生动的讲解和互动问答中,学生们在惊叹于古代瓷工的智慧和精湛技能的同时,更加热爱中国优秀的传统文化。

二是陶瓷文物遗址的参观,如景德镇老城区瓷业历史建筑、景德镇御窑厂遗址、高岭国家矿山公园、绕南陶瓷主题公园、进坑瓷业遗址、三宝国际瓷谷、陶溪川等。学生通过走进遗址、遗迹探寻古老的陶瓷文化,进一步了解陶瓷背后的故事。景德镇中国陶瓷博物馆推出的夏令营亲子研学旅行课程"文明密码瓷都溯源"非常受欢迎,通常在暑假前档期就已预订完毕。这个课程包含实地考察、作业评估等实施环节,学生在溯源瓷都瓷业遗存中完成指定的作业,揭开瓷国神秘的面纱,破译东方神奇的文明密码,增强民族自豪感。

三是利用文物信息转化推出的体验项目,如通过轮制成型、注浆成型、手工陶艺、陶瓷彩绘等系列课程做出一件参照文物制成的陶瓷,或是进行创新,按自己意愿制作陶瓷。另外,根据学生的年龄层次,利用陶器、瓷器标本开发模拟考古、鉴定、修复等课程,学生在沉浸式体验中获得了较强的成就感,其动手能力、解决问题的能力、团队协作的能力也获得了极大的提高,同时陶瓷博物馆研学旅行的教育价值也在很大程度上得到了提升。因此,深度体验项目是最受学生欢迎的,这也是陶瓷博物馆研学旅行资源发挥价值的核心所在。

本章将探讨博物馆、科技馆、主题展览、动物园、植物园、历史文化遗产、工业交通场地、科研场所等研学旅行资源。

第一节 博物馆科技馆研学旅行资源

博物馆、科技馆是重要的研学旅行资源。我国博物馆、科技馆研学旅行资源丰富。博物馆是征集、典藏、陈列和研究代表自然遗产和人类文化遗产的实物的场所,是对馆藏物品分类管理,为公众提供文化教育的非营利性常设机构。科技馆是以展览教育为主要功能的公益性科普教育机构,主要通过常设展览和短期展览,以具有参与性、体验性、互动性的展品及辅助性展示手段对公众进行科普教育,以激发公众科学兴趣、启迪科学观念为目的。在科技馆中,也可举办其他科普教育、科技传播和科学文化交流活动。

一、博物馆研学旅行资源

博物馆是保护和传承人类文明的重要殿堂,是连接过去、现在、未来的桥梁,在促进文明交流中起着特殊的作用。长期以来,我国博物馆的主要职能和基本特征是收藏和展示。

随着经济和文化的高速、繁荣发展,传统意义上的博物馆显然已无法适应社会和公众的精神文化需求,开展主要面向中小学生的博物馆研学旅行活动,是博物馆依托自身资源禀赋与文化价值,充分发挥和扩展社会教育和服务职能的积极尝试。

(一)博物馆研学旅行资源概念

博物馆研学旅行资源是以博物馆为载体的研学旅行资源聚合体。博物馆的功能包含了搜集、保存、修护、研究、展览、教育、娱乐七项。广义的博物馆,形态上包含建筑物、植物园、动物园、水族馆、户外史迹、古城小镇博物馆化、长期仿古代生活展示(民俗村),以及视听馆、图书馆、表演馆、档案资料馆等;内容上一般分为美术馆、历史博物馆、人类学博物馆、自然历史博物馆、科学博物馆、地区性博物馆及特别专题博物馆等。现代博物馆的功能以教育推广为重要目标,着力构建社区民众的公共关系,在展示的目标上除了介绍知识,还有调动观众的美感经验,进而引导观众认知真善美的生命真理。

(二)博物馆研学旅行资源特点

1. 多样性

博物馆研学旅行资源具有多样性,包括社会历史类博物馆、革命教育类博物馆、自然类博物馆、科学技术类博物馆、行业类博物馆、民族民俗类博物馆、私人博物馆、企业博物馆、生态博物馆等,涵盖了研学旅行主体所需要的方方面面。

2. 创新性

博物馆研学旅行资源具有创新性,博物馆可经常性地举办一些临时性的展览,如流动展览、博物馆之间的联办展览、围绕某一主题的展览等。定期举办临时性展览,通过经常更新展览的主题、内容以吸引研学旅行主体,满足研学旅行的需求。

(三)博物馆在研学旅行中的地位和作用

博物馆是重要的文化资源集中地,可以提高民众的文化素养,也可以起到教育的作用,因此,博物馆既是重要的研学旅行资源,也是一种无法替代的教学资源。博物馆内的文化藏品可以彰显我国的历史文化,具有独特的吸引力,因此,博物馆在教学中的作用不言而喻,并且博物馆也能够提供丰富且直观的教学内容。在研学旅行的过程中博物馆可以为学员提供安静、整洁、富有文化气息的环境,为整体研学旅行提供贴心的服务,因此,博物馆成为当前时代研学旅行的首选之地。

博物馆的类型十分丰富,如综合类博物馆、艺术类博物馆、文学类博物馆、科学类博物馆、历史类博物馆等。博物馆根据表现形式可以分为纪念馆、阅览馆、档案馆、生态馆或综合博物馆中心等。无论什么类型的博物馆都可以为研学旅行提供丰富的教学内容,并且能够切实提高学员的综合素养。博物馆最大的优势就是可用于教学的资源极为丰富,且博物馆内的设施、模型、艺术品、现代化科技设备都有着极高的学术价值。

从当前情况来看,博物馆通常以展示实物或提供学习资料为主,无论何种形式都能使学员更直观地了解到我国发展过程中文化的发展,深入了解人类发展的过程,从而加深对我国文化的认知。研学旅行以博物馆为目的地可以切实加强学员的民族自豪感,增强学员的凝聚力,使学员能将古今中外的知识紧密结合。博物馆是文化的传播者,馆内的设备、模型、标本等都是学校所没有的,因此,以博物馆为目的地进行研学旅行可以丰富学习内容,增强学习的趣味性,使学员能够在实际操作中消化校园内所学知识,深入挖掘知识的核心内容,以培养学习思维、提高解决问题的能力与合作能力,从而进一步培养学员的创新精神及学科素养。

(四)博物馆研学旅行资源开发

1. 博物馆研学旅行课程开发

在博物馆研学旅行课程的开发过程中,最主要的是要精选主题。博物馆在策划和开发研学旅行课程时,需要结合中小学的课程体系进行精心安排,体现自身特色。以下分别从研学旅行活动的内容、研学旅行活动的开展形式、研学旅行活动的组织、研学旅行活动效果的评价四个方面进行阐述。

(1)研学旅行活动内容。

根据博物馆特色,依据中小学生的课程体系,设计凸显特色又符合需求的研学旅行课程。在设计研学旅行活动的过程中,应充分考虑不同年龄段的学员的特点,结合中小学的课程体系,体现自身特色。同一主题的设计应分类、分层化。博物馆典藏、陈列了代表自然遗产和人类文化遗产的实物,针对不同的群体说什么话、怎么样说话是在设计博物馆研学旅行课程时需要重点考虑的内容。

(2)研学旅行活动开展形式。

多设计一些互动性、探究性、体验感强的深度课程。尽可能地通过研学旅行形式的改变,如角色扮演、分组竞赛、模拟演练等形式,让学员参与进来,增强研学旅行内容的参与性、娱乐性和体验性,使学员学有所获、行有所思、游有所乐。

(3)研学旅行活动组织。

进一步丰富组织形式,如针对低年龄段的学员可更多地以亲子的形式开展活动,而针对已具备独立参与研学旅行活动的能力的学员,以团队的形式开展活动更有利于学员之间的互动交流和竞争学习。

(4)研学旅行活动效果评价。

在设计研学旅行活动的过程中,应重视对研学旅行活动效果的评价。评价的过程应该是完整的,不能简单地以在活动结束时填写类似调查问卷的形式作为反馈的依据。评价的主体应该是多元的,由学员、学校教师、家长、研学导师等进行多角度的评价。评价的结果应用于往后有关研学旅行活动的设计中,可作为优化类似研学旅行活动的基础,从而有效地提高评价的真实性。

2. 博物馆研学旅行课程设计思路[①]

(1)注重研学旅行目标的实现。

读万卷书不如行万里路,研学旅行活动的目标是学有所得。因此,优质的博物馆研学旅行活动应该是以目标为导向,主题突出、明确。博物馆可以根据藏品的特点设定多个主题,如历史概况、艺术审美、历史事件探秘等,并依此设定研学旅行目标,明确研学旅行课程的学习成果。研学旅行活动设计要围绕目标,切实做到让学员带着问题来、带着成果回去,真正实现研学旅行课程的价值和意义。

---

① 周洁.浅析博物馆研学课程的设计[J].文物鉴定与鉴赏,2022,(5):87-89.

(2)注意分龄设计。

不同年龄层的学员意味着有不同的理解能力和不同的兴趣需求,要实现研学旅行课程的目标,就要采用不同的活动形式。针对小学阶段,要体现趣味性和故事性,让学员了解基本内容和有关背景;针对初中阶段,要体现实践性和体验性,让学员理解基本观点;针对高中阶段,要体现探索性和研究性,引导学员提出观点和深入思考;针对成年人,要体现学术性和专业性,主要目的在于满足成年人的求知欲,提高其综合文化素质,让学员有所感悟和升华,形成正确的文化观。

(3)注重对学员自主性的引导。

研学即研究性学习,是以学员为中心,让学员主动探究、主动学习的归纳式学习过程。博物馆研学旅行课程应注重对学员自主性的引导,让学员带着学习和探索的目标参与活动,在组织的过程中要注意以学员为主体,引导学员主动学习、完成目标,强调切身体验和主动探究。

3. 博物馆研学旅行课程环节设计①

要想充分发挥博物馆研学旅行活动在社会教育、文化宣传中的重要作用,就要重视研学旅行课程的环节设计和实施细节,以保证学员在博物馆里收获满满。而要达成这一目标,博物馆在设计研学旅行课程的环节上不仅要兼顾主动探究和知识灌输两个方面,更要有意识地升华学员的感受,让博物馆研学旅行活动不仅成为一种认知教育、一种爱国教育,更是一种精神教育。

(1)情境设定。

根据不同的年龄层次,设计不同的导入情境和探究目标的方式。面对小学生可以用故事情境来导入,以游戏的形式引入对目标的探究;面对中学生可以使用富有启发性的问题来导入,以竞赛的形式引入对目标的探究;面对成年人可以使用直入主题的方式来导入。通过设定情境打造沉浸式的研学旅行课程,让研学旅行课程更加生动,学员参加活动时更容易投入情感,从而增强研学的目标感,激发学员的主动性。

(2)场景讲解。

由于研学旅行活动是具有明确目标的参观活动,因此,在场景讲解中,不应该照搬针对普通游客的讲解词,而应该用更符合学员年龄特征的语言和方式,有重点地进行讲解。比如,用提问的方式激发青少年学员的好奇心;用给小奖励的方式吸引青少年的注意力;用关联的方式引发成年学员的共鸣等。场景讲解要符合研学旅行课程主题,在讲解时要根据课程目标有所侧重、有所突出、有所取舍,要做到突出主题、突出个性、突出目标,从而提高研学旅行课程的教学效果。

(3)主动探究。

单纯的讲解还只是停留在较浅的层次,研学旅行课程必须要引导学员自主地思考、探究。在听完讲解之后,学员对博物馆已经有了大概的了解,接下来可以通过游戏、竞赛的方式完成一些与研学旅行课程目标相关的小任务,让被动的知识灌输变成主动的目标探究,增强趣味性、互动性。应充分利用博物馆自由开放的教育环境,运用丰富多元的教育方式,从而在互动游览中完成研学旅行课程中的教育目标。

---

① 周洁.浅析博物馆研学课程的设计[J].文物鉴定与鉴赏,2022,(5):87-89.

(4) 实践体会。

利用博物馆的现有条件，如 3D 影院、VR 体验技术等，让学员在身临其境中感受中华优秀传统文化。也可以设置相关手作活动，如推石磨、修文物、制作壁画等，让研学旅行课程在形式上更加丰富，同时增强学员的参与感，通过实践切实体会文化的魅力，在动手的过程中获得成就感。

(5) 交流分享。

组织学员进行交流分享，不仅有助于学员的个性化展示，同时在交流心得、分享知识的同时，可以更好地实现研学旅行课程目标，增进学员间的感情，有助于提升其对研学旅行活动的满意度和对博物馆的美誉度。

(6) 课后拓展。

在研学旅行活动即将结束时可以向学员拓展相关更有深度的知识，引导学员进行深度思考，这也是升华研学旅行课程品质的点睛之笔。学员可以根据研学旅行课程的知识，制作出研学旅行成果，这成果可以是相关手作创作、专题研究，也可以是专题项目开发。既要让学员学会知识，还要引导他们思考，更要让他们有所收获，如此才能让博物馆研学旅行活动真正发挥素质教育的作用，让传统文化成为根植于学员内心的自信。

(7) 活动评价。

由学员对研学旅行活动各环节、接待细节等做出评价，给出改进建议，从而有效地提升研学旅行课程质量，为博物馆研学旅行课程的改进提供依据。

二、科技馆研学旅行资源

(一) 科技馆研学旅行资源概念

科技馆研学旅行资源是以科技馆为载体的研学旅行资源的聚合体。科技馆研学旅行旨在培养青少年的创新精神，提升青少年的科学素养，打破场馆的地域性与局限性，融合地区特色科技和文化，建立健全研学旅行课程标准和评价体系，积极构建宣传平台，扩大社会影响力，让更多群体参与进来。

(二) 科技馆研学旅行资源特点

1. 科技性

科技馆研学旅行资源与科学技术紧密联系。科技馆研学旅行资源不同于一般的旅游资源，它是与科学技术相关联的事物和因素，既包括揭示自然界的规律、原理和真理，也包括改进效率的先进设备、仪器和工艺，具有很强的知识性。

2. 快速更新性

现如今是科技大爆炸的时代，科技高速地发展必将引发科技馆研学旅行资源不断快速地更新并产生强烈的时代感。这种快速更新性和时代感使得科技馆研学旅行资源具有无限魅力。

3. 教育性

科技馆通过向研学旅行主体展示科技发展历程、科技知识内容、科技新成果、科技发展动向等，让研学旅行主体在研学旅行过程中轻松获得科技知识，增强对科技的感性认识，提高科学文化素质，开阔眼界。

（三）科技馆研学旅行资源开发——以绍兴科技馆为例

2019年，绍兴科技馆入选首批绍兴市中小学生研学实践教育基地（营地）。绍兴科技馆紧扣研学实践项目，不断提升基地的专业化水平、保障能力和服务品质，积极构建校外科技活动场所与学校科学课程的有机结合，激发学生对科学的兴趣，培养学生的创新思维。

1. 打造科技馆特色科普研学旅行品牌

（1）游学并济，突出科技实践。

"哇，原来恐龙那么高那么大呀！"学生进入绍兴科技馆后都会发出这一感叹，知识竟以这样一种突如其来的方式冲击着自己的大脑和心灵。"纸上得来终觉浅，绝知此事要躬行。"与传统的学校教育相比，场馆非正式教育的受众更多、覆盖面更广，在展教过程中应倡导在观察中思考、在实践中提高。

由绍兴科技馆策划并实施的研学旅行活动主要面向绍兴市四至九年级的学生，活动由现场参观和"科学梦工场"组成，分为半日游、一日游和多日游，应做到"预习"和"复习"。"预习"，即根据不同学生的认知水平，充分做好研学旅行的准备工作，以"有备"之姿态，行"研学"之过程。这样既可有效突出研学旅行活动的实践性，又能适当规避场馆教育的随机性。"复习"，即要求学生在研学旅行之后，进行简单而必要的总结，同时也要求教师针对教学效果做出评价。

（2）知行合一，促进学科融合。

教育本身是一个系统化的工程，学科之间彼此交叉、互相依赖。"行是知之始，知是行之成。"倘若只取出一个知识点，就会将整个体系拆解得支离破碎，对学生而言，便是"只观树木，未见树林"。

绍兴科技馆拥有"地球与生命""探索与发现""科技与生活""彩虹儿童乐园""绍兴籍院士""绍兴水生命""青春期教育"等常设展览，在开展研学旅行活动时，可深度结合学校课程进行数学、物理、化学、天文、地理、生物等方面的科普教育，通过讲解、体验、互动、表演等多种形式传播展项背后的科学原理。此外，还可安排学生在科普影院观看4D电影、球幕电影，在报告厅聆听专家讲座，在临时展厅了解国内外最新科技进展和成就。

（3）有教无类，打造"科学梦工场"。

绍兴科技馆在国内首创"科学梦工场"，圆青少年科学之梦，共有16间教室，其中包括科学教室、信息学教室、航模探究box、建模探究box、科学活动室、人工智能教室、创意设计室、3D创新实验室、思维训练室、创意百拼室、心理探索室、"科学梦工场"演播室等。绍兴科技馆研学旅行活动让学生根据自己的兴趣爱好选择实践项目，通过动手操作等方式体验成功，真正做到了因材施教，既能促进学生的全面发展，又重视学生的个性发展。

2. 推进科技馆特色科普研学旅行建设

（1）构建研学旅行课程标准。

为践行STEM教育的理念，秉承普及科学知识、倡导科学方法、传播科学思想、弘扬科学精神的宗旨,绍兴科技馆开设了一系列研学旅行课程(见表3-1),分为"科迷小课堂""科学梦工场""科学快乐学"三大类。在这个"科学探究性课程超市"中,从主题性、关联性、特征性、实践性、探究性和评价性六个方面入手,建立了一套行之有效的研学旅行课程评价标准。

表 3-1 绍兴科技馆研学旅行课程

课程类型	课 时 量	部分课程名称
"科迷小课堂"	1	气压的秘密、五官剧场、星语星愿
"科学梦工场"	2	环保香皂DIY、谍影重重密码学、智能平衡车
"科学快乐学"	≥3	岛屿可再生能源开发、创意编程课、Spike机器人

①主题性:研学旅行课程要兼顾各学科知识点之间的联系和过渡,以一个明确的主题将其合理串联,并着眼于家长、学校、社会对青少年教育的关切和期盼,做到"三贴近",即贴近教材、贴近生活、贴近学生。

②关联性:研学旅行课程要与基础学科紧密关联,客观把握教育规律,选择适合的教学方法。值得注意的是,对学生基本情况的掌握,是保证教育活动顺利实施的关键。课程的内容和形式应当符合学生的认知体系,易于学生理解、接受,可采取形象思维、直接刺激、兴趣激发等途径。

③特征性:研学旅行课程要结合科技馆的特色,围绕场馆场景,因地制宜设计和开发课程。以"莫比乌斯带"课程为例,应先带领学生参观相关展项,认识和了解莫比乌斯带的结构,再引导学生动手制作莫比乌斯带。

④实践性:这正是研学旅行课程的核心特点。以"快递鸡蛋"课程为例,可以要求学生以两人为一组,自主设计特殊的快递包装,确保鸡蛋在运输过程中完好无损。

⑤探究性:从问题出发,由浅入深,让学生主动提出问题、分析问题和解决问题。以"Spike机器人"课程为例,依托乐高积木颗粒、智能硬件和以Scratch编程平台为基础的直观拖放式编程语言,在学生学会简单的搭建技巧后,要求学生自主设计多功能手臂,用来清理难度不一的10种垃圾。

⑥评价性:课程结束后的评价反馈,不仅可评估教育活动的成效,而且可改进和提升研学旅行项目的品质。一是对学习成果开展学生自评、学生间互评以及教师参价等多种形式;二是邀请专家现场对课程设计和实施过程给予点评;三是安排后续活动,如征文比赛等;四是通过满意度调查,征求师生的意见和建议。

(2)加强研学团队建设。

打造一支优秀的研学团队是研学实践教育基地建设的基础,其中,活动运营、课程研发和教学辅导可谓研学团队的"三驾马车"。绍兴科技馆的研学旅行活动实行馆长负责制,由青少活动部负责日常管理、制定各项规章制度的工作,并采取内组、外聘的方式,由优秀辅导员、外聘教育专家和在职教师、兼职教师参与课程研发和教学辅导的工作。

定期开展教研活动和业务比赛,通过对理论知识、技能方法的学习和探讨,培养研学团队收集与整理、分析与处理、归纳与总结等方面的能力。此外,还要强调研学团队组织协调、学习创新、安全意识与应急处理等综合能力的提升。

(3)扩充研学价值体系。

酒香也怕巷子深。绍兴科技馆虽然拥有丰富的资源,但在研学旅行客源市场方面有短板,宣传力度不够。对此,绍兴科技馆与绍兴广播电视总台联合推出了一档名为"科学梦工场"的节目,于2016年起每周六晚黄金时间在绍兴电视台文化影视频道播出,观众反响热烈,受到各方好评。一方面通过青少年参与节目、动手体验展项,推介科技馆;另一方面通过发展科技馆小会员、小志愿者,宣传当地的青少年科技活动。该节目共有四个板块:①"科学探索馆"板块由主持人和小嘉宾们一起进行实验,探索科学的奥秘;②"小飞马俱乐部"板块走进校园、社区、科技馆,在答题闯关的过程中学习知识;③"彩虹乐园"板块巧妙利用游戏的形式,增加了节目的趣味性,并有助于塑造良好的亲子关系;④"奇思妙想剧场"板块是青少年展示科学文艺节目、科技创新成果的平台,通过展示唤起青少年学科学、爱科学的热情。

2018年,绍兴科技馆从自主研发的100余项科学实践课程中精选出50个科学小实验,出版了《小飞马酷玩实验室》一书。该书文字浅显易懂、插图生动有趣、构思科学合理。同时,该书还提供了足够的细节,方便读者按书索引,在身边找到需要的工具材料。

此外,科学嘉年华、青少年科技春晚等各类活动层出不穷,将科普与艺术相结合,让青少年感受到科学的无处不在。青少年通过探究科学,悦纳自我,见真见质,身未动,心已远。

延伸阅读

延伸阅读8

延伸阅读9

第二节　动物园植物园研学旅行资源

动物园、植物园是研学旅行主体进行动植物研学旅行的主要活动场所。动物园是搜集、饲养各种动物,进行科学研究和迁地保护,供公众观赏并进行科学普及和宣传保护教育的场所。植物园是调查、采集、鉴定、引种、保存植物和推广植物利用的科研单位,也是向公众普及植物科学知识,并供公众游憩的园地。我国动物园、植物园研学旅行资源非常丰富。

一、动物园研学旅行资源

(一)动物园研学旅行资源概念

动物园研学旅行资源是以动物园为载体的研学旅行资源的聚合体。动物园是动物研学的活动场所,在这个小型的生态系统,基于每个研学旅行主体都有动物情结,喜欢动物是他们的天性,通过独特的方式,丰富研学旅行主体与自然之间的联系,加强研学旅行主体与自然的真正接触和亲近感。动物园研学旅行是自然教育与研学旅行的重要组成部分。我国动物园研学旅行资源丰富,包括城市动物园和野生动物园。

动物园研学旅行能让学生深入了解动物,增进其对动物习性的认知,并促进学生主动探究,增强其实践能力。同时,与动物之间的友善关系对于塑造学生健全的人格及促进学生个体的发展,也有意想不到的良好作用,能够一定程度上提升学生观察力和分析、解决问题的能力。

（二）动物园研学旅行发展现状

由于种种原因,目前的动物园研学旅行活动内容大多停留在观看动物、听饲养员讲解动物、自己拍摄动物,最多再加上动物知识点考查、投喂动物,课程在内容设置上走马观花,还停留在普通户外郊游水平。这种做法并不是真正意义上的动物园研学旅行,对于学生而言,只是近距离地看见动物而已,相关知识一知半解；对于学校教师而言,只是带学生集体逛动物园；对于学生的家长而言,在这个过程中,孩子对动物知识了解不够、受教育不足、启发性不大,难以达到研学旅行的目的和要求。

（三）动物园研学旅行体验类型

1. 传统的动物行为展示,讲解体验为主

饲养员通过讲解展示动物如何"上班",学生在投喂过程中了解动物如何与人互动,有机链接与动物相关的音乐、舞蹈、诗歌、小说及电影、电视,使课程更有文化性、趣味性、创造性。

生活在城市里的孩子,各个都忙于学业,认识动物的渠道大多来自影像,和动物之间缺乏直接、真切的接触,缺乏对动物的切实感受,生活经验也愈加有限。因此,引导学生给动物喂食就显得非常重要和有意义了,通过与动物近距离接触,真切感受动物的可爱之处,才能有更多的感受内化于心,形成难以忘却的体验。

2. 多元化的动物角色扮演场景设定

"萌宠＋乐园"是孩子的玩乐天堂,可以围绕动物的训练设置角色扮演,让学生体会本领是通过反复实践获得的。活动除了巡园观光,还有动物舞台剧。此外,家长和学生还能参与亲子极限挑战和亲子角色扮演,这一类的场景具有较高的互动性,比传统的游园教育更有意义。

3. 高科技科普体验

就黑科技科普而言,目前的主流是采用 AR 互动、VR 视频、电子墨水技术等。AR 互动、VR 视频都可以让游客身临其境地感受到千姿百态的动物及其生长环境,相较于传统的图文和视频科普,VR 视频可以让人们更深刻地理解人与自然的关系。

以 AR 沙盘："挖宝识猴"项目为例,孩子和家长可以在此挖沙和堆沙。沙盘上方的体感追踪设备会将沙盘投影和沙盒造型进行实景实时增强呈现,进而金丝猴、黑猩猩、黑叶猴等动物的拼图就会在五彩斑斓的沙盘上浮现出来,同时还配有详细的语音讲解,在游戏中达到科普的效果。此外,借助新颖的电子墨水技术,孩子可以和墙体互动,详细了解科普知识。

4. 生命教育，感悟为主

大胆安排与动物的生老病死相关的生命教育课程，让学生与动物之间形成友善关系。此外，还应安排动物与其他动物的关系课程、人与动物的关系思考课程等。

5. 丛林拓展类项目，体验自然环保

清迈丛林飞跃（Flight of the Gibbon）项目不仅刺激，安全系数也足够高，在森林中滑着绳索像长臂猿一样风驰电掣时，还有可能看到真的长臂猿，玩过一次就会上瘾。那些敢于尝试的学生都是小勇士。

（四）动物园研学旅行资源开发[①]

开展动物研学，应创新研学方式、串联景区特色，深入研发适合学生的研学旅行课程。这些课程应着眼于增强吸引力、感染力，突出教育性、实践性、互动性、趣味性、针对性，使研学旅行变成行走中的课堂，实现"研、学、游、乐"一体化。比如，厦门灵玲国际马戏城精心策划了"灵玲动物交朋友"等系列动物园研学旅行课程，包括室内的理论知识和课外的科普展示等。该系列课程包括动物饲养管理全过程课程，通过全程参与备食、喂食、清扫的每一个过程，学生清晰地了解了动物食物特点、进食规律、作息规律、卫生习性、互动方式，由此丰富了自身的动物知识。

在全国爱牙日，灵玲国际马戏城的饲养员就化身为动物医生，为动物们进行体检，包括为河马刷牙。该过程十分有趣，一位身穿白大褂、手持特制大号牙刷的饲养员，连声召唤正在水里泡澡的河马"乐乐"，听到召唤后，"乐乐"慢慢游向饲养员身边。看到饲养员做出的"张嘴"手势后，"乐乐"便乖乖地张开大嘴，接受健康体检。饲养员先检查"乐乐"的4颗獠牙是否松动，接着检查其咀嚼食物的牙齿是否有牙石，最后一并清理牙缝的食物残渣。随后，饲养员还用大号牙刷对河马"乐乐"进行了一次全方位的洁牙。为河马刷牙也是研学旅行课程的一个环节，目的是通过这种寓教于乐的形式进行科普宣传，倡导加强口腔疾病预防工作，特别提醒小朋友要勤刷牙，爱牙要从小开始。

二、植物园研学旅行资源

（一）植物园研学旅行资源概念

植物园研学旅行资源是指以植物园为载体的研学旅行资源的聚合体。植物园一般按植物的不同种类对其进行有规划的培养，虽然植物园在布局和收藏上一般也考虑到美学观念，但科学使用价值是最主要的，这是它与一般的观赏花园的区别。

植物园研学旅行可以让学生在植物园中将理论知识与实践体验进行有效衔接，可以使学生开阔视野，了解植物相关知识，提升素养，在自然中领略科学的魅力，培养科学思维能力及创新实践能力。

---

① 黄俏珠. 动物研学，行走中的课堂［N/OL］. 中国文化报，［2019-06-23］. https://www.sohu.com/a/322464335_120117551.

（二）植物园研学旅行发展现状

当前在植物园研学旅行发展中尚存在一些问题，如学生大多限于在参观与讲解中获得知识；研学团队大多缺乏专业的研学导师；研学与旅行结合不够紧密，与普通旅游没有太大区别，重游轻学现象突出；研学内容大多未根据不同年龄段所掌握的知识和技能进行区别等。

（三）植物园研学旅行资源开发①——以永州森林植物园为例

永州森林植物园位于湖南省永州市冷水滩区伊塘镇075乡道附近，距永州中心市区约15千米，是一个集自然、历史、人文于一体的公园，园内植被繁茂、绿草如茵，除了可以欣赏美丽的自然风光，还可以观赏精美的雕像，了解当地的历史文化。园区整体规划是将永州各地区、县相应的地方文化特色融为一体，堪称"缩小的永州"，并且有着94.5%以上的森林覆盖率，是"天然氧吧"，有着得天独厚的研学旅行资源优势。永州森林植物园是经2012年第12次永州市政府常务会议研究决定，在市林业科学研究所基础上设立的。2017年荣获"全国林业科普基地"，为永州市唯一入选的单位，现已发展为国家、省、市三级教育科普基地。2018年荣获国家3A级旅游景区称号。永州森林植物园开园至2021年年均接待游客量高达50万人次，日高峰游客量超过3万人次。

永州森林植物园研学旅行课程包括三大主题，分别是自然探索课堂、科普体验课堂与地方文化课堂。

1. 自然探索课堂：植物与研学旅行结合

（1）研学旅行主题。

植物研学旅行，探秘大自然。

（2）研学旅行特色。

开阔中小学生的眼界，强化素质教育，让学生亲近自然、爱护自然，寓教于乐。

（3）研学旅行目标。

培养学生热爱自然、热爱学习、热爱生活的品质；培养学生动手体验、主动探索、主动学习的能力。

（4）研学旅行内容。

植物奥秘：让学生了解嫁接原理，观看各种植物的嫁接过程，参与植物嫁接活动。将生物课本里面的知识搬到校外实践，实现理论与实践的结合。

插花设计：利用植物花海的花卉，请专业插花师带领学生设计花束，培养学生的感恩意识及动手能力。

植物写生：在自然环境下，学生观赏花海等自然素材并绘画，通过愉悦身心来激发自身创作灵感，培养兴趣爱好。

森林寻宝：根据卡片提示信息，以小组为单位寻找对应的植物，培养学生主动探索、灵活应变与团队合作能力。

---

① 曾荣，郭蓉. RMP视角下永州森林植物园研学旅行育人价值研究[J]. 中国集体经济，2021(19):127-128.

2. 科普体验课堂:科普与研学旅行相互渗透

（1）研学旅行主题。

科普探索旅行,揭秘大自然。

（2）研学旅行特色。

科普是指运用科学来普及在生活中会让人产生好奇的知识。发展科学普及教育可以增强学生对科学的兴趣。在生活中可以通过营造用科学、学科学、爱科学的氛围,促进学生智力发展。

（3）研学旅行目标。

通过科普研学旅行课程充分调动学生的手、脑、眼等多个器官,让学生在科普体验中发现问题、解决问题,丰富学生的百科知识,培养学生的科学意识和自信心。

（4）研学旅行内容。

趣味听音:学生安静聆听大自然的声音,如风声、树声、鸟声、湖水声,并模拟声音,让同伴猜声,发表对声音的看法,让学生真正回归大自然。

森林知识:学生通过看、闻、听等方式对不同种类的植物进行研究,彼此之间交流心得并提出问题,科普研学导师负责解答问题与启迪学生。

生态造林:通过割灌除草、修枝等科普研学实践活动促进学生对造林技术的了解,开展生态造林技术学习。

舌尖森林:帮助学生了解森林植物粮食、森林植物药材、森林植物蔬菜（草本如蕨菜,木本如香椿）、森林植物水果、森林植物坚果等可用来食用的植物,学会辨别哪些可以食用及有什么食用价值,哪些不能食用。

3. 地方文化课堂:文化与研学旅行交融

（1）研学旅行主题。

文化感悟旅行,永州文化我来寻。

（2）研学旅行特色。

充分利用永州森林植物园拥有的永州多种地方文化并存的特色资源来设计与开发具有育人价值的研学旅行活动,让学生近距离接触永州地方文化,了解与学习永州地方文化,增强学生的文化自信和民族自豪感。

（3）研学旅行目标。

运用知识性与趣味性小游戏,让学生以有趣的方式学习和了解永州地方文化,逐渐领悟永州地方文化的博大精深,担当文化传承大任。

（4）研学旅行内容。

"我是小导游":了解永州各县区文化特色与历史,将学生置身于永州森林植物园的永州微缩景观情境中,以永州小导游的角色来介绍与宣传自己家乡的文化特色与历史。

"我是小记者":学生尝试担任小记者,接受指定任务,采访景区游客,了解他们对永州地方文化和历史的了解情况,从而加强学生对永州地方文化与历史学习的积极性与兴趣。在活动过程中,可以用文字和视频的形式记录小记者们的采访过程。

"我是大诗人":在永州森林植物园花海中举行以永州地方文化和历史为主题的诗歌朗诵比赛,学生选取自己最擅长的诗歌进行朗诵,最后请教师和学生共同投票,选出表现最好的"大诗人"。

"学廉政文化":永州森林植物园有清廉自洁主题区、廉政文化发展史展示区以及各县廉政文化展示区三个主题展示区。学生通过学习三个主题展示区的廉政文化以及永州名人身上的优秀文化,培养戒奢崇俭、自律自强的品质,激发热爱党、热爱国家、热爱人民的真挚感情,提高核心素养,树立爱国、敬业、诚信、友善等社会主义核心价值观。

第三节　历史文化遗产研学旅行资源

我国历史文化遗产研学旅行资源极为丰富,包括物质文化遗产研学旅行资源和非物质文化遗产研学旅行资源。物质文化遗产研学旅行资源是指具有历史、艺术和科学价值的文物。非物质文化遗产研学旅行资源是指各种以非物质形态存在的,与群众生活密切相关、世代相承的传统文化表现形式。

一、历史文化遗产研学旅行资源概念

历史文化遗产研学旅行资源是以历史文化遗产为载体的研学旅行资源的聚合体。它既包括有形的物质文化遗产研学旅行资源,如古迹、历史建筑群、遗址等;也包括无形的非物质文化遗产研学旅行资源,如表演艺术、节庆活动、传统手工艺等。

历史文化遗产研学旅行可以让学生了解历史,认识历史,弘扬和传承历史文化,提升学生的历史文化素养。通过研学旅行,学生以学习与体验的方式感知中华文明,加深对中国历史文化的了解和热爱,培养收集资料、分析资料、多角度观察和分析问题的能力,培养实践能力。

二、历史文化遗产研学旅行资源分类

历史文化遗产研学旅行资源可分为物质文化遗产研学旅行资源和非物质文化遗产研学旅行资源两大类。

物质文化遗产研学旅行资源主要包括:①文物,即从历史、艺术或科学角度看,具有突出的普遍价值的建筑物、雕刻和绘画,具有考古意义的成分或结构的铭文、洞穴、住区及各类文物的综合体;②建筑群,即从历史、艺术或科学角度看,因其建筑的形式、同一性及其在景观中的地位而具有突出的普遍价值的单独或相互联系的建筑群;③遗址,即从历史、美学、人种学或人类学角度看,具有突出的普遍价值的人造工程、人与自然的共同杰作,以及考古遗址地带。

非物质文化遗产研学旅行资源可以分为语言,民间文学,传统音乐,传统舞蹈,传统戏剧,曲艺,杂技,传统武术、体育与竞技,民间美术,工艺美术,传统手工技艺及其他工艺技术,传统的医学和药学,民俗,文化空间等。

三、历史文化遗产研学旅行资源开发

(一)历史文化遗产研学旅行资源开发存在的问题及对策

当前,历史文化遗产研学旅行产品宣传不够,研学旅行产品开发还不能满足市场需要,缺乏历史文化遗产研学旅行品牌,研学旅行产品竞争力亟待提高;历史文化遗产研学旅行产品存在宣传与实际不符的现象,研学旅行活动缺乏科学的策划,许多研学旅行的组织者在宣传时把活动描述得尽善尽美,但在实际的操作中却与以往观光旅游没有区别,导致学生与家长甚为失望;历史文化遗产研学旅行形式单一,缺乏针对性,未能针对不同学习阶段的学生团体设计研学旅行活动内容。

针对以上历史文化遗产研学旅行资源开发中存在的问题,本书提出以下历史文化遗产研学旅行资源开发的对策。

1. 完善市场体系,大力引入企业资本

在政府利好政策的刺激下,研学旅行市场出现了一窝蜂争先抢占市场的现象,研学旅行产品更是良莠不齐。开发历史文化遗产研学旅行产品,要做到历史文化遗产保护和传承并重,平衡活动的社会文化效益和经济效益。摒弃落后的思维和做法,引进先进的经验,鼓励企业参与,为研学旅行市场制定规范的准则,形成完善的市场体系。在大数据时代,通过信息共享,交流和整合信息,促进研学旅行机构的规划的完善和组织水平的提高。

2. 研学旅行方案应针对主体,主题明确,突出研学旅行特色

研学旅行的主体因其年龄、受教育水平、认知水平的差异,对研学旅行产品的接受程度自然不同。这就要求研学旅行产品的设计者结合主体的具体情况,站在文化的高度设计出立意高远、目的明确和行之有效的研学旅行课程方案。①创新历史文化遗产研学旅行产品开发:产品形式创新、主题内容创新与技术手段创新。②丰富研学旅行线路:设计开发历史文化"穿越"之旅、文化遗产探寻之旅、中华诗词传诵之旅、中国功夫体验之旅等创造性的产品,旨在通过历史文化遗产研学旅行产品的体验,让每一位中小学生在"读万卷书,行万里路"中,获得更宽阔的眼界,胸怀更远大的志向。

3. 加快人才培养补充,完善人才培养体系

首先,政府应加强对研学旅行市场的监督和指导,规范研学旅行产品的标准,促使相关机构培训出高水平的研学旅行人才。其次,发挥高校培养人才的教育职能,在学校开设研学旅行专业,明确人才培养目标,为研学旅行领域补充人才。最后,引进研学旅行的资格认证模式,设立职业标准,建设人才评估体系,为研学旅行市场筛选出高素质、专业化的人才。

(二)历史文化遗产研学旅行资源开发——以黄石工业遗产为例①

黄石工业遗产以铜绿山古铜矿遗址、汉冶萍煤铁厂矿旧址、华新水泥厂旧址、大冶

① 何飞飞,吴乐知.基于工业遗产的研学旅行设计与实施研究——以湖北省黄石市为例[J].成才,2022(2):69-70。

铁矿露天采场为代表。其中:铜绿山古铜矿遗址位于大冶市,是一座自商朝起一直延续到汉代的开采及冶炼铜矿遗址;汉冶萍煤铁厂矿旧址地处黄石市西塞山区,是中国历史上第一家用新式机械设备进行大规模生产的、规模最大的钢铁煤联合企业;华新水泥厂旧址地处黄石市中心地段,旧址厂区是20世纪50年代工业建筑区风格的典型代表,至今基本保存完好;大冶铁矿露天采场位于黄石国家矿山公园,坐落于黄石市铁山区,历经多次战乱破坏,是现武钢集团大冶铁矿的前身,是黄石国家矿山公园的重要组成部分。2012年11月,黄石工业遗产片区喜登国家文物局公布的45项中国世界文化遗产预备名单。

1. 黄石工业遗产研学旅行设计步骤

第一步,参考材料,选择主题。根据之前黄石市中学地理研学旅行发展现状,结合人教版高中地理必修3"地理环境与区域发展"的内容,将研学旅行与黄石市现存的几处工业遗产相结合,设计以黄石工业遗产为主题的地理研学旅行。

第二步,分析学情,确立目标。经过人教版高中地理必修1以及人教版高中地理必修2的学习,高二学生已掌握基本的地理知识与技能,并对资源的分类有所了解,因此,将本次研学旅行主体设定为高二的学生。通过本次研学旅行,学生应学会结合人教版高中地理必修3的教材,分析黄石市的资源优势,以及黄石市资源开发的区位优势,并结合教材和课外资料进行对比分析,逐步了解人地协调发展的重要性,形成正确的人地观念,就黄石市目前工业发展存在的问题,能对症下药提出更好实现可持续发展的建议与意见。

第三步,整合信息,选择资源。结合黄石市现状较为良好的工业遗产情况,确定华新水泥厂旧址、汉冶萍煤铁厂矿旧址、黄石国家矿山公园、铜绿山古铜矿遗址符合地理课标以及学情要求。

第四步,实地考察,优化路线。通过实地考察,将研学旅行路线安排为华新水泥厂旧址—汉冶萍煤铁厂矿旧址—黄石国家矿山公园—铜绿山古铜矿遗址。

2. 黄石工业遗产研学旅行实施

学生根据研学旅行路线,在研学导师的带领下进行实地考察,并完成相应的研学旅行任务。研学旅行任务的设计应以落实地理学科核心素养的培养为主旨,充分考虑学情,对于学生的知识储备以及认知规律有详细了解,并充分调动学生的积极性和主动性,引导学生独立自主地完成探究式学习,使学生学会认知、学会思考、学会行动。

(1)研学旅行任务清单。

华新水泥厂旧址:①对现存的设备进行观察、统计及分类;②分析华新水泥厂之所以成为全国的水泥龙头,带动黄石市区域振兴的优势是什么;③从不同的角度分析为什么华新水泥厂要进行迁址;④对华新水泥厂的发展提出合理的建议。

汉冶萍煤铁厂矿旧址:①总结汉冶萍煤铁厂矿的建厂背景,以及其自修建起至停炼为止,所经历的各个时代对其造成的影响;②结合汉冶萍煤铁厂矿的历史,观察其建筑风格并进行分类;③分析汉冶萍煤铁厂矿旧址的价值。

黄石国家矿山公园:①统计并记录公园内现有的景点设施;②统计并记录黄石国家矿山公园所展示矿石的种类,并分析它们之间的不同之处;③观察东露天采场的世界第一高陡边坡以及亚洲面积最大的硬岩绿化复垦基地,分析从古至今人们对该地区的资源利用的合理与不合理之处。

铜绿山古铜矿遗址:①了解铜绿山古铜矿遗址发掘对我国遗产保护、考古学和中国古代青铜器研究的价值及意义;②查阅资料,了解其在古代的采矿技术,以及了解从古至今国内外采矿技术的发展与进步,列出表格分析不同时期的利弊。

(2)学习目标。

综合思维:通过工业遗产研学旅行,学生能够从多个角度说明黄石能源和矿产资源的合理开发与区域可持续发展之间的关系。

人地协调观:学生通过对当地工业遗产的了解,梳理区域发展水平与产业发展阶段之间的关系,能够充分认识到区域可持续发展的重要性,并总结促进区域可持续发展的主要措施,逐步具备尊重自然的意识,进而形成正确的人地观念,并能够结合我国国情就区域可持续发展问题提出建议。

区域认知:根据所学知识以及在黄石工业遗产研学旅行中的所观所感,学生能够依据产业发展的阶段判断区域发展水平以及区域不同发展阶段对地理环境的影响。

地理实践力:借助案例,以及在研学旅行中对于几处工业遗产的了解与认识,学生能够梳理区域发展水平与产业发展阶段之间的关系。

第四节 工业交通场地研学旅行资源

工业交通场地研学旅行是伴随着人们对旅游资源概念的拓展而产生的一种旅游新概念和产品新形式。工业旅游在发达国家由来已久,特别是一些大企业会利用自己的品牌效应吸引游客,同时也使自己的产品家喻户晓。在我国,有越来越多的现代化企业开始注重并发展工业旅游。近年来,我国著名工业企业如青岛海尔、上海宝钢、广东美的、佛山海天等相继向游客开放,许多项目获得了政府的高度重视。

2017年国家发布《关于推出10个国家工业旅游示范基地的公告》,黑龙江省齐齐哈尔市中国一重工业旅游区、山东省烟台张裕葡萄酒文化旅游区、山西省汾酒文化景区、内蒙古自治区伊利集团·乳都科技示范园、江苏省苏州隆力奇养生小镇等10个工业产业地被评为国家工业旅游示范基地。2019年全国工业旅游联盟成立,首发10条工业旅游特色线路。

工业交通场地研学旅行作为工业旅游的多元化表现形式,拓展了工业旅游的范畴,成为工业旅游重要的发展模式。

一、工业交通场地研学旅行资源概念

工业交通场地研学旅行资源是指以工业交通场地为载体的研学旅行资源的聚合体。工业交通场地研学旅行借助工业遗址、工厂的资源禀赋,挖掘研学旅行的需求,开发特色课程和体验场景。

工业交通场地研学旅行可以使学生了解相关工业交通企业历史文化,拓宽学生的视野,通过动手实践活动,提升学生的创新实践能力。

二、工业交通场地研学旅行资源特点

1. 行业分布的广泛性

工业交通场地研学旅行资源涵盖多行业,包括酿造类,汽车、机车、船舶、飞机制造类,水力、发电类,石油、煤炭、矿物开采类,陶瓷类,医药类,电器类,钢铁制造类,食品饮料类,工艺品类,服装、鞋帽、纺织品类,烟草类,港口类等。

2. 地域分布的集中性

我国的工业交通场地研学旅行资源在地域分布上与我国的工业发展状况基本吻合,主要集中于浙江、河南、东北老工业基地等地,经济基础较弱的西部地区工业交通场地研学旅行资源较少。

三、工业交通场地研学旅行资源开发[①]——以佛山陶瓷产业工业研学旅行为例

(一)佛山陶瓷介绍

佛山陶瓷历史源远流长,自古便被誉为"南国陶都"。佛山市是当代世界建筑卫生陶瓷最大的生产基地,辖区内的禅城区、南海区、三水区、高明区以及周边的高要区、清远市、中山市等地都有陶瓷生产企业分布。佛山市禅城区是著名的陶瓷产业集群区,近年来,由于产生污染等原因,陶瓷产业面临着搬迁与产业升级的局面。佛山市禅城区有全国最大的陶瓷劳动力专业化市场,其技术、管理、机械设备、陶瓷工艺等更是居于全国前列。佛山当地的陶瓷产业底蕴和产业环境较好,尤其是佛山陶瓷产业高度集聚,能为企业实现集聚效益和规模效益提供良好的配套服务和发展平台。

佛山陶瓷拥有新明珠、新中源、东鹏、鹰牌、蒙娜丽莎、钻石、欧神诺、顺成等大批骨干企业及著名品牌。佛山市被国家有关部门和协会认定为"中国建筑卫生陶瓷特色产业基地""中国建筑卫生陶瓷出口基地""中国陶瓷名都",被省级有关部门认定为"广东省产业集群升级示范区"。禅城区的石湾镇和南庄镇被省级有关部门认定为"广东省专业镇",并分别被授予"中国陶瓷名镇"和"中国建陶第一镇"的称号。

(二)佛山陶瓷产业工业研学旅行实施方案

工业研学旅行的重点应该放在对工业发展的实际体验上,学生在对工业企业进行参观以及对相关人员进行访谈之后,结合课程标准内容进行思考,并遵循"立足身边实际,关注社会发展,强化文化传承"的基本思路进行探究。佛山陶瓷产业工业研学旅行的实施方案详见表3-2。

[①] 谢妙娴,郭程轩.基于地理核心素养的课程开发——以佛山陶瓷产业工业研学旅行为例[J].地理教学,2018(19):60-62.

表 3-2　佛山陶瓷产业工业研学旅行实施方案

考察线路	考察内容	学生任务	考察意义
第一站：华夏陶瓷博览城堡	佛山发展陶瓷产业的区位条件；佛山陶瓷原料的演变，以及这种变化带来的启示	先查阅相关资料，分析佛山的区位图，结合自己对佛山的了解思考佛山作为"瓷都"的区位条件；在华夏陶瓷博览城堡现场对商户进行访谈，记录陶瓷生产的新材料以及材料产地	工业区位分析是高中地理的重要知识，学生通过对佛山陶瓷工业进行分析，学以致用，从而感受到生活处处有地理，提高区域认知能力。对制作陶瓷的材料的了解，有利于学生深入了解陶瓷产业，并对陶瓷产业的发展前景进行科学的思考
第二站：南风古灶	佛山陶瓷的起源和发展；陶瓷的生产流程；南风古灶作为陶瓷文化旅游的代表性区域，对于工业发展有什么借鉴意义	查阅资料，了解陶瓷的起源和发展；实地参观陶瓷的生产基地，并动手参与陶瓷制作，体验其生产流程；了解南风古灶的发展历程，总结南风古灶的发展优势	对佛山陶瓷的历史以及生产流程进行全面了解，有助于学生继续思考工业的发展方向。学生动手实践能够增加其兴趣，感受佛山的传统陶瓷文化。了解陶瓷文化旅游产业的发展，探究工业发展的新方向，有利于拓展学生的思维
第三站：石湾公仔街	佛山陶瓷企业发展面临的困境以及解决措施；佛山陶瓷产业的转移方向；创意陶瓷产业的发展途径（转型升级的方向）	查阅资料，了解佛山陶瓷业面临的困境，尝试提出解决措施；将查阅资料与对当地企业进行访谈相结合，了解佛山陶瓷产业的转移方向；参观公仔街的创意陶瓷，对公仔街的商铺老板进行访谈，了解创意陶瓷产业转型升级的方向（如工艺流程升级、产品升级、职能升级、跨产业升级等）	高考越来越趋于考查考生对问题的解决能力，因此，在研学旅行的过程中引起学生对实际问题的关注与思考，有利于提高其综合思维能力。了解佛山陶瓷产业转移的地域以及向这些地域转移的原因，有助于学生了解佛山陶瓷产业转移的空间地域模式。学生对创意陶瓷产业进行了解，能拓宽其在思考陶瓷发展出路时的思路，也能提高其人地协调观；此外，学生通过访谈还能提高沟通、合作和获取信息的能力

续表

考察线路	考察内容	学生任务	考察意义
第四站：知名陶瓷企业	佛山陶瓷销售及贸易的方向；陶瓷工业发展对佛山的影响	向当地知名陶瓷企业的负责人了解他们陶瓷销售及贸易的方向，思考当前国家的"一带一路"倡议对陶瓷销售的影响；结合对佛山陶瓷企业的实地考察以及所学知识，思考陶瓷工业发展带来的积极以及消极影响	了解陶瓷销售及贸易的方向，并结合时事热点进行思考，有利于学生全面了解陶瓷产业的发展方向。通过对佛山陶瓷企业的走访，思考工业发展带来的影响，有利于提高学生的地理实践力及社会和情感学习能力

（三）佛山陶瓷产业工业研学旅行实施措施及评价

实施佛山陶瓷产业工业研学旅行，不仅要达到高中地理课程标准的要求，更应该以提高学生地理素养以及培养学生的批判性和创造性思维为目标。佛山陶瓷产业工业研学旅行的目标以及在研学旅行过程中为实现目标所采取的措施见表 3-3。

表 3-3 佛山陶瓷产业工业研学旅行目标及实施措施

目 标	实 施 措 施
激发兴趣	引导学生提出相关问题；进行体验性活动
学会收集数据	指导学生通过图书馆和网络搜索相关数据；观察目的地并进行拍照
学会推理	指导学生通过表格、图片、照片来组织和呈现数据；有意义地解释数据，比较和确定数据间的关系以推出合理结论；对访谈内容的真伪及完整性进行识别，总结有用的访谈记录
培养沟通、合作和获取信息的能力	在访谈之前指导学生设计访谈的有效问题以及教授学生合理的沟通技巧；活动通过小组合作的方式进行
培养社会和情感学习能力	指导学生观察社会现象、思考社会问题的解决措施，培养学生的社会意识
培养反思能力	对研学旅行过程中出现的问题进行反思，指导学生描述问题以及对解决问题提出适当的建议

佛山陶瓷产业工业研学旅行的目标以及实施措施也决定了其相关评价是依据目标来确定的。因此，评价的内容包括：学生的积极性与参与性、学生的数据收集能力、学生对本次研学旅行知识的掌握程度、学生运用推理的能力、学生给出建议的合理性。评分标准可以分为四个程度：超出预期、符合预期、接近预期以及低于预期。

第五节 科研场所研学旅行资源

我国科研场所研学旅行资源丰富,但由于科研场所的特殊性,当前已开发的科研场所研学旅行资源仅限于高等学校等能对外开放的场所,其他科研场所研学旅行资源尚处于待开发状态。

一、科研场所研学旅行资源概念

科研场所研学旅行资源是指以科研场所为载体的研学旅行资源的聚合体。科研场所主要指教学单位、科学研究单位、实验室、技术研究中心等,可供观光、研究、学习。随着研学旅行的迅速发展,科研场所作为研学旅行的重要资源,有着广大的发展空间,且目前大部分处于待开发状态。

科研场所研学旅行可以培养研学旅行主体的科学素养,包括科学的思维、科学的规范、科学的研究能力。

二、科研场所研学旅行资源特点

(一)多样性

科研场所研学旅行资源具有多样性,科研场所的范畴广泛,包括高等学校等教学科研单位、科学研究单位、实验室、技术研发中心等,涉及的行业也较为广泛。

(二)不可移动性

科研场所研学旅行资源具有不可移动性,研学旅行主体只能去具体的科研场所才能进行科研活动。

(三)待开发性

由于科研场所研学旅行资源的特殊性,部分科研场所是具有保密性的,不能完全对外开放,因此,当前科研场所研学旅行资源大部分处于待开发状态。

三、科研场所研学旅行发展现状

由于科研场所性质的特殊性,当前大部分科研场所研学旅行资源尚处于待开发的状态,科研场所在开展研学旅行方面存在诸多问题,主要表现在接待能力、科研场所开放空间、科研场所研学旅行课程开发等方面。当前科研场所研学旅行以高校励志研学旅行为主,仍处于探索阶段。

四、科研场所研学旅行资源开发——以中国海洋大学研学旅行为例

中国海洋大学研学旅行以海洋为主题,主要包括以下活动。

(一) 专家海洋主题报告

1. 介绍我国主权安全问题

该主题报告针对海洋权益,在中国与海洋邻国的海洋权益之争的背景下,对争议的焦点问题及中国应做的工作、应持的态度加以阐述;指出人类社会发展迫切需要利用海洋资源,以及由于各国出于自身利益问题,海上主权所引起的矛盾日益增多。我国近几年在海洋开发、海军国防等方面进步飞快,国民应加强海权意识,"把国家放在心头,做好我们自己的事情"。

2. 海洋——人类未来的希望

该主题报告包括海洋的贡献和海洋的"烦恼"两个主要方面,介绍了海洋与人类的紧密关系。海洋是人类生命的摇篮、资源的宝库,人类应合理、系统地开发利用海洋资源,并实现其可持续发展。可以激励研学旅行主体去认识、了解海洋,探索海洋,从而提高创新意识和实践能力。

(二) 海洋生物标本采集、分类和制作

研学旅行主体到太平角潮间带进行样品采集,随后进入中国海洋大学鱼山校区生物实验室进行实验。研学旅行主体来到中国海洋大学的实验室,通过制作生态球,真切感受到理论与实践的统一与差异。

(三) 参观活动

研学旅行主体在研学旅行过程中,参观中国海洋大学校园、校史馆、海权教育馆、物理海洋教育部重点实验室、趣味物理实验室,以及青岛奥帆中心、极地海洋世界、青岛啤酒博物馆等青岛知名海洋特色旅游景点,参加海洋知识竞赛等活动。

本章小结

1. 以博物馆为目的地进行研学旅行可以丰富学习内容,提高学习的趣味性,使学生能够在实际操作中消化校园内所学知识,深入挖掘知识的核心内容,以培养学习思维,提高问题解决能力与合作能力,培养创新精神及学科素养。

2. 在博物馆研学旅行课程的策划和开发过程中,最主要的是要精选主题,需要结合中小学的课程体系进行精心安排,体现自身特色。

3. 科技馆是以展览教育为主要功能的公益性科普教育机构。主要通过常设展览和短期展览,以具有参与性、体验性、互动性的展品及辅助性展示

手段,以激发科学兴趣、启迪科学观念为目的,对公众进行科普教育;也可举办其他科普教育、科技传播和科学文化交流活动。

4. 主题展览是以一个单一主题策划的展览,主题展览目标明确,如红色主题展览的目标是加强学生的爱国主义教育,引导学生树立正确的世界观、人生观、价值观,做到让学生传承红色基因,弘扬优良传统。

5. 动物园研学旅行能让学生深入了解动物、增进其对动物习性的认知,并促进学生主动探究、增进其实践能力。同时,与动物之间的友善关系对塑造学生健全的人格及促进其个体发展,也有意想不到的良好作用,能够一定程度上提升学生观察力以及分析、解决问题的能力。

6. 植物园研学旅行让学生在植物园中将理论知识与实践体验进行有效衔接,可以使学生开阔视野,了解植物相关知识,提升素养,在自然中领略科学的魅力,培养科学思维能力及创新实践能力。

7. 历史文化遗产研学旅行可以让学生了解历史,认识历史,弘扬和传承历史文化,提升学生的历史文化素养;通过研学旅行,学生以学习与体验的方式感知中华文明,从而加深对中国历史文化的了解和热爱,培养收集资料、分析资料、注重实际、多角度观察和分析问题的能力,培养实践能力。

8. 工业交通场地研学旅行可以使学生了解相关工业交通企业的历史文化,拓宽学生的视野,通过动手实践活动提升学生的创新实践能力。

9. 科研场所主要指教学单位、科学研究单位、实验室、技术研究中心等,可供观光、研究、学习。随着研学旅行的迅速发展,科研场所作为研学旅行的重要资源,有着广大的发展空间,且目前大部分处于待开发状态。

思考练习

1. 以博物馆研学旅行为主题,选取任一博物馆,收集相关资料,撰写一份策划方案。

2. 以动物园研学旅行为主题,选取任一动物园,收集相关资料,撰写一份策划方案。

3. 以植物园研学旅行为主题,选取任一植物园,收集相关资料,撰写一份策划方案。

4. 以工业交通场地研学旅行为主题,选取任一工业交通场地,收集相关资料,撰写一份策划方案。

第四章
体验考察类研学旅行资源

章节目标

◆ 知识目标
1. 掌握农庄的基本概念及其分类。
2. 掌握研学旅行实践基地和研学旅行实践营地的概念并能够区分。
3. 掌握开展研学冬夏令营的目的和意义。
4. 掌握团队拓展训练基地建设的必要性，理解团队拓展训练基地的概念。

◆ 能力目标
1. 能够设计和开发优质的农庄研学旅行课程，撰写农庄研学旅行活动策划书。
2. 能够设计和开发优质的研学旅行实践基地研学旅行课程。
3. 能够设计和开发优质的研学冬夏令营课程。
4. 能够设计和开发优质的团队拓展训练基地研学旅行课程。

◆ 素质目标
培养学生对体验考察类研学旅行资源的课程设计能力。

知识框架

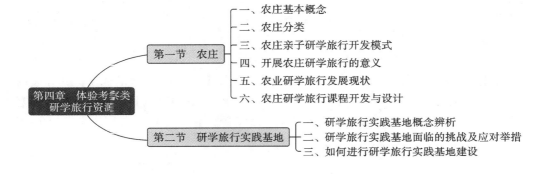

第四章 体验考察类研学旅行资源
- 第一节 农庄
  - 一、农庄基本概念
  - 二、农庄分类
  - 三、农庄亲子研学旅行开发模式
  - 四、开展农庄研学旅行的意义
  - 五、农业研学旅行发展现状
  - 六、农庄研学旅行课程开发与设计
- 第二节 研学旅行实践基地
  - 一、研学旅行实践基地概念辨析
  - 二、研学旅行实践基地面临的挑战及应对举措
  - 三、如何进行研学旅行实践基地建设

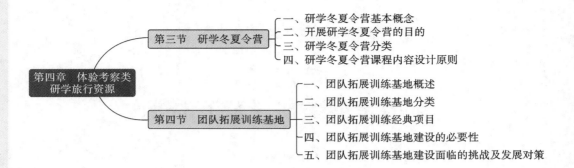

1. 明确农庄、研学旅行实践基地、研学冬夏令营和团队拓展训练基地的基本概念。

2. 理解在农庄、研学旅行实践基地、研学冬夏令营和团队拓展训练基地中开展的研学旅行活动有着不同的内容。

米果果小镇

米果果小镇创建于 2013 年,总面积 3152 亩[①],其中红心火龙果种植面积达到 1000 亩。几年时间内,小镇便通过农业土地资源的立体式开发和第一、第二、第三产业深度融合,逐渐发展成集种养殖、农产品深加工、休闲旅游、教育培训、创新创意发展于一体的综合性园区。

米果果小镇建设了农业科普馆、开心大农场、水果采摘区、学生田间实验基地、火龙果加工观光区等主题区域,让游客在参观、游览的过程中体验农作劳动、乡村生活,以及观看农产品的加工生产,充分实现园区的科普教育功能。

周末、节假日,米果果小镇的游客络绎不绝,周一至周五,研学旅行团队填补空白。米果果小镇淡季不"淡",更有夏令营活动的开发和冰雪项目的导入,破解了南方地区因高温酷热步入淡季的休闲农业难题,如 2017 年米果果小镇接待了 50 万游客,2018 年仅 1—5 月就接待了 30 万游客。

在上述材料中,米果果小镇项目顺应了时代的潮流,取得了巨大的成功。其开展的多种多样的实践活动响应了国家政策,具有教育意义。在本章中,我们将探讨体验考察类研学旅行资源,除了农庄,还有研学旅行实践基地、研学冬夏令营和团队拓展训练基地。

---

① 1 亩≈666.67 平方米。

第一节 农　　庄

中国的农业生产蕴藏着古人伟大的创造和高明的智慧,有着丰富的教育元素。研学旅行是课本知识的有效补充,可以让学生走出课堂,得到更加多元的发展。本节通过学习农庄的基本概念、分类,形成对农庄研学旅行的一个初步认识,在此基础上了解农庄研学旅行的意义,知道农庄研学旅行是研学旅行的新形式和新内容。随着农庄研学旅行的蓬勃发展,其课程的开发与设计也愈发重要,下面,就开始我们第一节课程内容的学习。

一、农庄基本概念

农庄泛指包括建筑物在内的农场,是农村的庄园,是一种旅游产品。其中承担研学旅行功能的,多为休闲农庄。休闲农庄是指以山林、田园、湖泊、溪流、水库等自然生态景观资源为依托,以农、林、牧、渔等特色农业生产、加工、经营为基础,结合民俗文化、农耕文化、农事活动、农家生活,通过农业创意,为人们提供观光旅游、教育体验、康养休闲等服务的新型农业企业形态。同时,它也是人们旅游需求多样化、闲暇时间不断增多、生活水平逐渐提高和"文明病""城市病"加剧的必然产物,是旅游产品从观光层次向较高的度假休闲层次转化的典型。

农庄研学旅行是在休闲农庄的基础之上融合了农业、教育、旅游三种元素的新业态,将劳动教育、自然教育、情感沟通、动手实践融合在一起,为学校、幼儿园、教育机构、亲子家庭等客群提供了一个开展自然教育、学农教育、研学旅行、学生综合实践的天然场所,使得农场不再只是种菜养猪的地方,还可以承担育人的功能。

二、农庄分类

对于农庄而言,研学旅行的主要客群是学校。教育部发布的《2021年全国教育事业统计主要结果》显示,2021年全国中小学在校总数达1.97亿,研学旅行的市场份额将达到每年1000亿元以上。

农庄的优势在于其与城市截然不同的生活体验,因而更容易博得学生的喜欢。

按照研学旅行目的,可将农庄研学旅行分为以"农耕、劳动教育"为核心的农业研学旅行、以"科普、自然、环保教育"为核心的农业研学旅行和以"采摘、感恩教育、亲子研学"为核心的农业研学旅行。

(一)以"农耕、劳动教育"为核心的农业研学旅行

2020年9月16日,农业农村部办公厅和教育部办公厅联合发布《农业农村部办公厅、教育部办公厅关于开展中国农民丰收节农耕文化教育主题活动的通知》(以下简称《通知》)。《通知》指出,要遵循青少年学龄特点和认知规律,统筹农耕文化教育教学资

源,推动各地各校因地制宜组织开展主题教育活动,推动中国农民丰收节成为农耕文化教育的常态化实践载体,纳入各级党委政府丰收节庆工作重要内容。力争用3—5年时间,打造一批农耕文化主题教育实践基地和研学基地,形成一批实践教育活动品牌。《通知》要求涉农院校积极开展生产劳动、社会服务、职业体验等活动,推进产教深度融合。

劳动教育是帮助学生树立正确的劳动观点和劳动态度的重要方式,有助于让学生形成热爱劳动和劳动人民的优良品质。养成劳动习惯是德智体美劳全面发展的主要内容之一,劳动教育是中国特色社会主义教育制度的重要内容,其开展的水平直接决定社会主义建设者和接班人的劳动精神面貌、劳动价值取向和劳动技能水平。以"农耕、劳动教育"为核心的农业研学旅行将劳动教育与农庄研学旅行相结合,让学生在乡村之中亲近大自然,获得劳动技能,培养坚强品格。

(二) 以"科普、自然、环保教育"为核心的农业研学旅行

以科普教育为主题的休闲农业,主要以农业科学知识、农耕历史文化、生态环保理念和动手设计、农事体验为主题元素,充分利用农业种植业、养殖业、农产品加工业、农业生态环境及乡村民俗文化等资源来规划建设游学体验活动的休闲农业基地,以通俗易懂和趣味参与的方式普及自然科学、农业生产和生态环境知识。它不仅有着中小学生探究学习(研学旅行)与农业科普教育的功能,还具有集文化、生态、游学于一体的休闲功能,可以打造成中小学生及亲子家庭春游、夏令营、写生、摄影、农事体验等活动的实践基地。

通过农业科普教育加上研学旅行基地设计的寓教于乐方式,可以更多地传播自然及农业生产科学知识,弘扬科学精神,倡导科学方法,推广科学技术应用。

农业科普教育研学旅行基地对于我国农业科普教育及中小学生研学旅行具有积极的促进作用,也日益受到有关部门的重视和亲子游家庭这类受众的青睐,其市场可挖掘潜力非常之大。加强对以农业科普教育为基础的中小学生研学旅行基地的开发和建设,是强化我国农业科普教育与中小学生素质教育的重要途径,发展意义十分重大,是未来休闲农业发展的重点方向。

(三) 以"采摘、感恩教育、亲子研学"为核心的农业研学旅行

在市场的推动下,开始出现一些"农业＋教育＋旅游"模式的亲子农庄,中小学生研学旅行政策的出台更是催化了亲子产业的蓬勃发展。亲子研学通常和户外课堂、旅行相结合,鼓励家长与孩子通过共同的探索,去完成旅行前设定的学习主题。这其中,产业是基础,将产业做扎实,将产品做出特色,发挥产业优势,可以延伸开发出具有竞争力的体验课程;亲子研学的教育属性,也是其中的核心要素,应将生态资源精心设计、细致打磨,转化成完善的自然教育课程,为农庄研学旅行的发展打好坚实基础。

农庄里不仅有木头做的跷跷板、滑梯、马车,还有藤条编成的秋千座椅。此外,在前往农庄的路上,可以不时见到画着小鸡、小猪的指示牌,通过这些指示牌的引导,孩子们可以去树丛里找小动物。这如同童话故事里才有的乐园,孩子们却能在现实生活中见到并乐在其中。这就是农庄亲子研学旅行的魅力。

在农庄,小朋友们可以喂山羊、小鸡、小鸭子,还可以骑木马,可以尽情地释放童真天性;孩子们可以与家长共同体验劳动的快乐,体会家长的不易,学会感恩自然、感恩父母长辈,能够获得最深刻的道德教育。

农庄亲子研学旅行有政策、有目标、有内容、有市场、有需求,并可与乡村振兴之城乡融合、田园综合体等国家战略结合,未来的发展潜力十分巨大。

同时,亲子教育市场发展的空间也很大。2020年12月花妞妞自然园艺教育机构提供的相关数据显示,全国2亿4千万的青少年所带动的家庭数量极其庞大。孩子们在农场与大自然亲密接触,通过活动增强动手能力,在与自然的接触中,学会生存,认知自然。游戏互动可以拉近亲子之间的距离,既培养孩子的感恩意识,也让家长学会换位思考,从而让家庭关系更加融洽、和谐。

三、农庄亲子研学旅行开发模式

目前,农庄亲子研学旅行的开发模式主要有以下六种。

(一)租赁模式——亲子开心农场

通过这种租赁模式,城市儿童可以和父母一起体验农业生产、经营以及收获农作物的过程,享受农耕生活的乐趣。在德国,拥有或租赁一小块自由的土地,已成为继汽车、住房之后的一种新的财富象征。

(二)森林幼儿园模式——自然教育法

在德国,盛行面向3—6岁的幼儿园小孩的完全户外的"自然教育法",运行这种模式的幼儿园被称为"森林幼儿园"。在森林幼儿园里,传统的教室被葱郁的黑森林取代,孩子们整日在户外活动,观察动植物、燃篝火、爬树、做游戏、画画,想休憩的时候,孩子们就躺到由树桩和树枝做成的巨大"沙发"里。截至2022年8月,德国全境已注册的森林幼儿园约2000所,并逐步向英国、美国、日本等发达国家扩展。

(三)融合发展模式——"绿色假期"

意大利农业旅游是旅游业中的一支新兴的生力军,采用现代农业与教育、旅游、生态等融合的发展模式,被称作"绿色假期"。现代化的农业与优美的自然环境、多姿多彩的民风民俗、新型生态环境及其他社会文化现象融合在一起,成为一个综合性项目,使得整个农村成为一个"寓教于农"的生态教育农业园。

(四)乡村博物馆模式——历史大课堂

乡村博物馆是城市人缅怀乡村生活、农村当地人追忆往昔生活的场所,往往以一个特色突出的村寨为载体,通过静态的设施展示和动态的生活展示满足参观者猎奇的心理。

乡村博物馆模仿百年前的方式建造,陈列各种老式农宅建筑、农耕作业方式及农家生活景象,让游客感受农业生产与农家生活的变迁过程。馆内农业生产不使用现代设施,以畜力或人力耕种,用农场的树木制作木炭。

对于儿童来说，乡村博物馆是了解乡村生活变迁、区域历史沿革的体验基地；对于儿童父母来说，可以在这里追忆历史，给孩子讲授历史知识。

（五）乡村休闲娱乐模式

欧美农庄亲子研学旅行通过乡土化的休闲体验和趣味性的乡村娱乐活动，为消费者提供简单、有趣的乡村生活体验。在环境营造上，追求原汁原味，注重对自然景观、人文景观的保护，尽一切可能将旅游对自然景观的影响降至最低。在交通工具上，以步行为主，拖拉机、观光马车、小火车、自行车等是最常见的交通工具。在产品设计上，以简单化、原生态和趣味性为主，"玉米迷宫""稻草堆""小猪赛跑""牧羊犬赶羊"等都是受人青睐的农庄亲子研学旅行产品。

（六）农业创意节庆模式

在美国农业节庆中，有南瓜节、草莓节、樱桃节等创意节庆活动。在美国很多地区都有草莓节，北卡罗来纳州草莓节、田纳西州草莓节、加州草莓节、佛罗里达草莓节等农业节庆历史悠久、形式多样，包括草莓采摘品尝、副产品加工制作、"草莓女士"选举等娱乐项目，还有很多专门针对儿童和残疾人设计的娱乐项目。

四、开展农庄研学旅行的意义

在农庄里开展的研学旅行活动，可以让孩子们学到些什么？

（一）体验不同的生活方式

在农庄里，来自城市的孩子们可以感受到这个世界上还有一种生活，与土地更为贴近、更加自给自足、人工的痕迹更少。在农庄里，孩子们能体验到与自己常规认知中完全不同的乡村生活方式，开阔自己的眼界。

（二）与自然和谐相处

孩子们跳出城市的雾霾，在农庄里看到蓝天白云，闻到泥土芳香，听到阵阵虫鸣，漫步月光下的森林，感受与自然的和谐相处，让心境更加豁达。

（三）培养跳出框架的创造力

农庄里会举行各种手作活动，这些常常是城市孩子较少见到的，用到的都是真正的食物、劳动工具、建筑材料、植物、泥土等，这些要比积木、电子游戏更能激发孩子的想象力和创造力。

（四）提高把想象化为实际的动手能力

乐高不是满足儿童建设欲望的唯一工具。在农庄里，木条、石块、稻草，这些都是最基础的原料，需要更强的动手能力，孩子有很大的空间加工它们，充分动手将它们改造成自己想象中的样子。

（五）培养劳动能力

割麦子、扫院子、放羊、喂兔子等，可能是一些孩子平时根本接触不到的劳动，正是这些新奇的活动和劳动工具，能够让孩子对劳动提起更大的兴趣。

五、农业研学旅行发展现状

研学旅行的概念是在 2013 年由教育部提出的，2016 年教育部等 11 部门联合发布了《关于推进中小学生研学旅行的意见》，要求政府部门与社会力量积极配合，指导落实中小学生研学旅行。政策的发布促使全国各地研学旅行机构崛地而起，研学旅行也已从试点逐渐扩大至全国各省（直辖市），足以看出研学旅行的市场发展前景十分广阔。

其中，农庄研学旅行在实际操作中，更多是偏重于农业研学旅行。作为研学旅行的一个重要分支，无论是从素质教育的诉求还是从研学旅行的本质来讲，农业研学旅行都是研学旅行课程分类中的重要板块。

但实际上，目前市面上农业研学旅行课程较少，尚且没有达到国家规定的研学旅行课程标准，而真正具备成熟基地条件并受学生认可喜爱的研学旅行基地也是少之又少。目前的研学旅行基地和课程显然不能满足大量学生进行深度的农业研学旅行体验的需求，课程是所有研学旅行活动的统筹和灵魂，所以开发农业研学旅行课程就成为关键性问题。

在发达国家，农业研学旅行课程的开发走在了我国的前面。在我国，农业研学旅行课程开发仍处于起步阶段，目前研学旅行课程还未大范围走进中小学，政策的引导和支持还不够，可供借鉴的成功经验不多，趣味农业课程和科普农业课程的开发建设相对滞后。

农业研学旅行课程对学生学习农业知识、体验农耕文化发挥着关键作用，因此，积极运用我国丰厚的农业资源，开发农业主题研学旅行精品课程，对农业研学旅行的发展有重大作用。

六、农庄研学旅行课程开发与设计

旅行是载体，研学是内核，所以课程是农庄做研学旅行的核心竞争力。在课程设计上若把握住启发性、吸引力、社会性、关联性、体系化、地域性、时节性、更新性、娱乐性、多元化这十大属性，就会拥有一套非常优质的课程。

（一）农庄研学旅行课程设计要素

农庄研学旅行课程应包含目标、内容、师资、环境、安全五个要素，五位一体进行农庄研学旅行课程开发。

1. 农庄研学旅行课程目标定位

知识目标：与学科知识对接；让学生走出课堂，获取来自户外的知识；采取分组竞争、团队合作的模式。

素养目标：与各学科学习情境一致，让学生树立既要读万卷书，也要行万里路的理念。学生从学校的教学课堂上，获取与农业相关的理论知识，转身投入到农村农耕生活的体验上，用自己实践所思、所学、所想完成各教学课程布置的学习任务，培养实践和操作能力，真正做到知识从生活中来、学习到生活中去。

情感目标：农庄研学旅行课程秉持以德为先、以德为本的教育理念，注重发展学生的"德性"，在广袤农村大地上为中华民族培养一大批德才兼备的人才。

2. 农庄研学旅行课程内容

提前进行现场踩点设计，踩点工作包括研学旅行地点的整体活动流程安排、各项研学旅行活动的时间、休息就餐需要的时间、研学旅行项目的费用、研学旅行场地的安全问题等。

踩点调研中，由本项目成员拍照记录研学旅行课程的关键信息，与研学旅行基地的研学导师沟通，了解并记录研学旅行地点的历史文化、民风民俗，对当地农户进行深入访谈。

农庄研学旅行课程的内容应按照不同学段进行划分。学生处于不同学习阶段，其学习目标、学习能力和知识储备等都有较大不同，所以研学旅行的课程内容和教育方式要根据学生的学段进行选择。

3. 农庄研学旅行课程导师匹配

农庄研学导师不单指指导学生学习农庄研学旅行课程的专家学者、农业专业的大学生、讲解导游，还包括在研学旅行过程中管理学生生活起居、帮助和保护学生、带领学生开展农业活动的户外领队。

在研学旅行过程中可以让当地留守老人加入进来，以雇佣的形式来邀请具备一定技能的留守老人担任活动讲解，其余留守老人参与互动游戏。

4. 农庄研学旅行课程环境配置

农庄研学旅行活动依托当地现有农业实践基地，如文化展览厅、农业创业园、高校、农业庄园、革命纪念馆，根据具体研学旅行课程按比例设置随行人员，根据研学旅行环境状况开展适合学生的研学旅行活动。

同时推动当地的农产品销售，在加强学生农业知识学习的基础上，为农民创收、农村改革注入活力，拉动农村研学旅行基地与农庄研学旅行路线进一步发展。

5. 农庄研学旅行课程安全保障

出行前统一订购保险，反复检查出行车辆，严格调查用餐、住宿的相关情况，与有安全保障的食宿机构签订责任合同，确保合同具有法律效力。

研学旅行团队配置专门的随行安全员，除此之外，配置队医全程陪护。每次活动开始之前主讲教师应对集体强调安全事项，领队教练应视年龄段给予学生相应的活动帮助。

（二）农庄研学旅行课程开发模式

目前主流的课程开发模式是校企合作开发模式。这样既能够满足学校的研学旅行需求，做到定制化，保障在研学旅行高峰期学校拥有充分的资源开展研学旅行活动。同时，也能够充分发挥企业的创新性，弥补初期建设阶段企业难以负担高额的建设费用的不足。因此，学校要与开发研学旅行课程的企业之间形成分工协作、相互配合的开发模式。由学校、教育机构来提出研学旅行目标及一些具体要求,研学旅行企业由此来定制研学旅行课程并收取相关费用,两者分别把握产业上下游,不仅节省了人力物力资源,还提高了工作效率,提升了研学旅行品质。

(三)农庄研学旅行课程价值

1. 经济价值

研学旅行课程与服务的盈利来源主要分为课程输出、课程执行收入和农产品网络销售收入三方面,每一方面都可以展开广泛创收,实现全面深度盈利。

定制研学旅行线路可以实现顶层创收,课程设计不仅可以实现将产品自主投入市场,直接实现盈利,还可以承包给相关研学旅行机构、教育机构,收取设计费用、服务费用或按一定比例抽取活动利润。在产品直接投入市场的过程中,可以产生会员年费收入、外派教练执行收入、课程衍生品售卖收入。在推广宣传过程中,可以出售研学旅行视频、研学旅行照片,通过在抖音、快手等网络平台赚取利润。

2. 社会价值

①实现乡村振兴与精准扶贫。深入贫困、偏远的农村地区,依托当地农业资源发展特色体验式农业研学旅行,联合当地旅游部门以及其他管理部门,整合当地旅游资源,在为农村地区带来研学旅行创收的同时,完善相关基础设施建设,双向带动乡村振兴与精准扶贫。②重温红色经典,传承农业文明。红色经典文化是中华文化不可缺少的重要组成部分,开展趣味性、体验性高的主题研学旅行活动以激发学生学习兴趣,结合学校课程实现内外互补、相互促进,从而推进素质教育改革,有利于塑造学生的农业情怀和大国情怀。③改善农村社区管理结构。在经济利益得到有效保障的基础上,村民更乐于接受先进改革思想,活动可以带动当地留守老人参与并实现再就业,提升人们对留守老人这一特殊群体的关注度,体现社会主义人文关怀,相应的村级福利保障制度也可以得到发展。

延伸阅读

延伸阅读 10

第二节　研学旅行实践基地

如今,我国各省、自治区、直辖市的研学旅行实践基地建设已初具规模,其中,北京市研学旅行实践基地数量位居第一。各地在结合自身资源优势的基础上推出了各类具有地域特色的研学旅行实践基地。根据中国教育部 2017—2018 年公布的"全国中小学生研学实践教育基地"名单可知,研学实践教育基地分为优秀传统文化类、革命传统教育类、国情教育类、国防科工类、自然生态类五大类型,其中,国防科工板块占比 33.4%,为五种类型中最高,自然生态板块占比 13.1%,为五种类型中最低。在本节内容学习中,我们将掌握研学旅行实践基地的概念及其与研学旅行实践营地的区别,了解实践基地的建设及其当前面临的挑战。

一、研学旅行实践基地概念辨析

（一）研学旅行实践基地

研学旅行实践基地主要指各地各行业现有的，具备适合中小学生前往开展研究性学习和实践活动的优质资源的单位。该单位须结合自身资源特点，已开发或正在开发不同学段（小学、初中、高中）、与学校教育内容衔接的研学旅行实践课程。研学旅行实践基地应同时满足以下两点条件。

1. 包括一个及以上的下列主题板块

（1）优秀传统文化板块。包括旅游服务功能完善的文物保护单位、古籍保护单位、博物馆、非遗场所、优秀传统文化教育基地等，能够引导学生传承中华优秀传统文化核心思想理念、中华传统美德、中华人文精神，坚定学生的文化自觉和文化自信。

（2）革命传统教育板块。包括爱国主义教育基地、革命历史类纪念设施遗址等，引导学生了解革命历史，增长革命斗争知识，学习革命斗争精神，培育新的时代精神。

（3）国情教育板块。包括体现基本国情和改革开放成就的美丽乡村、传统村落、特色小镇、大型知名企业、大型公共设施、重大工程等，能够引导学生了解基本国情及中国特色社会主义建设成就，激发学生爱党、爱国之情。

（4）国防科工板块。包括国家安全教育基地、国防教育基地、海洋意识教育基地、科技馆、科普教育基地、科技创新基地、高等学校、科研院所等，能够引导学生学习科学知识，培养科学兴趣，掌握科学方法，增强科学精神，树立总体国家安全观，树立国家安全意识和国防意识。

（5）自然生态板块。包括自然景区、城镇公园、植物园、动物园、风景名胜区、世界自然遗产地、世界文化遗产地、国家海洋公园、示范性农业基地、生态保护区、野生动物保护基地等，能够引导学生感受祖国大好河山，树立爱护自然、保护生态的意识。

2. 具备承接中小学生研学实践教育的能力

能够结合单位资源特点，设计开发适合小学、初中、高中等不同学段学生、与学校教育内容相衔接的课程和线路；学习目标明确，主题特色鲜明，富有教育功能；有符合中小学生需求的专业讲解人员及课程和线路介绍。

（二）研学旅行实践营地

研学旅行实践营地主要指具有一定规模的，具备承担中小学生研学实践教育的活动组织、课程和线路研发、集中接待、协调服务等功能的，能够为广大中小学生开展研学实践活动提供集中食宿和交通等服务的单位。研学旅行实践营地同时应满足下列条件。

1. 基础设施健全

房建、水、电、通信等基础设施配套齐全，环境整洁、卫生良好，能够正常安全运行，有一定活动场所，能够同时接待 1000 名以上学生集中食宿。

2. 管理机构完备

有健全的管理架构与管理组织，能够落实专门机构负责中小学生研学实践教育工作;具备全面的工作流程与应急处突、日常运营、管理维护等制度,日常运转经费来源相对稳定。

3. 教育资源丰富

单位周边有若干研学实践教育基地或教育资源,能够满足学生2—5天研学实践教育活动需求。研学实践教育课程和线路设计科学,有多个不同主题、不同学段(小学、初中、高中),且与学校教育内容衔接的研学实践课程和线路,能够实现中小学研学实践教育活动的育人目标。

4. 师资队伍强大

教练、领队、培训师团队的业务能力较强,有从事研学实践教育工作的专职队伍,能够设计规划课程和线路,能够组织中小学生集体实践,开展研究性学习,促进书本知识和生活实践深度融合,落实立德树人根本任务,促进学生培养和践行社会主义核心价值观。

总体上,研学旅行实践营地更注重接待功能,主要是食宿方面;研学旅行实践基地则更注重立足自身资源开展更为个性化的研学旅行课程。两者可以分别承担研学功能,也可以组成周期更长、类型更加丰富的研学旅行产品。

二、研学旅行实践基地面临的挑战及应对举措

(一)挑战

研学旅行属于综合实践课程,研学旅行的推出也大大丰富了实践基地的课程类型,研学旅行概念火热的今天,部分综合实践基地纷纷开启研学旅行课程,但因为认识不足,出现了显著的问题:综合实践基地受研学旅行课程开展的影响,其综合实践课程的课时在慢慢减少,出现了"空心化"的情况,综合实践基地原本承担综合实践课程的功能在减弱。

(二)举措

1. 应该明确自身功能定位

①综合实践基地承载的综合实践活动功能不能丢。要继续强化、聚焦综合实践基地的本位,开发一批优秀的综合实践课程,办出差异化和特色。②继续加强与学校的沟通和衔接。让综合实践课程真正成为校内学科课程及综合实践活动的补充。③明确研学旅行实践任务与综合实践课程的实施要求。研学旅行符合综合实践活动的基本理念和特征,在实施时,不仅要体现其实践性特征,也要体现自主性、开放性、生成性特征。

2. 立足综合实践课程特点开发研学旅行课程

基地综合实践活动应与研学实践活动在内容上有所衔接、在层次上有所递进。可以将基地的既有课程作为研学实践活动的前置课或延伸课,让学生在基地的学习过程中体会到一个连贯的、成体系的主题课程。

充分挖掘具有不同地域特色的教育资源,将美丽的自然风光,丰富的历史文化遗产、红色教育资源、综合实践基地、工矿企业,以及知名院校、科技馆等场所作为让学生亲近自然、开阔眼界、增长知识、了解国情的载体,进行研学旅行课程化的设计。

（三）研学旅行实践基地课程资源开发

研学旅行是一种新型的综合实践课程，也是一种培养学生综合素质的教育形式。学生从校内相对单一的教学空间，进入校外丰富的社会空间、自然空间，其身心的应激模式与在校内空间是完全不一样的。校内教学犹如驾校学车，校外教学犹如驾车上路，这空间的转化，会让学生产生具有很大区别的感受。因此，校外研学旅行实践基地要针对变化采取针对性的改变，不能把研学旅行实践基地作为简单的校外课堂对待，否则会失去研学旅行本身的效果和价值。

反观如今国内诸多的研学旅行教学，大多存在着缺乏课程设计的问题，难以将研学旅行实践基地的资源充分地挖掘与利用，因此，开发研学旅行实践基地的课程资源，需要注重以下三点。

1. 搞好学段对接

研学旅行实践基地可以分为两类，第一类是专门为研学旅行打造的研学旅行实践基地，第二类是具备开展研学旅行条件的景区、机构、企事业单位等。第二类研学旅行实践基地在承接研学旅行的过程中，首先要把握研学旅行活动的特点，然后进行有针对性的改造提升。群体特殊、性质特殊、过程特殊、意义特殊是研学旅行的四个特点。

（1）群体特殊。研学旅行的受众是中小学生，与一般游客不同，他们在心理和生理方面都需要被特殊对待，如身体活力无限，但又容易受伤；探索欲强，但缺乏辨别危机的意识。

（2）性质特殊。研学旅行是教育和旅游融合的一种新形式，被纳入中小学教学计划，属于综合实践课程，所以研学旅行的重点应在于研学，而非旅行。

（3）过程特殊。作为一种校外教育形式，研学旅行的活动过程需要兼具活动、教育、趣味、体验，过程中需要教材、执行手册、导师手册、考核评价等配套内容。

（4）意义特殊。研学旅行是促进旅游消费，带动旅游人气，促进旅游产业振兴的有力推手，研学旅行的开展，具有非营利性质，公益的特点明显，由于研学旅行的社会关注度较高，除了能给研学旅行实践基地带来可持续发展的经济效益，还能推动景区的宣传与营销。

研学旅行实践基地需要针对这四个特点，做好分年龄、分学段的准备，在规划设计中，充分考虑不同年龄学生的差异，做好软硬件配套、课程教材配套，实施分段教学。

2. 挖掘特色资源

任何一个研学旅行实践基地的资源禀赋都是有所侧重的，如侧重于自然、科技、人文历史等，不论是单一型资源还是综合型资源，研学旅行实践基地都需要对其资源进行深度的挖掘与研究，提升其内涵和品质。如果想要更好地承接研学旅行活动，研学旅行实践基地要从以下几方面提升自身的资源优势与竞争力。

（1）独特性。"人无我有，人有我独。"这里的独特性是从教育角度体现的独特性，不是一般意义的旅游资源独特性，一些旅游资源并不适合与教育资源相匹配，如宗教景点、具有争议的近现代历史文化景区，因其无法与教学内容相配套而不适合开展研学旅行活动。

（2）典型性。研学旅行实践基地的研学旅行资源类型具备这一类型的标准形式，同质化的研学旅行实践基地往往有很多,所以学校和研学旅行机构一般会选择具有典型性特征的研学旅行实践基地,因此,这就要求致力于开展研学旅行的基地将资源进行典型化打造。

(3)知识性。研学旅行实践基地的研学旅行资源要体现知识性和教育意义,从自身的主题出发,挖掘资源的知识性内涵,一个具有知识价值链的景区,往往具有更为优越的开展研学旅行的条件。

(4)系统性。研学旅行实践基地资源的不同层次、不同环节、不同因素围绕一个或若干个主题进行有机的衔接和整合,其资源分为有形资源和无形资源,资源与资源之间需要一个主题来进行串联和引领,从而将所有资源整合为一个可高效利用的系统。

3. 实现立体呈现

研学旅行实践基地的资源打造模式不应只侧重于某一个方面,如只侧重实践性、体验性、趣味性而弱化知识性、学术性特征,反之亦然。研学旅行实践基地的资源打造模式,应是兼而有之、多者兼顾的模式,从情感、知识、器物三个方面去构建完整的研学旅行课程资源体系。

情感,也可以衍生为理想、信念、价值观等,研学旅行不仅要让学生增长知识,还要注重培养学生对于世界的整体感知和学生的全面素养,在"行万里路"中,让学生形成更为健全的世界观、人生观。

知识,指知识性的探求,或是学术性的探究。校内教育是书本知识的教育,学生学习的方式较为单一,因此,如果说学校教育靠的是大脑,那么校外的研学旅行教育则主要通过身体来进行认知,也可称为具身化认知,通过身心全方位地感知来获取知识。所以,研学旅行实践基地资源需要进行合理的规划打造,遵循具身化认知的特点,多方位、多渠道地呈现给学生全面的研学内容。

器物,指研学旅行实践基地中可供中小学生研学的资源,多指有形的资源,如文物、建筑等。以有形资源为载体,充分展示、挖掘其中的文化内涵和教育价值,将资源中所承载的科技、礼制、民俗、哲学内容供学生更为直观地学习和体验。通过直接接触,学生学习到更深刻、更直接的道理,研学旅行变得更为印象深刻。

三、如何进行研学旅行实践基地建设

(一)精准统筹研学旅行实践基地建设要素

研学旅行实践基地的建设主要围绕资质条件、基础设施、研学旅行课程、安全管理、专业人员、服务质量等要素进行。我们将其分为选址、硬件设施和软件设施等方面逐一阐述。

1. 选址

安全是研学旅行实践基地选址应首先考虑的因素。同时,选址应符合国家和地方对自然环境、文化、历史及资源保护等方面的要求,综合考虑以下因素:

(1)发生自然灾害的可能性。
(2)各类污染源的潜在影响。
(3)交通的安全性与便利性。

(4) 实现紧急救援或及时应对突发事件的可行性。

(5) 水、电、通信等基础设施；可依托的自然资源、历史资源、文化资源等。

(6) 所在地周边的社会人文环境。

2. 硬件设施

为满足研学实践教育活动开展的需要，研学旅行实践基地应至少建有以下硬件设施：

(1) 基础设施。应配备与研学旅行课程相适应的基本硬件条件，如必要的围界，能源、动力的供给设施等。

(2) 教育设施。应配备适宜的教学设备、教材教具与场地空间等。

(3) 游览设施。应设置必要的游览步道，公共休息区及必要的导览、提示标识等。

(4) 配套设施。主要包括接待、区间交通、通信、监控、餐饮、住宿、安全、医疗、卫生等方面的设施。

(5) 应急设施。应配备适宜的应急装备、器材、逃生通道等。

3. 软件设施

为保障研学实践教育活动高效地进行，研学旅行实践基地应建好以下软件设施。

(1) 研学旅行实践基地应确定研学旅行实践所需的岗位及其能力要求，确保配备数量充足、能力胜任的从业人员；应采取培训或其他措施，确保相关人员胜任其岗位；应确保有犯罪记录、有精神病史、有吸毒史的人员不能从事与研学实践活动直接相关的工作。

(2) 有针对性地开发设计研学旅行课程、研学旅行线路及其他相关研学旅行项目。研学旅行实践基地可以开展课程和师资方面的商业合作，如引进合作机构入驻，以及将课程和师资纳入研学旅行实践基地的课程体系，由研学旅行实践基地统一营销。

4. 管理运营

研学旅行实践基地应设置实现管理目标所需的职能部门、规章制度、业务流程等，定期对所建立的管理体系进行检查与评审。明德未来营地科技有限公司的董事长王京凯认为运营高效的基地应建立"一文化、一后台、三中心"的运营架构。"一文化"，是指基地要形成自己独特的基地文化，它的文化内涵一般与其研学旅行主题有关。"一后台"，是指基地要建设有力的管理后台，主要包括行政管理和后勤物业管理。"三中心"，是指基地要具有高效运转的教务、营销、后勤三个运营中心。

5. 安全保障

研学旅行实践基地应建立安全管理机制，明确落实安全责任；应制定相关的安全管理制度以确保研学旅行服务的安全提供；应开展适当的内部和外部的安全教育，提升全员的安全意识，外部安全教育与沟通的对象应包括学生、学校、研学旅行机构、旅行社等；应根据所识别的重大风险如地震、火灾、食品卫生等突发情况制定应急预案；应考虑到与安全有关的潜在风险，定期及不定期系统识别、评估研学旅行服务各环节中的相关安全风险，采取适宜的措施，持续降低安全风险。

(二) 实现研学旅行实践基地多重功能

研学旅行最理想的实践基地应满足学生教育、体验、审美的多重需要，能为学生提供学、游、行、吃、住等多项服务,具备教育与游览、校园与景区的多重功能。

(1)教育功能:研学旅行实践基地应开发设计有各种主题的研学旅行课程、研学旅行线路,建设满足各种主题实践活动需求的场馆,满足交流讨论需求的活动教室、会议室、多功能厅、展示厅,有条件的研学旅行实践基地还可以配备运动场、拓展营等设施。

(2)接待功能:研学旅行实践基地要具备接待能力,能够满足学员在基地学习生活期间的住宿、餐饮需求。在住宿方面,要注重宿舍环境的干净卫生,保证住所的舒适性,做到及时清洗、勤换备品,另外也要充分保障学员的个人隐私与人身安全;在餐饮方面,不仅要满足学员的基本需求以及保障饮食安全,而且食物要具备当地的特色与风味,有条件的研学旅行实践基地可以组织学员共同制作美食。

(3)休闲功能:有些研学旅行实践基地依托风景秀丽的景区而建,既有景区的优美环境、公园的休憩设施,又有校园的文化氛围,既能很好满足学生成长过程中的审美需要、身心愉悦需要,又让学生在研学旅行过程中获得了教育、享受了美好时光。

第三节　研学冬夏令营

随着人们生活水平的不断提高和教育观念的逐渐转变,研学冬夏令营作为教育功能的延伸,越来越受到青少年及其家长的喜欢,成为大多数家庭和青少年假期的重要选择,对促进孩子身体、心理、社交及精神等各方面的成长起着非常大的作用。通过本节内容学习,我们将明确研学冬夏令营的基本概念,熟知研学冬夏令营可分为励志类、学术类、探险类等几大类,通过延伸阅读了解国外的冬夏令营活动,结合案例探讨开展研学冬夏令营活动的目的。

一、研学冬夏令营基本概念

研学冬夏令营,又称游学(Study Abroad),是世界各国、各民族文明中最为传统的一种学习教育方式。《圣经》中记载的东方五学士祝贺耶稣诞生的故事,和意大利旅行家马可·波罗在中国的游历,都透露出古代东西方游学交流中所蕴含的丰富信息。而中国民间自古以来就非常重视国际冬夏令营对人格养成和知识形成的重要作用,孔子率领众弟子周游列国,增进弟子的学识,培养弟子的品质,开阔弟子的眼界。"读万卷书,行万里路",更是中国传承至今家喻户晓的教育古训。具体来说:

研学夏令营是暑假期间为儿童及青少年提供的一套素质教育活动,寓学习于娱乐,具有一定的教育意义。不同种类的研学夏令营提供不同种类的活动,大多数的研学夏令营是由教育机构所赞助的,然而现今越来越多私人单位也在举办营地活动。

研学冬令营是指在寒假期间组织的、多人一起旅游和训练的活动,可以磨炼参加者的意志,训练参加者的野外生存技能,锻炼和发展参加者的人际关系。近几年来随着研学冬令营的逐渐兴起,越来越多的家长选择在寒假把孩子送往营地。

延伸阅读11

二、开展研学冬夏令营的目的

（一）培养孩子的自主意识

中国过往的应试教育，在培养孩子知识水平方面的作用是非常强大的。中国孩子的数学水平、逻辑分析能力，与世界其他国家同龄孩子相比，更为优秀。但有利就有弊，应试教育制度下培养出来的孩子，缺少自主意识，缺乏创造性。而独立的思考能力、果断处理问题的能力，以及具有个性的创造思维，对孩子的成长同样十分重要。

研学冬夏令营的作用在于让家长和孩子暂时分开，每个家庭都可以利用这个机会尝试改变生活方式。事实上，离开家是孩子学会独立的最大推动力。

（二）训练孩子的沟通能力

应试教育往往存在重智商偏情商的情况，让孩子将大部分精力放在文化课的学习上，而忽略了孩子的沟通能力以及语言表达能力的培养。事实证明，在孩子长大成人走上社会后，良好的沟通能力不仅仅可以帮助其取得事业上的成功，更能增加其自身的幸福感。但这种能力仅靠书本知识学习是无法获得的。

参加研学冬夏令营，在大环境中，孩子得到了充分的话语权，并作为独立的个体得到了尊重。与同龄孩子相处，和不同的风土人情接触，孩子的语言表达能力会得到锻炼，沟通能力也会有大幅度提高。

（三）走出虚拟，增强孩子的现实感

当今孩子的现实感非常弱，他们从小到大接触的一切现实事物似乎都被替代了，他们只知道好好学习，同时学校很少给孩子提供参加实践的机会。孩子大部分时间在现代化的电脑世界里学习、生活，现实感很弱。他们在虚拟的世界里感受真实，在真实的世界里却有虚拟感。所以孩子们需要换一个环境，在自然中、在集体中、在研学旅行中进行更多的真实体验。

（四）实现寓教于乐

寓教于乐的倡议在中国教育界由来已久，如何寓教于乐，通过什么途径实现寓教于乐是教育学家一直在思考的问题。玩是孩子的天性，那么能不能在玩的过程中学习到知识？能不能在玩的过程中培养良好性格？答案是肯定的。

当然这个"玩"绝不是传统意义的"玩"，而是一门专业的学术，要处于特定的环境之下，要有掌握方法的导师带领。而这一切通过研学冬夏令营就可以实现。

三、研学冬夏令营分类

（一）励志类

励志类研学冬夏令营，让孩子在活动中得到与在家庭和学校中不同的锻炼和经历，

让孩子的综合素质得到提高。比如,可以通过哥哥姐姐丰富的学习经验带动弟弟妹妹学习的进步,让孩子找到适合自己的学习方法。此外,可以通过参观著名大学,激发出孩子的斗志,激励他们不断努力向前。

(二)学术类

以学生升学辅导为主题的学术类研学冬夏令营通常针对初高中生,为期四周左右。高中生不仅可以预先体验大学课程以及学校生活,打消对于之后学习生活的恐惧,还可从讲座中了解上大学所需的准备工作,让高中生树立更加明确的目标,同时也能够为学校提前培养一批种子学员。

(三)探险类

探险类研学冬夏令营可以以环保为主题开展活动,如研究海洋生物的生存状况;也可以学习生存技巧和进行能力训练,如打猎、冲浪等;还可以开展特工等主题活动。不同的挑战难度适用于不同年龄段的参与者,6岁及以上的参与者都可找到适合自己年龄段的项目。

(四)艺术类

艺术类研学冬夏令营的内容与电影、音乐、传媒等方面相关。成员可根据兴趣选择活动,这些活动主要是以培养兴趣为主,通常针对10—16岁学生。在此类冬夏令营开展的活动中,学员可以观看或参与艺术创作,从而培养艺术素养与创作能力,拓宽视野与思维。艺术类研学冬夏令营可以与影视、文创产业等项目相结合,充分利用艺术资源。

(五)科技类

科技类研学冬夏令营的活动主要围绕科学素养的培养而展开。既有以电子信息技术为主的,如设有网络游戏设计、手机应用开发、无人机操作等项目可供选择的研学冬夏令营,7—17岁学生均可参加;也有以博物馆、科研院所为依托开展的实验类、研究型的研学冬夏令营,学生们可以了解到基础科学、前沿科技的奥秘,培养科学思维。

(六)体育类

体育类研学冬夏令营的内容不仅涵盖了各项体育运动,如足球、篮球、网球、游泳等,而且包括啦啦队主题夏令营、飞行主题夏令营等刺激的活动。与以往的课外兴趣培训不同,体育类研学冬夏令营的时间周期长,学习体系更加丰富和系统,同时这也成为国家队、省队选拔优秀队员的一个途径。

(七)军事类

军事化的活动、训练与挑战,以及全方位、立体化、直观性的研学冬夏令营交流活动,可以使学生更深刻懂得担当、忠诚、向善的意义与价值,树立报效祖国、无私奉献的人生理想。尤其是思想品德和军营生活的养成教育,能够引导学生树立敢于面对困难和战胜自我的决心与斗志。

（八）心理类

心理类研学冬夏令营以培养和促进孩子心灵智慧的成长为目标，通过专业而精彩的课程设计、良好的教学条件、优秀的师资、贴心的组织服务，排解孩子日常学习生活的压力，引导孩子树立健康的心理观念、积极正向面对自己的人生。这类研学冬夏令营的开展，给儿童及青少年素质教育培训领域提供了丰富的选择。

（九）素质拓展

优秀的研学冬夏令营为孩子们提供拓宽视野、锻炼意志品质、培养优良习惯、挖掘心理力量的机会，并让孩子们在团队中磨炼、在磨炼中体验、在体验中成长、在成长中感恩、在感恩中励志、在励志中收获。

就现阶段而言，研学冬夏令营课程分类的界限并不明显，拓展游戏的应用非常广泛，所以说，从业者如果可以掌握大量的拓展游戏，那么就可以让其课程变得更加多元化。

四、研学冬夏令营课程内容设计原则

（一）时间适度

家长更容易接受 7—15 天的时间长度。一方面，如果时间过短，则达不到家长的预期，孩子也不尽兴；另一方面，如果时间过长，家长往往会担心孩子的安全问题，而且在职家长也很难有这么长的假期一同参与，孩子也会产生抗拒心理。

（二）控制人数

课程主题不同，所需人数往往也会不一样。一般 8—12 人为一个小组，每组 1—2 名教练或教师，负责保障组内学员的生活起居与活动的参与效果。一期研学冬夏令营课程的人数控制在 50—80 人为宜，若人数过多，可以分多期开展活动。

（三）明确课程主题

课程的主题一定要明确，并且所有的活动内容都要围绕这个主题来开展。如果课程的主题过于分散，学员难以抓住核心，学习结束之后也难以对其日后的学习生活产生影响。课程的主题可以依托现有的资源来设定，可以是军事、乡村、英语等，活动的设置、场地的安排、日程的设计等各个环节，都要与该主题相匹配。如此，也有利于日后对该课程进行更新迭代，以及使该课程与其他课程相区别。

（四）挖掘兴趣点

在决定是否参加研学冬夏令营活动上，虽然家长拥有决策权，但真正参与体验的是孩子，所以，课程的安排要充分考虑到孩子的兴趣点，可以是孩子在课堂上学不到的知识和技能，也可以是孩子平常无法体验到的经历。

（五）体现专业性

在课程的操作层面，不仅应该规范和细致地设计流程，反复总结经验，定期对课程内容与环节进行更新迭代，而且要依据学生的年龄、特质、学校等因素进行内容的定制；在教练和教师层面，也应该是经过专业、系统的培训的，除了课程知识内容要扎实掌握，应急应变、矛盾处理、倾听倾诉、伤口处理等技能也应该充分具备，这样才能真正让孩子们有所收获，为孩子们保驾护航。

（六）保障安全性

研学冬夏令营课程的安全性主要包括交通安全、防火安全、用电安全、饮食卫生安全、住宿安全等。出发之前务必要调查学员的身体健康状况，成立专门的安全小组，负责统筹和监督安全管理工作。在非全封闭式的营地，晚上应该安排教练轮流值班。

第四节　团队拓展训练基地

团队拓展训练不仅满足了旅行者最原始的休闲、放松的需求，而且使旅行者的体能和心理素质在训练中得到锻炼，使旅行者得到身心的体验并获得发展。通过本节内容的学习，我们可以了解团队拓展训练基地的分类以及团队拓展训练基地中开展的一些较为经典的项目。随着团队拓展研学旅行资源的开发，团队拓展训练基地的建设也不可忽视，因此，还须学会当团队拓展训练基地建设遇到困难时应采取的应对措施，来助力团队拓展训练基地的进一步发展。

一、团队拓展训练基地概述

团队拓展训练是借助于精心设计的特殊情境，以户外活动的形式让学生进行体验，从中感悟出活动所蕴含的理念，通过反思获得知识，从而改变行为，实现可趋向性目标的一种教育模式。

团队拓展训练作为一种体验式学习模式，是根据学习型组织理论开发出来的、针对现代人与现代组织的、全新的学习方法和独特的培训方式；起源于第二次世界大战对盟军海员的训练，现已成为一种国际潮流的培训方式；通过精心创设的一系列的团队活动，让学员在训练中感悟人生，理解勇气、突破、责任、团队等概念。团队拓展训练是融管理训练、心态训练、人格训练、心理训练等为一体的培训、教育方式。一般设有各种拓展训练项目，以锤炼学员的综合素质；还关注学员的心理训练及活动体验，培养学员与他人沟通、合作的能力；还有与学科知识相关的体验项目，以激发学员的科学探索精神，让学员在玩中学、在学中玩，玩出名堂，学出名堂。

团队拓展训练基地的训练课程构建了体验式教学模式，以学员体验、经验分享为主要教学形式，打破了传统的教学模式，吸收借鉴了国外先进的经验，同时注意适应中国人的心理特性与接受风格，将大部分课程安排在户外，精心设置了一系列新颖、刺激、"让人困惑"的情景，让学员主动去体验、去解决问题。学员在体验的过程中，心理受到挑战、思想受到启发，通过共同讨论总结，进行经验分享，在经验分享中锻炼语言表达能力，提升综合素养。

二、团队拓展训练基地分类

（一）野外自然的团队拓展训练基地

野外自然的团队拓展训练基地利用纯天然的自然环境，如自然风景区、密林、竹海、水域、空旷的草坪、山体岩壁等，开展团队拓展训练活动。野外自然的团队拓展训练基地的用途非常广泛，并且成本相对较低，但进行体验式训练前，学员必须熟悉基地的特点，注意对野外生存技能和知识的运用，以便于能够安全、顺利地操作。利用野外自然的团队拓展训练基地开展的团队拓展训练课程有野外拓展、溯溪、扎筏泅渡、野外定向、音乐辅导、破冰与热身、攀岩、速降、沙盘模拟和军事野战等。

（二）人工建造的户外团队拓展训练基地

人工建造的户外团队拓展训练基地是指为了开展团队拓展训练专门修建的户外拓展训练基地，一般分为钢架结构、木质结构、混凝土结构和土方结构四种。当前比较流行的户外团队拓展训练基地有高空架、攀岩墙、逃生墙、军事野战战场、军训营地等。

（三）人工建造的室内团队拓展训练基地

人工建造的室内团队拓展训练基地是指团队拓展培训公司利用室内环境开展团队拓展培训的基地，一般多见于宾馆、教室、会议中心、度假村等。该类型基地的特点是能够根据需要设置多媒体设备，比较适合沙盘模拟、急速六十秒、音乐治疗、室内破冰和桌面游戏等课程的开展。

三、团队拓展训练经典项目

户外团队拓展训练项目繁多，在不同的季节，依据青少年的年龄段选择适合的户外团队拓展训练项目，使青少年在完成活动的过程中认识自己，不断提高自己的能力，不断挑战自己，从而提升青少年对团队协作的认知，培养集体荣誉感。

（一）信任背摔

挑战者站在高台上向后平躺在由队友手臂组成的安全网中。通过这样的活动增强学员挑战的勇气，同时发扬互帮互助的团队精神，培养学员换位思考的意识。

（二）蛟龙出海

团队所有成员站成一排，面向一侧，将每两人相邻的脚用绳子绑起来，成员们在教练的引导之下共同前进，完成各项任务。通过这样的活动，考验团队成员的协作意识。

（三）毕业墙

要求学员在不借助任何外力的情况下，利用人肉梯爬上 4 米高墙。这样的活动可以培养团队成员同心协力、抛弃个人观念、以团队精神为重、共同完成一个目标的信念。

（四）穿越电网

团队所有成员站在一个蜘蛛网绳的一侧，通过数量有限、大小不一的网口，在不能触网的规则下，通过网口将团队所有成员输送到网的另一侧。这样的活动可以充分体现团队成员的领导力、沟通协调能力、工作的计划性与严谨性、控制时间与效率的能力、有效利用资源的能力，以及在规定时间内调动各种资源解决问题的能力。

四、团队拓展训练基地建设的必要性

青少年是目前团队拓展训练基地比较常见的参与人群，青少年尚处于人生观、价值观不成熟的阶段，可塑性极强，同时具有个性突出、自我约束力不强、逆反心理很强等性格特点。在传统教育中，教师和家长的说教很难改变青少年的固有观念，这也是传统教育方式在思想教育方面较薄弱的环节，而团队拓展训练突出的是体验式学习，强调的是"感受"学习。

团队拓展训练并非体育加娱乐，而是对传统教育的一次全面提炼和综合补充。学生通过团队拓展训练参与实践，获得有关客观事物的变革和感知的直接经验，培养手脑并用的实际操作能力。团队拓展训练具有途径多样、形式灵活、内容丰富等特点，使学生增长知识、锻炼身体、陶冶情操，通过师生间、学生间的教育性交往，把教师单向传导的教学过程转为师生共同合作，从而使学生受到教育、获得知识。

青少年参加团队拓展训练可以改善身体素质，增强体力和免疫力；克服心理惰性，磨炼战胜困难的毅力；增强团队合作的意识，增进对集体的参与意识与责任心；改善与其他同学、家长、教师之间的人际关系，学会关心、懂得珍惜、感恩，学习和体验高效的沟通模式，从而与群体更为融洽地合作。此外，内向的孩子可以通过参加团队拓展训练提高自信，突破思维定式，开发自身潜能。

五、团队拓展训练基地建设面临的挑战及发展对策

（一）挑战

1. 缺乏必要的行业规范

目前，国内几乎没有与团队拓展训练相关的管理部门，对于团队拓展训练的行业规范也没有明确的法律法规，导致在团队拓展训练的过程中出现一些问题时，没有具体的指导意见与协调单位，使得团队拓展训练基地的建设缺乏必要的行业支持与法规约束。国内自 1995 年团队拓展训练开启以来，尚未出台国家级标准或行业普遍认可的标准。

2. 人才机制不健全

素质拓展训练进入国内的时间较晚，缺乏经验丰富且理论基础扎实的教练队伍，而

团队拓展训练项目的开展需要多名团队拓展培训师分工合作,导致当前面对着大量的团队拓展训练需求,教练的供应出现了缺口。部分学校和团队拓展训练基地选择对员工进行短期培训,速成上岗,一些培训的课程与项目直接照搬照抄,难以满足学生个性化的培训需求。另外,在高强度的工作状态、市场的波动性,以及市场对团队拓展培训师的素质要求等因素的影响下,团队拓展培训师的工资待遇和教师编制等问题一时得不到有效的解决,一些团队拓展训练基地难以负担日常人员的薪资,甚至出现拖欠工资的情况,导致基地团队拓展培训师的数量在逐年减少。

3. 创新力不足

随着团队拓展训练活动的兴起,学生有机会接触到多种多样的团队拓展训练项目,倘若一成不变,则难以激发青少年的兴趣,他们的参与热情会降低,训练效果也会大打折扣。因此,有必要根据学生的身心发展特点和需求,结合基地自身条件,适时地、合理地对现有的团队拓展训练项目和教学模式进行革新。

4. 安全风险高

团队拓展训练项目具有一定的风险,一些项目不仅肢体接触程度、体力挑战难度比较大,而且需要场地设施的辅助,有的项目甚至需要完全依赖辅助才能保证安全。因此,在团队拓展训练基地建设中如果不重视安全保障工作,没有设置一定的安全保护设施,建设质量不过关,缺乏日后的管护与定期检查,那么只要稍微操作不当,就很有可能会导致十分严重的后果。

(二)发展对策

1. 加大经费投入,拓展项目内容

可以通过与政府、学校或企业共同合作来解决经费不足的问题,吸纳更多的资金投入。但打铁还需自身硬,只有提供的团队拓展训练项目质量过硬、团队拓展培训师的素质过硬、最终的培训效果过硬,才能够为团队拓展训练基地吸引源源不断的客源,保障基地的日常运营与未来发展。

应结合团队拓展训练基地自身的特点来开发特色项目,促进基地的持续健康发展。同时也要根据学员的不同特质与培训诉求,设计个性化、系统化且具有针对性的团队拓展训练项目,将培训效果发挥到极致。

2. 提升基地团队拓展培训师引导能力

调查表明,团队拓展培训师的引导能力和授课能力在很大程度上决定了团队拓展训练项目的成败。基地团队拓展培训师的引导能力关乎整个团队拓展训练的效果以及参训人员的切身体验。因此,不仅基地自身要定期或不定期地对培训师进行重点的业务培训,培训内容包括应急处突、流程引导、成员沟通等实用技能,而且基地应为培训师提供外出学习的机会,向优秀的团队拓展训练基地学习先进经验,把新的培训内容带回来,推动基地团队拓展训练项目的更新迭代。

另外,良好的教学团队氛围是基地团队拓展训练有效开展的后方无形力量,同时也是团队拓展培训师对学生施加言传身教的有力依据和良好典范。在教学实施过程中,可以开展多种形式的班与班合作、教师与教师合作等。团队合作可以使资源最大化,最终形成共赢的局面。

3. 构建安全保障体系

没有安全，一切教育活动将成为无本之木。所谓安全保障体系，分为前期、中期、后期三个阶段的保障措施，三者共同形成完备的安全保障体系。前期要构建训练保险机制。教练要具备全面的安全防范知识，基地要制定完备的应急预案与救援机制，学校在确定团队拓展训练活动计划时也要做好充分的风险评估，将活动中可能涉及的各个安全环节进行检核。中期在开展团队拓展训练活动的时候，基地不仅要配备训练有素的教练，同时还要配有专门的安全员、卫生员，基地的住宿、餐饮、卫生、运输等各个环节都要做到万无一失，及时检查人员的身体健康状况以及设施、设备的安全性，做好后勤保障工作。后期，也就是在危险发生之后，要立即对损失、损伤进行评估，并且运行相应预案，这就要求专门的安全员不仅要熟悉周边的医疗环境，包括医院位置、车程时间、联系电话等基本信息，而且要掌握一定的急救措施，避免受伤人员错过最佳的治疗时间。

本章小结

1. 农庄泛指包括建筑物在内的农场，是农村的庄园，是一种旅游产品。

2. 农庄研学旅行按照研学旅行目的可分为以"农耕、劳动教育"为核心的农业研学旅行、以"科普、自然、环保教育"为核心的农业研学旅行和以"采摘、感恩教育、亲子研学"为核心的农业研学旅行。

3. 农业研学旅行课程具有经济和社会双重价值。

4. 农庄研学旅行的意义是让孩子体验不同的生活方式、学会与自然和谐相处，培养孩子跳出框架的创造力，提高孩子把想象化为实际的动手能力，以及培养孩子的劳动能力。

5. 研学旅行实践基地具备承接中小学生研学实践教育的能力，能够结合资源特点，开发设计适合不同学段学生、与学校教育内容相衔接的课程；研学旅行实践营地具备从事研学实践教育工作的专业队伍，能够设计不同主题、不同学段、与学校教育内容相衔接的研学旅行实践课程和线路。

6. 研学旅行实践基地课程资源开发要注意做好学段对接，挖掘特色资源，实现立体呈现。

7. 研学夏令营是指在暑假期间为儿童及青少年提供的一套素质教育活动，寓学习于娱乐，具有一定的教育意义。研学冬令营是指在寒假期间组织的、多人一起旅游和训练的活动，可以磨炼参加者的意志，训练参加者的野外生存技能，锻炼和发展参加者的人际关系。

8. 开展研学冬夏令营的目的在于培养孩子的自主意识，训练孩子的沟通能力，增强孩子的现实感，实现寓教于乐。

9. 团队拓展训练基地分为野外自然的团队拓展训练基地、人工建造的户外团队拓展训练基地和室内团队拓展训练基地。

思考练习

1. 请按照下面的例子,设计农庄研学旅行产品,并写出产品名称、具体内容以及活动意义。

①泥塘游戏——在泥塘里与小伙伴组队抓猪、"寻宝"等,提升肢体协调度及培养好心态、好性格。

②动物互动——照顾萌宠、稻田捉鱼、钓螃蟹等,培养博爱的能力、增进对动物的了解。

③乡物手造——利用木头制作板凳,利用石头垒砌矮墙,用稻草搭建瓜棚,用秸秆制作"雕塑"等,提高动手能力和艺术创造力。

2. 以农庄研学旅行为主题,选取任一农庄,收集相关资料,撰写一份策划方案。

3. 查找有关资料,画出研学旅行实践基地申报流程图。

第五章
励志拓展类研学旅行资源

章节目标

◆知识目标
1. 掌握励志拓展类研学旅行资源的概念及其分类。
2. 掌握红色教育基地的发展历史、概念、重要意义、成功案例以及打造手法。
3. 掌握校园研学旅行的相关政策、概念、重要意义、成功案例以及打造手法。
4. 掌握国防教育基地的发展历史、概念、重要意义、成功案例以及打造手法。
5. 掌握军营基地的发展历史、概念、重要意义、成功案例以及打造手法。

◆能力目标
1. 遴选红色教育基地相关资源,能够设计和开发优质的红色教育基地研学旅行课程。
2. 遴选校园相关资源,能够设计和开发优质的校园研学旅行课程。
3. 遴选国防教育基地相关资源,能够设计和开发优质的国防教育基地研学旅行课程。
4. 遴选军营基地相关资源,能够设计和开发优质的军营基地研学旅行课程。

◆素质目标
培养学生对励志拓展类研学旅行资源的课程设计和实际操盘能力。

知识框架

第五章 励志拓展类研学旅行资源 —— 第一节 红色教育基地
- 一、红色教育发展历程
- 二、红色教育基地概念研究
- 三、红色教育基地研学旅行相关政策
- 四、建设红色教育基地的意义
- 五、红色教育基地研学旅行产品设计流程

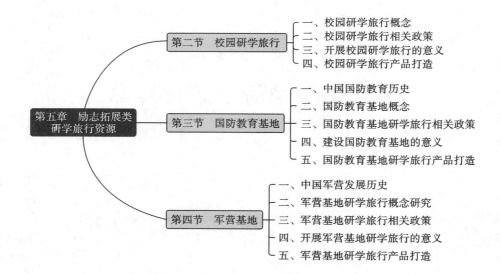

1. 了解励志拓展类研学旅行资源的概念和意义。
2. 掌握励志拓展类研学旅行资源的打造手法。

香港青少年军事夏令营

第十五届香港青少年军事夏令营于 2019 年 7 月 15 日在解放军驻港部队新围军营举行开营典礼,来自香港 100 余所中学的 600 名青少年穿着迷彩服,整齐列队宣誓入营,开始为期 5 天或两周的训练生活。

上午 10 时 40 分许,三军仪仗队升旗仪式拉开入营仪式序幕。在两名学员代表领誓下,所有学员高举右手、宣誓入营,誓言响彻新围军营上空。

据介绍,此次军事夏令营于 7 月 15 日开营,至 7 月 28 日结业。2019 年该军事夏令营扩大招生规模,共选拔招收香港中学一年级至五年级共 600 名学生,包括 330 名男学生和 270 名女学生。并下设 11 个排,其中男学生分为 22 个班,女学生分为 18 个班。考虑到 300 名参与军事夏令营年纪较小的中一、中二学生,解放军驻港部队为其相关课程进行特别设置,完成为期 5 天的体验训练后可先离营。其余约 300 名学员在两周的训练中,不仅接受了队列、岳家拳、地图使用等多项军事课目的训练,解放军驻港部队还为他们安排了乘坐舰船出海、观看"致敬祖国"主题文艺演出等活动。

结业典礼以庄严的升旗仪式拉开序幕。之后,学员们迈着整齐的步伐进场,进行岳家拳集体表演。刚劲威猛的动作、声震长空的呼声赢得了现场嘉宾和家长的阵阵掌声。

时任香港特别行政区特首林郑月娥在结业典礼上致辞："这些宝贵的学习经历一定能帮助你们日后成长蜕变，一生受用。"她还寄语学员：在"一国两制"的独特优势下，香港正受惠于国家高速发展带来的种种机遇，希望各位同学把目光放远，多留心国家各方面的发展，并以开放的态度接触不同的人和事，积极为自己的人生增值，未来为香港、国家和世界的发展各尽所能、做出贡献。

此次军事夏令营活动主要安排体能训练、专题讲座、参观见习及文体活动等。2019年解放军驻港部队结合军事训练大纲和香港青少年实际情况，进一步突出训练的丰富性、趣味性和安全性，新增"徒手组合练习"和"30米往返蛇形跑"等课目。

香港青少年军事夏令营活动结束后，特邀嘉宾为优秀学员颁发荣誉证书，解放军驻港部队三军仪仗队进行了枪操表演。典礼最后，学员们齐唱《回归颂》《强军战歌》，并与嘉宾合影留念。

据悉，香港青少年军事夏令营由香港特别行政区政府、解放军驻港部队、香港群力资源中心联合主办，至本届先后共有4300余名香港青少年参加，已成为香港青少年暑期课外活动的一个"黄金品牌"。

在本章中，将重点介绍以红色教育基地、校园研学旅行、国防教育基地、军营基地等为核心的励志拓展类研学旅行资源。

第一节　红色教育基地

《觉醒年代》《跨过鸭绿江》等红色题材电视剧逐渐出圈，深受市场青睐，特别是"Z世代"的年轻人的青睐。2021年6月同程旅行平台发布的《红色传承·"Z世代"红色旅游消费偏好调查报告2021》中的文旅消费数据显示，"Z世代"在各类红色文旅产品的消费用户中占比接近60％，以"唱响红色歌曲、聆听红色故事、重走红色之路"为核心的红色教育基地是红色文旅产品的重要组成部分，"圈粉"不断，成为重要的红色研学旅行打卡地。

一、红色教育发展历程

习近平总书记强调，"吃水不忘掘井人""一个有希望的民族不能没有英雄"。这是习近平总书记表达的对于革命英雄的崇敬之情。他曾多次号召，要向英雄楷模学习，热爱祖国、热爱党，用实际行动把红色教育传承下去。自党的十八大以来，以习近平同志为核心的党中央高度重视红色教育。习近平总书记多次视察慰问革命老区，并作出重要指示，要大力推动红色文化的传播，红色江山来之不易，是千千万万革命前辈用鲜血换来的。我们要牢记红色政权是从哪里来的，始终铭记、缅怀革命先烈。应回顾革命的历史，接受红色教育，做到常学常新。红色教育内容丰富，包括红色江山、红色文化、红色歌曲、红色事迹等，是历史教育的重要内容，是传统教育的重要支撑。我们应该用红色教育为新时代输入"红色能量",这也为红色教育的传承与发展提供了契机。

随着我国经济的快速发展,人们的物质生活得到了极大的改善,社会已进入快速化发展的时代,各种文化思潮涌动,仅靠建设红色爱国主义教育基地已不能满足新时代青少年爱国主义教育的要求。新时代,激励年轻一代不忘初心、牢记使命,进行爱国主义教育、传承红色文化迫在眉睫。

(一)中华人民共和国成立初期的红色教育

在中华人民共和国成立的初期,在中共中央的大力倡导下,全国人民掀起了学习和宣传马列主义、毛泽东思想的热潮。上至国家领导阶层,下至普通百姓,都积极参加马克思主义理论学习。

随着马克思主义思想的不断普及,社会主义核心价值观也日益深入人心。中国共产党要求广大党员干部以革命精神教育广大人民,帮助其树立社会主义和共产主义理想信念,从而扩大和巩固社会主义思想阵地。

1951年5月,刘少奇在第一次全国宣传工作会议上指出:我们要以马列主义为指导,要"宣传马列主义的基本理论""要真正做到在全国范围内和全体规模上宣传马列主义,用马列主义教育人民,提高全国人民的阶级觉悟和思想水平,为在我国建设社会主义和实现共产主义打下思想基础"。从1951年10月到1953年4月,中共中央相继出版了《毛泽东选集》的第一、第二、第三卷,全国迅速掀起了政治启蒙与文化学习的高潮。抗美援朝的爆发让红色教育达到了一个高潮阶段。

另外,红色教育在文化艺术方面的发展更加如火如荼,如电影《南征北战》《平原游击队》《林海雪原》《渡江侦察记》《英雄儿女》,芭蕾舞剧《红色娘子军》,小说《红岩》《红旗谱》《青春之歌》,大型音乐舞蹈史诗《东方红》等。这些优秀作品都折射出红色教育的光芒,对红色教育的传承和发展起到了不可估量的作用。

(二)改革开放时期的红色教育

自党的十一届三中全会以来,邓小平带领全国各族人民大胆解放思想,展开真理标准问题的大讨论,使人们的思想得到了空前的解放。红色教育也以别开生面的形式得到了很好的宣传和发展。

中国共产党作为执政党,对国家的领导更为理性、更为科学和更有张力,主要表现为宏观的指导、方向上的把握和引导。中国共产党非常重视以马克思主义理论特别是其中国化的最新成果指导文化建设;坚持"百花齐放、百家争鸣"的方针;以科学的理论武装人,以正确的舆论引导人,以高尚的精神塑造人,以优秀的作品鼓舞人。

(三)新时期的红色教育

进入21世纪以来,红色教育更是作为党的发展史上的重要一环被提上了议程。特别是党的十八大以来,习近平总书记高度重视红色教育,作出一系列重要指示,每到一个地方都要瞻仰革命遗址和烈士陵园,反复强调要继承红色传统、挖掘红色资源、传承红色基因。短短十几年间,红色教育就取得了巨大成就,表现在校园红色文化建设、爱国主义基地建设、多媒体宣传渠道建设、党史学习教育等方面。

二、红色教育基地概念研究

红色教育已经逐渐成为中国特色社会主义事业的重要组成部分,在此背景之下,红色教育逐渐进入教育理论的研究视野,红色教育的价值也日益显现,形成了一系列的红色教育理论成果。

红色教育概念最早由张根甫在其1998年主编的《嘉兴年鉴》中提出。对于红色教育的含义,李振东、王姣艳认为有广义和狭义之分,广义的红色教育可以概括为教育主体利用古今中外一切反映历史进步和民族发展的先进人物、先进事迹及其纪念物、传承的精神,对教育客体进行的以爱国主义教育为主的思想政治教育;狭义的红色教育主要是指教育主体以在中国共产党领导人民革命、建设和改革实践中所涌现的先进人物、先进事迹、纪念物、示志物为载体,以其所传承的革命历史、先进事迹和革命精神为内容,有计划、有目的、有组织地对教育客体进行理想信念教育、革命传统教育。颜茵认为红色教育是运用红色教育资源对学生进行教育,她从载体角度对红色教育进行了定义,揭示了红色教育和红色教育资源的密切关系。陈帅、黄天华等则直接将红色教育称作红色文化教育,不进行区分,揭示了红色教育与红色文化的密切关系。

综合上述学者对红色教育的定义,结合时代背景,编者认为红色教育是指将红色视为时代精神内涵的象征,务实的落脚点在于教育,呼唤有志青年忧国忧民、挑战自我、超越自我、挑战极限、奉献社会的崇高精神;而红色教育基地是传承红色教育的核心载体,是指以在中国共产党领导下所形成的革命精神、民族精神与时代精神为主题,以红色为核心内涵的象征。它不仅承载着教育功能,还承载着社会功能与政治功能,尤其是政治功能。红色教育基地是老一辈无产阶级革命家革命情怀与意志精神的真实写照,也是传承我国民族精神的重要载体。红色教育基地也是开展研学旅行活动的重要载体,按照教育教学与旅游发展规律相结合的模式,充分实现红色教育基地的教育功能、政治功能与社会功能。

三、红色教育基地研学旅行相关政策

红色教育基地是传承红色文化、赓续爱国主义精神的重要阵地,因此,国家层面出台了相关政策支持红色教育基地建设。

(一)《新时代爱国主义教育实施纲要》

2019年11月中共中央、国务院印发了《新时代爱国主义教育实施纲要》,指出新时代爱国主义教育要面向全体人民、聚焦青少年;丰富新时代爱国主义教育的实践载体;营造新时代爱国主义教育的浓厚氛围,涵养积极进取、开放包容、理性平和的国民心态,包括加强宣传教育,引导人们正确把握中国与世界的发展大势,正确认识中国与世界的关系,既不妄自尊大也不妄自菲薄,做到自尊自信、理性平和;加强对新时代爱国主义教育的组织领导。

(二)《传承红色基因实施纲要》

2018年6月中央军委印发《传承红色基因实施纲要》,该文件全面贯彻习近平新时代中国特色社会主义思想和党的十九大精神,深入贯彻习近平强军思想,明确了传承红色基因的指导思想、基本原则、着力重点和主要工作,是新时代传承红色基因、弘扬优良传统的重要指导性文件。该文件对于激励官兵铭记历史、不忘初心、牢记使命、不懈奋斗,奋力实现党在新时代的强军目标,把人民军队全面建成世界一流军队,具有重要意义。

(三)《关于在重大活动中进一步发挥全国爱国主义教育示范基地作用的通知》

2019年中宣部印发《关于在重大活动中进一步发挥全国爱国主义教育示范基地作用的通知》(以下简称《通知》)。《通知》指出,全国爱国主义教育示范基地是激发爱国热情、凝聚人民力量、培育民族精神的重要场所,对在党员干部和广大群众中深入开展爱国主义教育、理想信念教育和革命传统教育,巩固党的执政地位、筑牢意识形态阵地,大力弘扬爱国主义精神、培育和践行社会主义核心价值观做出了重要贡献。《通知》要求,要始终坚持以习近平新时代中国特色社会主义思想为指导,打造爱国主义教育和革命传统教育、培育和践行社会主义核心价值观的重要阵地和生动课堂;要提供优质服务保障,进一步加强基地内部管理和队伍建设;要对红色教育中存在的"乱象"进行集中整治,进一步规范基地红色教育活动、加强基地队伍培训、开展基地周边环境整治;要形成强大聚合效应,发挥好"国家队""主力军"作用,广泛开展交流合作,推动红色资源共建共享。

四、建设红色教育基地的意义

在我国爱国主义教育与革命传统教育开展过程中,红色教育基地发挥着日益重要的作用。特别是在抗击新型冠状病毒感染中,红色教育彰显了共产党员的本色,把历史资源与现实形势和党员干部的思想实际相结合,把历史素材与现代科技手段相结合,并与现代教育培训先进理论及实践相结合,坚定党员干部的理想信念,密切联系群众,服务于群众。

(一)有利于发扬红色文化在革命、建设和改革中形成的宝贵精神

建设红色教育基地,可以让研学者了解、继承和发扬老一辈革命家一切从实际出发,面对困难奋勇直前的精神,以及立党为公、执政为民的革命情怀和谦虚谨慎、不骄不躁、艰苦奋斗的优良作风。建设红色教育基地,可以让历史焕发新生,让红色铸魂今朝。红色教育基地所呈现出来的教育效果,是教科书和课堂无法代替的。参观红色教育基地,可以使人们更直观地感受革命历史,体会老一辈革命家的爱国主义精神,能够起到非常好的教育效果。大多数学者认为,红色教育基地之所以具有鲜活性和感染力,得益于它的表现方式灵活多样,再加上新媒体、新技术的有效运用,让历史事迹及相关人物更贴近真实,直击人的心灵深处,使参观者们感同身受。因此,应充分发扬红色文化在革命、建设和改革中形成的宝贵精神,让红色文化发挥出教化育人、凝心聚力的作用。

（二）有利于加强爱国主义教育，增进人民的爱国情怀

建设红色教育基地，有利于加强爱国主义教育，增进人民的爱国情怀，培育人民的高尚情操，铸就人民的创新精神，进一步加强先进性建设。因此，应以红色教育基地为载体，不断增强中国特色社会主义的道路自信、理论自信、制度自信、文化自信，让人民相信中国共产党始终把人民对美好生活的向往作为奋斗目标，紧密团结各民主党派和各界人士，共同创造更加美好的生活。

（三）有利于传播先进文化，提高人民的思想道德素质

建设红色教育基地，有利于传播先进文化，提高人民的思想道德素质，让人民获得知识，给人民以心灵的震撼、精神的激励和思想的启迪，从而让人民更加满怀信心地投入到建设中国特色社会主义事业之中。

（四）有利于促进党的思想政治建设

红色教育基地最独特的功能体现在促进党的思想政治建设层面。在开展党的群众路线教育实践活动时，应充分利用各地的红色教育基地，发挥其资政育人的重要作用。红色研学旅行资源的开发，对于发挥基层党组织的引领和统筹协调作用有积极的意义。

五、红色教育基地研学旅行产品设计流程

红色教育基地研学旅行产品是爱国主义教育的重要载体，有着突出的教育属性，因此，要以红色研学旅行资源为基础进行产品研发。应在研学导师的带领下进行红色教育基地研学旅行，使得青少年素质得到提升，并达到传承红色精神的目的。

（一）红色研学旅行资源

1. 选择范围

红色研学旅行资源是指在革命、建设、改革开放的各个历史时期，大批仁人志士为了国家昌盛和民族复兴，抛头颅、洒热血、前赴后继，艰难求索所留下的许多可歌可泣、催人奋进的爱国主义壮丽诗篇与伟大精神。

2. 产品形态

红色教育基地研学旅行产品主要包括场馆（如各种博物馆、纪念馆、展览馆等）展示、故居（各种名人故居，如毛主席故居、宋庆龄故居等）展示、文化演艺（在红色旅游景区开展的众多文化演艺活动，如"井冈山""延安保育院""红色娘子军""12·12"等）。

以韶山毛泽东同志纪念馆为例，红色研学旅行资源主要是以全国唯一一家系统展示毛泽东生平业绩、思想和人格风范的专题性纪念馆——韶山毛泽东同志纪念馆为载体，该纪念馆通过文物、资料、生活遗物等全方位展示毛泽东主席波澜壮阔的人生历程。

（二）红色教育基地研学旅行课程

1. 原则要求

红色教育基地研学旅行课程是在红色教育基地的基础上，根据研学旅行群体特点

与需求，遵循教育与旅游的规律，围绕红色教育基地研学旅行资源的功能特征，开发设计出的研学旅行课程（产品）。对于研学旅行群体（尤其是学生）而言，红色教育基地提供的是红色研学旅行课程；对于红色教育基地本身而言，这类课程便是基地自身的产品形态。

2. 产品设计

红色教育基地研学旅行课程（产品）的开发与设计必须围绕红色主题，突出红色精神与主旨，贯穿体验与互动原则，注重空间资源的整合与融合，注重活动的考核与评价。

仍以韶山毛泽东同志纪念馆为例，依托世界上独一无二的红色研学旅行资源，结合研学旅行群体的特点和需求，开发了励志修身体验、情景演绎、立志成才礼等多种主题活动课程，如毛主席诗歌励志大会、"祠堂说理"等。

（三）红色教育基地研学旅行群体

从国家有关部门对研学旅行活动的规定与推动情况来看，研学旅行的受众主要是学生群体（小学生、初中生、高中生、专科生、本科生、研究生）。红色教育基地研学旅行活动也主要围绕学生群体来组织。其他群体在红色教育基地开展研学旅行活动，可以参照学生群体研学旅行的模式来进行。

（四）红色教育基地研学导师

研学导师是随着研学旅行的兴起而产生的一种新的旅游人才。不同于传统的导游，研学导师不仅担负着景点解说的工作职能，更重要的是还要发挥教师教育教学的功能。研学导师要对教育教学规律有较好的把握，具备组织一般课外教学活动的技能。红色教育基地研学导师还需要有较高的思想政治素养。以井冈山研学旅行基地为例，其积极培育了一支学者型、专家级名师队伍，引入并整合了一个特色授课团，通过革命后代来"讲活"历史；其招考认定了一批"大众讲师"，实行持证上岗，并把握好政治观；另外，其制定了《红色教育培训服务规范》，用于提升研学导师的教学标准，截至2021年12月，已有430人通过考核并被列入师资库。

第二节　校园研学旅行

近年来，高校研学旅行成为备受关注的热点。高校拥有雄厚的师资力量，具有教育学、管理学、心理学、历史学、地理学等多元学科背景，而且教学硬件设施相对完备且空间充足，如高校重点实验室、高校博物馆、高校动植物园、高校研究基地等，加上研究经费与科研团队的支撑，其开发研学旅行的条件得天独厚。

一、校园研学旅行概念

学术界在校园研学旅行的研究中，不仅在概念界定上各执一词，在概念名称的使用上也是多种多样,常见的有"校园研学""校园旅游""名校旅游""高等院校旅游"等,虽然不统一的名称会影响概念的界定,但是概念的核心还是相对一致的。徐凌主要是从旅行目的地角度界定校园研学旅行概念,认为校园研学旅行将名牌大学作为研学旅行目的地,开发和利用高校资源,让游客体验名牌院校的校园文化,在旅行过程中注重精神层面与知识层面。金世胜认为高校是校园研学旅行的载体,校园研学旅行是以校园文化为支撑,以实现一定社会效益和经济效益为目标的文化旅行。朱竑同样认为校园研学旅行是将高校(主要是指著名的高等院校)作为旅行目的地,是综合性比较强的文化旅行。

编者认为校园研学旅行是以校园(主要指高校)的教学楼、实验室、科研所、图书馆、体育馆等教学场馆以及秀丽的校园景色为依托,以悠久而深厚的文化底蕴以及浓郁的学术氛围为背景,以知识传播和科学普及为主要目标,以青少年及其家长为主要对象所开展的专项研学旅行活动。国内外许多著名的大学,如中国的清华大学、北京大学,英国的牛津大学、剑桥大学,美国的斯坦福大学等早已成为研学旅行者的重要目的地。在我国,许多高校已经通过校园研学旅行宣传自己,展示校园风采,提高学校的知名度。据统计,我国各地校园旅游人数每年以20%左右的速度递增,例如,2017年暑假期间北京大学和清华大学的游客最多,北京大学每天游客超过6000人,清华大学每天游客超过1万人,每天学校门口排起五六百米的长龙,北京大学的230名安保人员都不够用,可见名校的魅力。为满足研学旅行者的需要及提升校园的建设水平,我国一些高校已将校园创建为国家3A级甚至4A级旅游景区。

二、校园研学旅行相关政策

国家积极支持依托校园、针对学生群体开展的校园研学旅行活动,出台了众多利好政策。

(一)《关于促进旅游业改革发展的若干意见》

该文件指出:旅游业是现代服务业的重要组成部分,带动作用大。加快旅游业改革发展,是适应人民群众消费升级和产业结构调整的必然要求,对于扩就业、增收入,推动中西部发展和贫困地区脱贫致富,促进经济平稳增长和生态环境改善意义重大,对于提高人民生活质量、培育和践行社会主义核心价值观也具有重要作用。

为进一步促进旅游业改革发展,该文件在"拓展旅游发展空间"部分专门提出要"积极开展研学旅行":按照全面实施素质教育的要求,将研学旅行、夏令营、冬令营等作为青少年爱国主义和革命传统教育、国情教育的重要载体,纳入中小学生日常德育、美育、体育教育范畴,增进学生对自然和社会的认识,培养其社会责任感和实践能力。支持各地依托自然和文化遗产资源、大型公共设施、知名院校、工矿企业、科研机构,建设一批研学旅行基地,逐步完善接待体系。鼓励对研学旅行给予价格优惠。

(二)《中小学综合实践活动课程指导纲要》

《中小学综合实践活动课程指导纲要》由教育部于2017年9月25日以教材〔2017〕4号文发布。

该文件指出：综合实践活动是从学生的真实生活和发展需要出发，从生活情境中发现问题，转化为活动主题，通过探究、服务、制作、体验等方式，培养学生综合素质的跨学科实践性课程。综合实践活动是国家义务教育和普通高中课程方案规定的必修课程，与学科课程并列设置，是基础教育课程体系的重要组成部分。该课程由地方统筹管理和指导，具体内容以学校开发为主，自小学一年级至高中三年级全面实施。

综合实践活动的主要方式及其关键要素为考察探究、社会服务、设计制作、职业体验。综合实践活动除了以上活动方式外，还有党团队教育活动、博物馆参观等。综合实践活动方式的划分是相对的。在活动设计时可以有所侧重，以某种方式为主，兼顾其他方式；也可以整合方式实施，使不同活动要素彼此渗透、融会贯通。要充分发挥信息技术对于各类活动的支持作用，有效促进问题解决、交流协作、成果展示与分享等。

三、开展校园研学旅行的意义

校园研学旅行凭借独特的吸引力和特性，有着巨大的社会价值、经济价值和政治价值，对于促进我国旅游业持续快速健康发展、推动旅游业积极参与国际竞争具有十分重要而深远的意义。

（一）有助于提升高校的社会价值

校园研学旅行产品的开发与创新，让不同阶段的学生通过了解高校"校情"，以小见大，进而深入认识"乡情、县（市）情、省情、国情"，有利于将校园研学旅行与"人文素养提升""思想政治教育""红色文化传承"等内容结合起来，充分发挥校园在弘扬社会主义核心价值观中的作用。

（二）有助于更好地传承中华优秀传统文化

开展校园研学旅行活动，可以将我国优秀的传统文化，尤其是将校园优良的校风、珍贵的校史、内涵丰富的校训、动人的校歌、形式多样的校史馆等无形的精神和有形的载体进行充分挖掘和利用，助力中华优秀传统文化的传承和传播。

（三）有助于提升高校的知名度和影响力

系统梳理校园（特别是高校）可开展研学旅行的相关资源，并将其转换、开发成研学旅行产品，有助于在提升各大高校的知名度、美誉度和影响力的同时，逐步提升各大高校的招生质量和就业率。

（四）有助于培育壮大校园文化产业

校园研学旅行发展空间广阔，把发展研学旅行作为学校收入的另一个增加点，能在一定程度上改善学校资金紧张的状况。寒暑假时学校的后勤资源和一些教学设备处于闲置状态，如果能够充分利用这一空缺来发展研学旅行，对于学校的经济、文化、环境建设都将起到积极影响。

四、校园研学旅行产品打造

（一）打造针对性强的研学旅行课程和产品

结合研学旅行群体的需求特征、心理特点等，开发设计不同类型的研学旅行课程。例如，针对小学生具有强烈的好奇心和极强的模仿性等特征，研学旅行课程主题可为"博物馆日体验游"等；针对初中生可以自主探究知识的特征，可把研学旅行课程主题定位为"跟着指南游名校"等，探秘院校的历史故事，感受文化底蕴；针对高中生价值观和思维能力基本成熟的特点，可开展"高校科技文化周"和各类科技竞赛活动。比如，北京大学和清华大学等国内名校，其研学旅行课程主题可定位为"我要上北大""我要上清华"等。

（二）因校制宜，依托专业优势加强研学旅行主题

目前，中国对外开展研学旅行的高校众多，而且很多高校都有自己的专业优势和特色，如清华大学的优势在于科学技术，因此研学旅行主题可定位为"探索科学奥秘，情系清华之园"，中国海洋大学的海洋科技无出其右。各大高校开展研学旅行活动需要依托专业优势打造自身特色，同时依托高校专业的教师团队和丰富的社团组织，如可由"博士生（硕士生）讲师团"等社团组织联合旅游、历史、教育等专业学院（系、所、研究中心）的专业教师组建"研学旅行导师志愿团"或"研学旅行志愿服务队"，打造高品质研学导师队伍。

（三）打造可供开展研学旅行活动的地标

校园的文化氛围、景观建筑是研学旅行活动开展的重要依托，而地标则是开展校园研学旅行活动的重要载体。因此，可打造以图书馆、体育馆、会议中心等为代表的"建筑景观地标"，以知名校友塑像等为代表的高校"精神洗礼地标"，以学生活动中心、英语角等为代表的"文化交流地标"，并通过串联高校的地标建筑或景观，形成研学旅行线路。

延伸阅读

延伸阅读 12

第三节　国防教育基地

"丰富的武器装备实物展示，精致的沙盘推演还原战争原貌，深度了解国防教育观念与知识，切身感受参与实景战场。"以互动体验为特色的国防教育基地研学旅行逐渐成为研学旅行的热点。

一、中国国防教育历史

（一）古代国防教育历史

国防教育是中华民族的优良传统之一，是中华民族极为珍贵的精神财富。国防教育的历史源远流长，是随着国家和国防的产生而产生的。

中国最早的成体系的国防教育是周代的"六艺"，即"礼、乐、射、御、书、数"。这个教育体系中直接和战争有关的是"射""御"，"礼""乐"属于政治才能，"书""数"属于必备的文化素质。在顺序安排上，"礼""乐"为首，"射""御"居中，"书""数"为末。这是适应当时统治需要的表现。先秦时期，政治生活中最重要的事情就是祭祀与战争，所谓"国之大事，在祀与戎"。"六艺"的教育内容，从维系政权的角度来说，应该属于当时国防教育的范畴。国家要培养的人才不应仅是军事方面的人才，而应是能够治国安邦的综合型人才。把国防教育的内容纳入政权管理体系，是中国古代国防教育的最大特色。

近代中国的国土主权遭受到前所未有的威胁，中国传统的军政合一的军事思想遇到了坚船利炮的技术挑战，于是，中国近代的国防教育被迫转向了纯粹的军事技术层面。洋务运动期间，清政府大批量购买西式武器，并打造了一支从装备上足以称雄亚洲的北洋水师。同时，为了培养使用与仿制西式武器的人才，清政府先后创办了一批新式学堂，聘请德国教师培养中国军事人才。甲午战争的失败表明，单靠装备水平的提升不足以保证中国的国防安全。从1895年"小站练兵"开始，清政府采用西式练兵方法编练新军，开启了中国军队的近代化历程。新的国防教育手段使中国近代军队有了一些新气象，但在辛亥革命后，这些所谓新式军队依然"换汤不换药"，成了军阀武装割据的工具。

（二）现代国防教育历史

改革开放以来，中国的国防教育出现了新的特点。第一，国防教育的开展方式与内容通过完备的法律体系予以确认和保障。1984年，在广泛的调查研究和意见征求的基础上国家又几次修订了《中华人民共和国兵役法》。2001年，中国历史上第一部专门关于国防教育的法律《中华人民共和国国防教育法》正式颁布。第二，国防教育的内容由以往的单纯军备训练，转变为以大众传媒为主要载体的军事科普教育，更加重视国防意识的树立。第三，高校成为青年国防教育的重要阵地。当前高校主要采用以军训来锻炼学生的军事技能，以军事理论公修课的学习来增强学生的国防意识两种手段来进行国防教育。

习近平总书记在党的十九大报告中指出，我们的军队是人民军队，我们的国防是全民国防。我们要加强全民国防教育，巩固军政军民团结，为实现中国梦强军梦凝聚强大力量。习近平总书记的重要指示，为做好新时代全民国防教育提供了根本遵循、指明了前进方向。国防教育作为党的宣传思想工作和国民教育的重要组成部分，是提高全民素质、培塑民族精神的重要途径，是凝聚实现中国梦强军梦强大力量的战略之举、长远之策。加强全民国防教育，对于弘扬爱国主义精神、强化忧患危机意识、传承红色基因血脉、涵育崇军尚武文化、增强全民国防观念，意义重大而深远。

二、国防教育基地概念

讨论国防教育基地的定义,首先应厘清国防教育的概念。目前学术界各学者均基于各自的理解和经验来诠释国防教育,所以给出的定义并不统一。教育部高校军事教学委员会从社会属性的角度出发,认为国防教育既包含国防安全的属性也包含教育的属性,国防教育是国防安全建设和教育体制内容相结合的整体。军事科学院糜振宇认为国防教育是教育活动的一部分,但是又具有其特殊性,开展国防教育是为了不断提高民众的国家安全意识,增强保卫我们国家的力量。《中国军事百科全书》对国防教育一词进行了定义:"国防教育"一词的重点在于"国防"二字,国防教育是为我国国防建设而服务的,所以国防教育是公民教育的重要内容之一。《国防教育大词典》一书中有这样的描述:国防教育是基于国防领域而开展的教育活动,其开展的目的在于强化我国国防建设以及增强全民的军事理论水平。《中华人民共和国国防教育法》中有着明确规定:国防教育是我国建设国防事业和巩固国防事业的基石,是增强中华民族凝聚力、提高全民素质的重要途径。这在一定程度上表明,在我国的现行法律条文规定上,国防教育要兼顾以上两种属性。

根据上述对国防教育的定义,本书对国防教育的载体——国防教育基地的概念进行了定义,重点参考了《中华人民共和国国防教育法》。本书认为:国防教育基地是具备国防教育功能,对有组织的中小学生免费开放的,经省、自治区、直辖市人民政府命名的国防教育场所,是在全民国防教育日向社会免费开放的有关国防教育的基本阵地。国防教育基地具有教育功能、体验功能、素质拓展功能、学习功能、娱乐功能,是服务、凝聚、教育广大未成年人的活动平台,是促进青少年全面发展的实践课堂,是体验式教育的活动基地。主要包括:用于缅怀纪念的场所,如纪念馆、纪念地、领袖故居、烈士陵园、革命和历史遗址等;用于观摩学习的场所,如博物馆、科技馆、文化馆、青少年宫、国防园、兵器馆、部队荣誉(军史)馆等;用于开展军事训练的场所,如民兵训练基地、学生军训基地、少年军校等;其他具有国防教育功能的场所。国防教育基地本身是爱国主义教育的有效载体,具有发展德育和体育的功能,依托的是现代军事科学学科体系。建设国防教育基地是为了满足增强民族凝聚力、提高全民素质的需要。国防教育既是国防建设的特殊领域,又是教育领域的特殊方面,具有与其他国防活动和教育活动不同的特征。

三、国防教育基地研学旅行相关政策

(一)《中华人民共和国国防教育法》

2001年4月第九届全国人民代表大会常务委员会第二十一次会议通过了《中华人民共和国国防教育法》,规定了以下几个方面。

(1)国家设立全民国防教育日。

(2)国防教育基地应当加强建设,不断完善,充分发挥国防教育的功能。

(3)大力推动学校国防教育。小学和初级中学应当将国防教育的内容纳入有关课程，有条件的小学和初级中学可以组织学生开展以国防教育为主题的少年军校活动。教育行政部门、共产主义青年团组织和其他有关部门应当加强对少年军校活动的指导与管理。小学和初级中学可以根据需要聘请校外辅导员，协助学校开展多种形式的国防教育活动。高等学校、高级中学和相当于高级中学的学校应当将课堂教学与军事训练相结合，对学生进行国防教育。高等学校应当设置适当的国防教育课程，高级中学和相当于高级中学的学校应当在有关课程中安排专门的国防教育内容。高等学校、高级中学和相当于高级中学的学校学生的军事训练，由学校负责军事训练的机构或者军事教员按照国家有关规定组织实施。军事机关应当协助学校组织学生的军事训练。

（4）烈士陵园、革命遗址和其他具有国防教育功能的博物馆、纪念馆、科技馆、文化馆、青少年宫等场所，应当为公民接受国防教育提供便利，对有组织的国防教育活动实行优惠或者免费。依照本法第二十八条的规定，被命名为国防教育基地的，应当对有组织的中小学生免费开放，在全民国防教育日向社会免费开放。

（5）具备下列条件的，经省、自治区、直辖市人民政府批准，可以命名为国防教育基地：
①有明确的国防教育主题内容；
②有健全的管理机构和规章制度；
③有相应的国防教育设施；
④有必要的经费保障；
⑤有显著的社会教育效果。

（6）中国人民解放军和中国人民武装警察部队应当根据需要和可能，为驻地有组织的国防教育活动选派军事教员，提供必要的军事训练场地、设施以及其他便利条件。

在国庆节、中国人民解放军建军节和全民国防教育日，经批准的军营可以向社会开放。军营开放的办法由中央军事委员会规定。

（二）《国防教育基地命名管理办法》

省、自治区、直辖市国防教育工作机构负责国防教育基地的命名管理工作。国家国防教育办公室负责从国防教育基地中评选国家国防教育示范基地。

1. 具备条件

（1）主题内容鲜明。紧扣国防教育主题，弘扬爱国主义主旋律，具有思想性、知识性、可鉴赏性，有助于普及国防知识，增强群众国防观念，陶冶公民爱国情操。

（2）管理正规有序。有专门的管理机构，有健全的规章制度，管理规范，运作有序，无不正当经营，无违章违规现象。

（3）基础工作扎实。基本建设比较完善，教育资料完整翔实，师资或者讲解员队伍素质较高，配套设施齐全，更新及时，符合开展国防教育活动需要，具有较强的吸引力和感染力。

（4）经费保障落实。有必要的经费保障，能够保证正常运转。

（5）社会效果显著。按照当地党委、政府有关部门和国防教育工作机构的部署和要求，经常开展各种形式多样、丰富多彩的国防教育活动，并产生良好的社会影响。

2. 申报流程

国防教育基地由地级市（地区、自治州、盟、直辖市市辖区）人民政府推荐，经省、自治区、直辖市国防教育工作机构考核,报省、自治区、直辖市人民政府批准,同时报国家国防教育办公室备案。国防教育基地一般每五年命名一次,根据需要可以召开命名大会,授予牌匾,颁发证书。国家国防教育示范基地应当从已命名的国防教育基地中遴选,由省、自治区、直辖市国防教育工作机构按照有关规定和程序择优推荐,国家国防教育办公室会同有关部门进行综合考评。

四、建设国防教育基地的意义

国防教育基地本身是爱国主义教育的有效载体,具有教育功能、体验功能、素质拓展功能、学习功能、娱乐功能,是服务、凝聚、教育广大未成年人的活动平台,是促进青少年全面发展的实践课堂,是体验式教育的活动基地,建设国防教育基地的重要意义主要表现为以下几个方面。

(一)满足增强民族凝聚力、增强全民国防意识的需要

建设国防教育基地,加强国防教育,是弘扬爱国主义精神,增强民族凝聚力的客观要求。以爱国主义为核心的民族精神,是一个国家、一个民族生存和发展的不竭动力。通过国防教育,不断地培育和弘扬爱国主义精神,把广大干部、群众的爱国热情充分激发起来,凝聚到拥护中国共产党的领导和建设中国特色社会主义的伟大事业上来,凝聚到为祖国的统一、繁荣和富强做贡献上来,万众一心地为实现中华民族的伟大复兴而奋斗。建设国防教育基地是建设和巩固国防的基础,有利于增强全民的国防意识和国防精神。

(二)满足提高全民素质教育和功能拓展的需要

国防教育基地本身具有发展德育和体育的功能。国防教育所依托的是现代军事科学学科体系,现代军事科学是一门范围广泛、内容丰富的综合性学科。学习军事科学,不仅有利于开阔眼界,扩大知识面,而且有利于打破思维定式,扩展思维空间,进一步提高创造力和综合思维能力,促进智育的发展。以军事训练和军事理论教育为主要内容的国防教育,对非智力因素的培育具有其他学科所无法替代的重要作用。

(三)满足实现特色化旅游项目开发的需要

随着我国人民生活水平的提高、文化生活的日益丰富、全民国防意识的增强,军事文化和军事知识已经成为民众文化生活的重要内容和客观需求;同时,军旅生活及军事科学的特殊性和神秘感,也刺激着民众的体验欲望。因此,在国家政策允许的范围内,开展军事装备及其应用的展示和体验,通过军民互动的方式进行模拟交流,让社会大众近距离接触军事领域的部分项目,以满足人们的这种实际需求,进而产生了一个巨大的产业——军事文化旅游产业,形成了一个巨大的市场——国防教育市场,这对促进当地特色化旅游项目的开发具有重要的意义。

五、国防教育基地研学旅行产品打造

(一)国防教育主题展馆

国防教育主题展馆是开展国防教育基地研学旅行的重要载体之一,展馆以国防教育内容展示为核心,通过图文展板、实物陈列、雕塑艺术创作、场景还原、联动沙盘、幻影成像、多媒体互动、高科技光影技术等多种方式,增加体验性、趣味性和娱乐性,并定期开展以军事题材为主线的专题展览活动。研学旅行群体通过对展览内容的了解,掌握基本的国防知识,激发爱国热情,增强国防观念。比如,依托中国第一个综合类军事博物馆——中国人民革命军事博物馆,开展"传承红色基因,深化国防教育"博物馆主题教育实践活动,通过升国旗、旗下宣誓,以及参观博物馆等,培养研学旅行群体的国防意识。

(二)准军事化青少年素质拓展基地

据统计,现有的众多国防教育基地采用的是实物展览,文字、图片介绍以及影音讲解等宣传教育手段,研学旅行群体还是处于一种被动接受教育的状态,研学旅行群体在参观、留影之后,再没有新奇的感受。基于体验经济的兴起以及研学旅行群体心理、生理的要求及特点,现代化的国防教育可采用一种模拟实战的形式,组织研学旅行群体亲身体验教育活动,这种活动具有极强的吸引力。例如彩弹搏击场的彩弹搏击是准军事化战斗训练项目,其内涵更加丰富,形式更加活泼、刺激,体验性更强。

(三)军训场地

军训是研学旅行群体进行军事技能训练,培养国防教育意识的重要组织形式,对于提高研学旅行群体军训效果、增强研学旅行群体国防素质具有十分重要的意义。目前,学生军训主要采取驻校训练和基地训练两种形式,相关数据显示,驻校训练存在许多问题,如训练内容随意增减、训练器材保障不到位、训练场地功能单一等因素使得《普通高等学校军事课教学大纲》规定的诸多科目都无法完成基本训练,自然难以保证达到好的训练效果。因此,未来军训应以基地训练为主,军训场地建设应遵循《普通高等学校军事课教学大纲》的内容设计,以满足军训要求为前提,完成多科目的基本训练。

第四节 军营基地

在洪灾、地震等灾害面前,中国军人一直是敢于牺牲、奉献的最可爱的人。很多学生都有成为军人的梦想,通过军营基地研学旅行,学生可以走进军营,体验军营生活,感受军营文化,接受爱国教育,瞻仰爱国英雄……军营,是让学生们魂牵梦绕的地方。

一、中国军营发展历史

(一) 古代军营发展历史纵览

军营,指兵营,即军队留驻的住所。语出《后汉书·明帝纪》:"诏令郡国中都官死罪系囚减死罪一等,勿笞,诣军营,屯朔方、敦煌。"

古代的军营主要由两部分组成,一是指军人,二是指营房。关于军人,在古代军营中人员众多,最底层的是兵,再往上依次是兵长、校尉、骑都尉、中郎将、骠骑将军、神威将军等。另外可以从唐代的诗词歌赋中感受古代军人的生活,唐代的大诗人韩愈曾经在《为河南令上留守郑相公启》写道:"坐军营,操兵守御,为留守出入前后驱从者,此真为军人矣。"王维也曾经以监察御史的身份出塞,前往军营,写下了脍炙人口的诗句:"大漠孤烟直,长河落日圆。"

关于营房的建设,古代部队的军营工程设施较为发达,营房建设得甚至比普通老百姓的房屋还要舒适、科学。在行军打仗过程中,营房的建设遵循一套工程建设体系。

首先是营房的驻扎。一般由前面的斥候或者塘报骑兵确定安全后,才会驻扎营房。营房驻扎的地理位置也有严格要求,一般要看两军交战的距离的远近,考虑粮食运送是否方便,后面队伍是否方便支援等。

其次就是搭帐篷和修造围墙。决定驻扎之后,就是搭帐篷和修造围墙等防范设施,这两者一般没有先后顺序,是同时进行的。行军的时候,会有专门负责运送绳子和搭帐篷所需的木头的队伍。

军营外面的围墙一般称为壁垒,除非有特殊需求,否则就用树枝搭造简易的壁垒。将准备好的树枝分成上下两排插在土地里,在上排会用长树干建造类似脚手架的装置,并铺设木板,有哨兵站在上面观察四周动向。

最后一个程序是挖厕所。古代军士们十分注重防范传染病,所以厕所的位置一般都要离水源远一点,而且每个帐篷里的军士们共用一个厕所,不能弄错位置。每个帐篷的厕所都要相对,中间要挖出一条排水沟,方便排水。将军的帐篷由9个哨兵的帐篷包围住,每晚都有哨兵在帐篷外看守。所以,古代被包围起来的、最中间的那个帐篷,大概率是将军的帐篷。

古代军营的娱乐活动丰富多彩。根据史料记载,西汉卫青带兵作战,在西域沙漠地区组织各营开展类似沙漠排球的游戏,既能锻炼士兵们的体魄,又能提升士兵们的士气。在宋代,由于蹴鞠运动风行于世,其也成为大宋边防军营中的一项特色娱乐活动。

(二) 近现代军营发展历史纵览

随着时代的发展,军营文化越来越丰富,特别是在中国共产党领导下的文工团的军营文化极具代表性。早在1927年9月,毛泽东同志在领导"三湾改编"时就指出,连以上单位要建立士兵委员会,其任务之一就是组织军营的文化娱乐活动。古田会议后,各种剧社、演出队层出不穷,军营文化工作日趋活跃。据不完全统计,截至抗日战争爆发前,军纵队以上单位的文工团就有多个,各师还有文工团,总人数在万人以上,其创作的作品数量多、艺术质量高,包括《黄河大合唱》《在太行山上》《游击队歌》《八路军进行曲》

等,极大活跃了军营的文化气氛。

　　1978年,中共中央军委在《关于加强军队政治工作的决议》中明确规定新时期军队文化工作的指导思想就是要活跃军营文化生活,鼓舞士气,增强团结,提高战斗力。1979年全军文化工作会议提出军队文艺创作要"以军事题材为主,以现实题材为主,以歌颂光明为主,着重塑造英雄和'四化'创业者的形象"。军营歌曲是现代军营建设的重要组成部分,《小白杨》《军港之夜》《我是一个兵》《东西南北兵》《为了谁》《当兵的人》等激越铿锵的歌曲备受现代军人钟爱,它们契合了现代军人的理想信念,提高了现代军人的战斗力。

二、军营基地研学旅行概念研究

　　关于现代军营的概念的研究较少,方宏向和许润春(2010)认为所谓现代军营,就是在科学发展观的指引下,综合平衡部队战备训练、生活保障、发展管理,实现部署基地化、布局集体化、配套一体化、管理智能化、环境生态化。

　　结合研学旅行的发展需求,军营基地研学旅行主要是指以现代军营为核心开展的研学旅行活动,因此编者将军营基地研学旅行界定为以现代军营资源为载体,以传播现代军营文化,开展国防教育、爱国主义教育为目的,将与军营有关的军人、历史文化和环境作为研学旅行吸引物,把研学旅行体验与国防观念教育、爱国主义教育有机结合起来的一种研学旅行形式。军营基地研学旅行是把平时很难了解到的现代军事生活和某些军事设施以及军营文化与研学旅行结合起来,具有极强的稀缺性和独特性。

三、军营基地研学旅行相关政策

(一)军营开放日

　　军营开放日是各国军方为了向民众展示军事装备和提高民众的国家认同感而设立的节日。向本国民众开放一般性军事活动早已成为国际惯例,如俄罗斯、以色列、法国、荷兰、韩国、新加坡、马来西亚等国家都设有军事机关、军事院校和军事基地的开放日。1976年美国建国200周年之际,五角大楼对外开放,至今每年都有近10万人次走进这幢神秘的大楼。军营开放有时还扩大为军事表演和演习项目,如日本陆上自卫队每年组织的最大规模的实弹射击演习——"富士综合火力演习"和海上保安厅举行的海空阅兵及综合演练都向社会开放,现场观众经常达到2万余人。

　　中国军队明确规定,各单位经批准可以开放军营等场所进行国防教育。依据这一规定,部分单位曾经有选择地对公众进行了开放。2009年11月,成都军区空军举行首次军营开放日活动。2012年9月15日,武汉举办首届军营开放日活动。2013年起,扬州市设立军营开放日,市民可近距离接触军营,体验军营生活。

　　中国驻港驻澳军队每年都会举行军营开放日活动。自香港和澳门回归后,解放军驻港驻澳军队分别在香港和澳门设立了军营开放日。其设立的初衷,是为了消除当地公众与驻军的隔阂,在与文明之师、威武之师的近距离接触中,增强当地公众对中国的认同感。

(二)《中国人民解放军军营开放办法》

《中国人民解放军军营开放办法》(以下简称《办法》)经中央军委批准,由中央军委办公厅于 2017 年 10 月印发。《办法》是新形势下发挥军队资源优势、推动全民国防教育深入普及的重要举措,为各部队规范有序组织军营向社会开放提供了基本遵循。

《办法》规定,驻大中城市市区或者郊区的师、旅、团级单位,以及具有独立营区的建制营、连级单位,经批准可以组织军营向社会开放;选定师、旅、团级单位作为军营开放单位的,由军兵种、军事科学院、国防大学、国防科技大学按照军营开放单位选定计划提出本单位拟开放的师、旅、团级单位建议方案,报中央军委国防动员部,中央军委国防动员部审核汇总并征求军委机关有关部门和有关战区意见后,报中央军委审批。

按照军营开放单位选定计划,选定营、连级单位作为军营开放单位的,由军兵种、军事科学院、国防大学、国防科技大学审批,并报中央军委国防动员部备案。军营开放活动主要面向中国公民,一般在国庆节、建军节、国际劳动节、全民国防教育日、全民国家安全教育日、抗日战争胜利纪念日、烈士纪念日和军兵种成立纪念日等时机组织进行。

《办法》明确,军营开放的内容包括:军史馆、荣誉室等场所,部队可以公开的军事训练课目和武器装备,基层官兵学习、生活、文化活动等方面的设施。团级以上单位领导机关办公场所,作战指挥场所,情报、通信、机要中心,武器弹药库、洞(机)库、油库,作战工程等不适宜开放的部位,以及实弹投掷和军事演习等不宜公开的和具有危险性的活动,不得向社会开放。

军营开放主要面向中国公民,除经批准可以向外国人开放的单位外,其他单位不得向外国人开放。

四、开展军营基地研学旅行的意义

(一)培养国民爱国主义情操,增强国防安全意识

军营基地研学旅行资源有其独到的特征和作用,它同战争与和平紧密相关。军营基地研学旅行体验可以让研学旅行群体以亲身实践的形式牢记战争带来的苦难,珍惜今天来之不易的和平幸福生活,感受部队的严谨作风、国防科技的强大,增强民族自信心,培养爱国主义情操。另外,和平时期国民的国防安全意识相对淡化,只有长期的国防安全宣传教育,保持和提高国民的国防安全意识和军事素养,才能构筑赢取战争胜利的基础。军营基地研学旅行以浓郁的国防氛围、易于接受的形式,使国防安全意识深入民心。

(二)了解军队历史,获得现代化军事知识

研学旅行群体通过参观军队俱乐部、军队荣誉室、阅览室、宿舍、餐厅等军营相关设施,能够充分了解军队的光荣历史,以及感受军营的独特魅力和军人的非凡风采。另外,军营基地也可以向研学旅行群体传播丰富的现代化军事知识,包括军事理论、军事技术、军事管理、军事历史、军事地理、军事人物等,为维护世界和平做出贡献。同时,由于军营基地的军事设施和装备是当代世界尖端技术的集中体现,因而研学旅行群体能够对人类文明"窥见一斑而知全豹"。军事中的行军、组织、纪律、体能、野外生存、擒拿格斗等训练

的实践知识，对研学旅行群体提高自身素质并应用于生产生活也很有价值。

（三）有利于研学旅行群体塑造正确价值观

军营基地是一所不一样的学校，研学旅行群体可以在此学到在家庭、学校、社会中难以学到的知识和本领。通过了解营区建设、观看军事课目演示、聆听国家安全教育课、参观并体验先进武器等，研学旅行群体可以零距离感受军营生活，对伟大的祖国产生敬畏之心，了解保家卫国的重要意义，在心灵留下深刻的印象，从而塑造正确的价值观。

五、军营基地研学旅行产品打造

从实践操作和市场供给来看，军营基地研学旅行产品主要有两种类型，分别为军营体验和军营模拟训练体验。

（一）军营体验

军营体验是以走进军营、体验军旅生活为核心，一般以学校为单位，在当地政府相关部门（如人武部、关工委、国防教育办公室等）的支持下，研学旅行群体去武警部队、解放军军营等进行研学旅行体验。研学旅行时间以 0.5 天居多，主要是利用军营开放日及其他时间。研学旅行内容主要包括军事技能演示、军营内务演示、营区建设历史讲授、军事课目演示、国家安全教育课、军事荣誉课等多项内容。通过参观、体验和互动，研学旅行群体可以切身感受军营的魅力，了解新时代军队的发展成就，进一步增强国防意识和爱国主义精神。以南昌县高坊岭解放军某部队研学旅行为例，在相关部门的协调下，学生参观军营，了解部队生活，了解营房布局、设施及武器装备，了解现有装备的基本常识，学唱军旅歌曲；学生重点参观 U-2 飞机阵地纪念碑，听讲解员介绍首次击落 U-2 飞机的历史，并参观解放军战士生活起居的地方，观看解放军战士将被子叠得整整齐齐、四四方方的过程；另外，邀请部队优秀官兵代表为学生讲述英雄故事，对学生进行革命教育；最后，学生代表向部队赠送锦旗，与部队合影留念。

（二）军营模拟训练体验

鉴于各种因素，中国大陆的军营很少对外开放，就算开放还存在开放次数不多、参与面偏小、开放程度不高等问题，针对市场上的需求，军营模拟训练体验便应运而生。军营模拟训练体验基地一般内设军事训练场、军事拓展训练场（陆地、水上）、自救互救训练中心、篮球场、游泳池、专业 CS 场地等，并配备大型礼堂、教室、食堂、澡堂等相关配套设施，占地面积较大，是研学旅行群体参与军营体验、军事训练、军姿训练、军事游戏、野外生存训练、军事拓展训练等的地方。

1. 红色教育的发展历程：中华人民共和国成立初期的红色教育、改革开放时期的红色教育、新时期的红色教育。

2. 红色教育的概念：将红色视为时代精神内涵的象征，务实的落脚点在于教育，呼唤有志青年忧国忧民、挑战自我、超越自我、挑战极限、奉献社会的崇高精神。红色教育基地是传承红色教育的核心载体,是指在中国共产党领导下所形成的以革命精神、民族精神与时代精神为主题,以红色为核心内涵的象征,它不仅承载着教育功能,还承载着社会功能与政治功能,尤其是政治功能。红色教育基地是老一辈无产阶级革命家革命情怀与意志精神的真实写照,也是传承我国民族精神的重要载体。

3. 建设红色教育基地的意义:有利于发扬红色文化在革命、建设和改革中形成的宝贵精神;有利于加强爱国主义教育,增进人民的爱国情怀;有利于传播先进文化,提高人们的思想道德素质;有利于促进党的思想政治建设。

4. 校园研学旅行的概念:以校园(主要指高校)的教学楼、实验室、科研所、图书馆、体育馆等教学场馆以及秀丽的校园景色为依托,以悠久而深厚的文化底蕴以及浓郁的学术氛围为背景,以知识传播和科学普及为主要目标,以青少年及其家长为主要对象所开展的专项研学旅行活动。

5. 开展校园研学旅行的意义:有助于提升高校的社会价值;有助于更好地传承中华优秀传统文化;有助于提升高校的知名度和影响力;有助于培育壮大校园文化产业。

6. 国防教育基地的概念:具备国防教育功能,对有组织的中小学生免费开放的,经省、自治区、直辖市人民政府命名的国防教育场所,是在全民国防教育日向社会免费开放的有关国防教育的基本阵地。

7. 建设国防教育基地的意义:满足增强民族凝聚力、增强全民国防意识的需要;满足提高全民素质教育和功能拓展的需要;满足实现特色化旅游项目开发的需要。

8. 中国军营的发展历史:包括古代军营发展历史、近现代军营发展历史。

9. 军营基地研学旅行的概念:以现代军营资源为载体,以传播现代军营文化,开展国防教育、爱国主义教育为目的,将与军营有关的军人、历史文化和环境作为研学旅行吸引物,把研学旅行体验与国防观念教育、爱国主义教育有机结合起来的一种研学旅行形式。

10. 开展军营基地研学旅行的意义:培养国民爱国主义情操,增强国防安全意识;了解军队历史,获得现代化军事知识;有利于研学旅行群体塑造正确价值观。

思考练习

1. 简要说明励志拓展类研学旅行资源与其他研学旅行资源的不同之处。
2. 以所在学校为例,试简要设计校园研学旅行课程。
3. 任选周边景区,试简要设计励志拓展类研学旅行课程。

第六章
文化康乐类研学旅行资源

章节目标

◆ 知识目标
1. 掌握文化康乐型研学旅行资源的概念及其分类。
2. 掌握主题公园研学旅行的概念、重要意义、发展方向、打造手法。
3. 掌握演艺影视城研学旅行的概念、重要意义、发展方向、打造手法。

◆ 能力目标
1. 能够依托主题公园资源,设计和开发优质的主题公园研学旅行课程。
2. 能够依托演艺影视城资源,设计和开发优质的演艺影视城研学旅行课程。

◆ 素质目标
培养学生设计文化康乐类研学旅行课程的能力和实际操盘能力。

知识框架

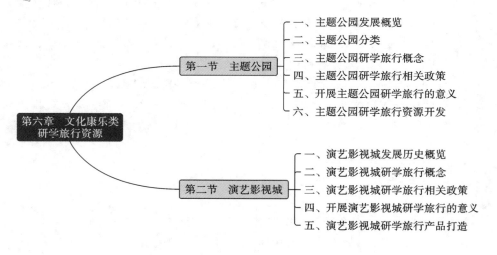

第六章　文化康乐类研学旅行资源

1. 了解文化康乐类研学旅行资源的概念和意义。
2. 掌握文化康乐类研学旅行资源的产品打造手法。

令人难忘的"开笔礼"仪式

2019年7月，炎热的南国暑假是研学旅行的旺季，位于佛山市南海区的中央电视台南海影视城迎来100多名儿童参加"开笔礼"仪式。"开笔礼"是我国古代少儿开始"识字习礼"的启蒙教育形式，俗称"破蒙"。"开笔礼"仪式融合了孝悌、忠信、礼义、仁爱、尊师重道等中国传统文化，让孩子从小就接触优秀的传统文化，树立正确的人生观和价值观。

国家4A级旅游景区南海影视城是中央广播电视总台直属影视摄制基地，集影视拍摄、休闲旅游、研学体验和婚纱摄影、品牌展示于一体，占地面积1500余亩①，由天朝宫殿区、江南水乡区、旧港澳文化区和休闲表演区组成，位于广东省佛山市南海区狮山镇松岗影城大道。

在2019年"广东省十佳研学旅行目的地"遴选活动中，南海影视城荣获"广东省优秀研学旅行目的地"称号。南海影视城研学旅行活动形式丰富多彩，寓学于乐，沉浸式的游玩体验课程，让每位参与活动的学子都能收获一段干货满满的旅程。

以"弘扬传统文化"为研学旅行目的，南海影视城根据传统研学习俗、结合教科书推出了别具特色、别开生面的"开笔礼"课程。装饰一新的国学府营造了学习氛围浓郁的环境，科学规范、严谨有序的流程为课程增添了仪式感，换上崭新的汉服，孩子们瞬间化身为古代的学童，参拜孔子像，听启蒙老师讲授人生最基本、最简单的道理，学读书，学写字，完成人生的首次大礼。

"开笔礼"课程流程包括自正衣冠、敬拜孔子、启蒙描红、朱砂启智、击鼓明志、感谢师恩六大程序。

"开笔礼"课程深受家庭市场的欢迎，仅2019年上半年，南海影视城就已经先后接待了上千个亲子家庭。

本章将重点介绍以主题公园、演艺影视城为代表的文化康乐类研学旅行资源。

---

① 1亩≈666.67平方米。

第一节 主题公园

主题公园类型广泛、内容丰富、功能多样，包括文化主题、教育科普、景观体验等，具有较高的景观价值、娱乐价值、教育价值，以特色IP主题和先进科技的融合深受研学旅行市场青睐。

一、主题公园发展概览

2021年国庆节期间，抢票致使官方App和小程序崩溃、"话痨"威震天成为"网红"、排队6小时购买玲娜贝儿周边商品……2021年，北京环球度假区、上海迪士尼度假区等主题公园的热度空前高涨。主题公园的火热不止于此。一系列主题公园建设项目加快推进——乐高乐园（2021年上海乐高乐园开工）等在中国全方位布局；华强方特、海昌海洋公园等在各地建设乐园项目……大众点评软件通过线上数据统计，展示了2021年"十一"假期10个城市里出现的典型热门"新"景点，各地主题公园基本上位列该地热门景点之首。主题公园不愧为旅游产业第一"网红"。

主题公园作为一种重要的旅游资源，极大地满足了人们对于休闲娱乐的需求，在大众旅游和国民休闲时代，主题公园已经超过山水景区，成为中国居民最普遍接受的休闲娱乐新选择。调查表明，休闲、度假在出游动机中排名前二。

世界主题娱乐协会（TEA）与咨询机构AECOM联合发布了《2020年全球主题公园和博物馆报告》（以下简称《报告》）。《报告》显示，在全球前25个娱乐主题公园榜单里，2019年奥兰多迪士尼魔法王国以2096万人次的游客总数位居榜首，长隆海洋王国以1173万人次位列第二。其他上榜的中国主题公园还有上海迪士尼乐园（以1121万人次位列第10）、华侨城集团旗下北京欢乐谷（以516万人次位列第24）、广州长隆欢乐世界（以490万人次位列第25）、香港海洋公园（以570万人次位列第20）、香港迪士尼乐园（以569万人次位列第23）。

在世界主题公园的版图当中，虽然欧美主题公园仍然占据头部地位，但中国主题公园已经成为主要的组成部分。

（一）国外主题公园发展史

1. 初步发展时期：20世纪50年代至60年代

现代主题公园起源于荷兰，后来兴盛于美国。

荷兰的一对马都拉族夫妇为纪念在第二次世界大战中牺牲的独生子，兴建了一个微缩（按1∶25的比例复制）了荷兰120处风景名胜的公园。此公园开创了世界微缩景区的先河，于1952年开业时轰动欧洲，成为主题公园的鼻祖。

20世纪60年代美国人对于娱乐休闲度假的需求不断增加，华特·迪士尼抓住了当时人们的心理诉求，有了兴建一个让大人和小孩同乐的乐园的想法。1955年加州迪士尼乐园开幕,它拥有两座主题乐园(加州迪士尼乐园、迪士尼加州冒险乐园)、三家主题酒店和一个迪士尼小镇,乐园将电影场景、动画技巧与机械设备结合,将主题贯穿各个游戏项目,让游客可以完全沉浸其中,极大地改进了游乐方式,这也让此乐园成为世界上第一个现代大型主题公园,开业以来就吸引了众多的游客。1955年7月17日,洛杉矶迪士尼乐园正式开张营业。据统计,在开园当天,场面非常壮观,虽然官方事先仅向社会各界发出了约6000份请柬,但让人意外的是,开园当天仅短短一个上午就有2.8万人涌入了这个魔幻的"娱乐王国",其中绝大多数人的请柬是伪造的。迪士尼乐园的开业盛况轰动了当时的美国,甚至被媒体形容为"奇迹"。

加州迪士尼乐园的巨大成功,让许多企业纷纷效仿,力求复制其成功之路。1961年德克萨斯的六旗主题公园是首个非迪士尼的主题公园,1964年好莱坞环球影城开园,1964年圣地亚哥海洋世界开园,各个主题公园竞相开园。

2. 高速发展时期:20世纪70年代至80年代

20世纪70年代和80年代,西方主题公园进入高速发展时期。70年代迪士尼乐园魔法王国、80年代未来世界和好莱坞影城相继开业,此时环球影视公司也抓紧机遇紧张建设奥兰多环球影城。奥兰多是全世界主题乐园建设的主角,各个主题乐园之间既相互竞争又相互依存,初步形成了主题乐园集群的集聚效应,为以后成为世界上规模最大、品牌影响力最强、吸引游客最多的主题旅游度假区奠定了基础。

在这一时期,主题公园无论是在规模上还是在产品上都更加完善,主题公园的发展趋势也愈加全球化,美国式主题公园的概念也进一步推广至全世界范围,并结合各国的文化传统、自然特色和经济状况产生了许多新的类型,其中表现主题和形式日趋丰富,对其他国家主题公园发展极具影响力的两个类型分别是"小人国"和"民俗村"。比如,1983年东京迪士尼乐园的开幕揭开了日本发展大规模主题公园的序幕;1983年亚哥花园的建立标志着中国台湾主题公园的诞生,随后相继开发了"小人国"、九族文化村等;1979年中国香港建成"宋城";1989年,中国深圳的"锦绣中华园"建成。

3. 百花齐放时期:20世纪90年代至21世纪

世界各国逐渐意识到主题公园建设对本国旅游业和国民经济的重要意义,因而加大了对主题公园的开发投资。这一发展阶段,形成了百花齐放的局面,主题公园一跃成为各地的头部产品和一号工程。比如,欧洲巴黎迪士尼于1992年建成,是世界上第四个迪士尼乐园,也是欧洲较大的文化娱乐度假中心;1998年建成的深圳欢乐谷,是中国最大的主题公园。当时的主题公园呈现以下特征。

其一,主题文化的多样性。世界各国均意识到了保护本国独有民族文化资源的重要性,因此,各种展示本土文化特色的主题乐园层出不穷,形成了百花齐放的局面。

其二,表现形式的多元化。主题乐园中的游乐项目充分利用了新兴科学技术并着力营造多元化的文化氛围,向游人展示个性极强的旅游产品,令人耳目一新。

其三,规模的大型化。主题乐园的规模日渐大型化,期望通过大型化创造轰动效应和规模效应以吸引更多的游客,创造更多的收益。

4. 集团化时期:21世纪至今

21世纪初,主题公园在全世界范围内得到大力推广,美国顶尖集团至少有13家主题公园在韩国、新加坡、中国上海、迪拜等地运营,尤其在亚洲获得巨大的成功,如2001

年开放的日本环球影城、2010年开放的新加坡环球影城、2016年开放的上海迪士尼乐园、2021年9月20日正式开园的北京环球影城。此外,中国的主题公园也逐渐出现集团化趋势,如欢乐谷、方特、千古情等都在全国布局。

(二) 国内主题公园发展史

国内主题公园在20世纪80年代初具雏形,至今已发展了40多年,经历了探索时期、发展时期、成长时期和上升时期四个重要阶段。

国内文化主题公园发展时间虽短,但因中国具有得天独厚的历史文化条件,文化底蕴深厚,所以国内的文化主题公园跟随主题公园迅速发展。

1. 探索时期:以游乐园为主(1978—1989年)

"宋城"于1979年在中国香港建成,是展现宋文化的主题公园,也是当时文化主题公园的主要代表。"宋城"的主题基于张择端的《清明上河图》,展现了宋代的集市街景,它的建设开创了我国主题公园的先河。在这一时期,北京的大观园、河北的西游记宫等各种旅游景点也相继建成。随后因电视剧《红楼梦》的拍摄,先后建造了一些影视性质的主题公园,主题公园的发展有了一定的创新,文化主题公园初具雏形。这一时期文化主题公园的建设规模小,主题单调、缺少针对性,文化内涵不深厚,活动设施匮乏,很快就被淘汰。

2. 发展时期:以微缩景区为主(1989—2000年)

1989—2000年是我国主题公园成长的重要时期。1989年,深圳的"锦绣中华园"建成,给人们留下了深刻的印象,该园是将各地具有文化意义的名胜古迹用缩移模拟的手法,建造成微型的景观环境放置在园中,并将其串联起来,它是国内极具代表性的主题公园,体现了我国主题公园发展的巨大空间和商业价值,将中国的主题公园建设带入了一个新的阶段。

1990年,我国主题公园快速发展,主要以地域文化、地方民族特色为主题,在主题立意、规模、数量以及质量上不断创新、发展和进步。"世界之窗"于1994年在深圳建成,该园是将世界各地的不同景观名胜缩移模拟成微型景观,并与歌舞表演、游乐观赏等融为一体的人造主题公园。随后在1998年,"华侨城欢乐谷"也在深圳建成,该园综合性强,规模庞大,是当时国内最大的主题公园,融合了现代科技和休闲理念,集休闲游乐、景观观赏以及购物于一体,是能够参与和体验的、水陆双栖的大型旅游主题公园,极具动感和时尚,给游客们带来了不一样的体验感、参与感和新鲜感。该时期的深圳形成了独具特色的主题公园群落。2000年"中华恐龙园"在常州建成,该园将恐龙作为主题,是一座具有娱乐性、科普性的综合性游乐公园。"中华恐龙园"将展示、娱乐、演出、商品、景观、配套游客服务以及管理维护设施结合在一起,形成"5+2"主题公园建造模式,也标志着新型的"5+2"主题公园建造模式首次提出。

发展时期的主题公园不再拘泥于单一的娱乐形式,"主题"要素也得到了人们的重视,成为主题公园建设的主要引导和线索,主题和表现形式多种多样,"文化"要素也渐渐受到关注,传统的景观造园形式逐渐被打破,有意义、有内涵的文化娱乐新理念渐渐形成并发展起来。

3. 成长时期:主题游乐公园(2000—2015年)

2000年以前的主题公园发展迅速,也逐渐暴露出一些问题。主题公园在成长时期快速、稳步发展的基调下,应适当放慢脚步,需要一个整合和优化的过程,此时文化主题公园的建设占据着主导地位。2005年在西安建成的"大唐芙蓉园"是中国第一个园林式主题公园,整个园区以展现丰富的盛唐文化为主题,是文化主题公园建设中极具代表性的公园。同年,世界最小"迪士尼乐园"在中国香港开业。2007年,亚洲著名的最大水上乐园——"长隆水上乐园"在广州建成。

2000—2015年,全国各地建成的主题公园有上百座,其中文化主题公园的建设占到三分之一。成长时期的主题公园的主题性越来越明确,公园设施更加完备,建设公园的科技水平也有所提高,经营方式和建设方式更加多样化。公园的科普和教育功能也得到了重视,在增强了游客的体验感的同时,也丰富了游客的精神世界。

随着主题公园的快速发展,国家也出台了相关服务规范的文件,如从2011年12月1日起,中国主题公园的第一个国家标准——《主题公园服务规范》正式实施,分别从主题场景、服务提供、安全与应急、投诉处理与满意度测评等方面,对主题公园提出了规范性要求。

4. 上升时期:创新升级发展(2016年至今)

从2016年开始,主题公园的发展显然已经进入了新的阶段,即国际一流主题公园品牌和国内主题公园品牌正面交锋的时期。这里有两个时间节点非常关键:第一个是2016年,上海迪士尼乐园于2016年6月16日正式开园,该园是内地首座迪士尼主题乐园,也是中国现代服务业中规模极大的中外合作项目;第二个是2021年,北京环球影城于2021年9月1日开始试运行,于2021年9月20日正式开园,是亚洲第三座、全球第五座环球影城主题乐园。新一代主题公园的特征是占地面积大、科技含量高、影像逼真、景点多、内容丰富。现在很多主题公园的建设融合先进的科学技术和数字技术,制作手法也比之前更加高端。主题公园的主题类型逐渐丰富,不断创新。随着社会的发展和人们创新思维的提高,主题公园类型由最初景观微缩型这一简单模式不断创新发展,而后各种风格迥异的主题公园层出不穷,主题类型更加丰富多彩。现在文化主题公园的类型主要有观光游览型、风景名胜微缩型、地域文化特色型、影视文化型、民族文化型、著作再现型、历史再现型等。

截至2021年5月,我国已成为全球游客量最大的主题公园市场,拥有近3000家主题公园,其中规模性的主题公园约400家,智研咨询发布的《2021—2027年中国主题公园行业市场现状调查及投资发展潜力报告》显示:从区域分布来看,目前大型主题公园主要集中在以广州、深圳为核心的珠三角,以上海、苏州为核心的长三角、环渤海地区,以及长沙、武汉、成都等中西部新兴一线城市。这种分布情况与我国区域经济发展水平和国内旅游市场结构基本一致。纵观国内外经营条件优越的大型主题公园,都包含了持续增长、结构合理的客源市场。

目前,一线城市的主题公园市场不仅已经饱和,而且还面临着迪士尼和环球影城等国际巨头的挑战,运营商纷纷加码二线、三线城市。华强方特在涪陵、重庆、绵阳、四川、自贡等地建设方特公园项目;以海洋动物为特色的海昌海洋公园分别在重庆和成都开放加勒比海世界和海昌极地海洋公园;珠海市2021年公布的未来详细建设规划显示,时代华纳和梦工厂将投资2000亿在珠海建设主题公园;好莱坞电影电视公司派拉蒙的母公司计划在佛山建立一个动画主题公园。从上述已建和在建主题公园的选址情况来看，在土地相对便宜、运营资金需求相对较小的二线、三线城市，由于叠加消费需求爆发等因素，未来主题公园布局将呈现下沉趋势。

目前，我国主题公园建设商主要有华侨城、华强方特、长隆集团等。其中，华侨城、华强方特和长隆集团三足鼎立。在头部企业中，华侨城旗下产业主要分布在北京、上海等一线城市，开发模式主要为"旅游＋地产"，如锦绣中华、中国民俗文化村等；华强方特则偏好"IP＋数字模拟仿真＋数字影视"的建设模式，旗下主要公园为芜湖方特欢乐世界、青岛方特梦幻王国等，大本营在芜湖、沈阳、青岛等地；长隆集团擅长运营"马戏＋酒店＋地产"模式的主题公园，如长隆国际大马戏、长隆欢乐世界等。

二、主题公园分类

按照不同的分类标准，主题公园可以分为以下几种类型。

（一）按照旅游体验类型分类

1. 游乐型

游乐型主题公园亦称游乐园，提供了刺激的游乐设施和机动游戏，如迪士尼乐园、蒂沃利公园、发现王国等。

2. 情景模拟型

情景模拟型主题公园目前主要指各种影视城的主题公园，如三国水浒城、浙江横店影视城等。

3. 观光型

观光型主题公园主要是指著名景观或特色景观的浓缩，让游客在短暂的时间内欣赏最具特色的景观，如深圳的锦绣中华、世界之窗等。

4. 主题型

主题型主题公园主要是指各式各样的水族馆和野生动物公园，如老虎滩海洋公园、香港海洋公园等。

5. 风情体验型

风情体验型主题公园将不同的民族风俗和民族色彩展现在游客眼前。

6. 科技娱乐型

科技娱乐型主题公园综合利用光、电、声等方面的现代高科技，营造梦幻、太空等主题，寓教于乐。

（二）按照功能和用途分类

1. 微缩景观类

微缩景观类主题公园主要是选择世界各地或全国各地有代表性的景观进行微缩，如深圳的锦绣中华、北京的世界公园等。

2. 活动参与类

活动参与类主题公园以较强的互动性、竞技性和娱乐性吸引了世界各地的游客，如AC米兰主题公园、苏州乐园、深圳华侨城、欢乐谷等。

3. 民俗景观和仿古建筑类

民俗景观和仿古建筑类主题公园如中华民俗文化村、中华民族园等。

4. 科幻探险类

科幻探险类主题公园如江苏常州的中华恐龙园等。

（三）按照产品形态分类

在产品形态上，从全世界主题公园的发展现状来看，主题公园主要分为两种，一种为单体乐园，另一种为度假区。

1. 单体乐园

单体乐园是以特色主题为驱动的，供游客游乐、休闲的特定园区，以游乐、观光为主导功能，且配套少量休闲、餐饮等。表 6-1 列出了一些具有代表性的单体乐园的主题与产品功能

表 6-1 单体乐园的主题与产品功能

单体乐园	主 题	产品功能
开封清明上河园	宋文化主题	观光、演艺
常州淹城春秋乐园	春秋文化主题	观光、游乐、演艺
杭州 Hello Kitty 乐园	Hello Kitty 主题	游乐
天津泰达航母主题公园	航母主题	观光、游乐
上海巧克力开心乐园	巧克力主题	观光、体验、游乐
马来西亚乐高水上乐园	水上欢乐主题	游乐、休闲

2. 度假区

单体乐园是度假区的核心吸引构成，是度假区发展的初级形态。度假区是休闲度假时代下的必然产品，它由乐园群、酒店群、休闲商业群、休闲配套群、旅居地产等一系列业态构成，是主题乐园发展的高阶形态。

例如，奥兰多迪士尼世界度假区是世界上面积最大的迪士尼乐园，位于美国佛罗里达州奥兰多市郊，1971 年开业迎接客人，初始总投资 4 亿美元。其总面积达 124 平方千米，包含 4 座超大型主题乐园，分别为迪士尼—未来世界（Disney's Epcot）、迪士尼—动物王国（Disney's Animal Kingdom）、迪士尼—好莱坞影城（Disney's Hollywood Studio）、迪士尼—魔法王国（Disney's Magic Kingdom），以及 2 座水上乐园、32 家度假饭店、784 个露营地。

奥兰多迪士尼世界度假区的发展模式为"主题公园＋度假酒店＋休闲配套＋商业综合体"，2017 年游客接待量超 5500 万人次，居全球第一。

（四）按照规模分类

根据国家发改委及相关部门于 2018 年发布的《关于规范主题公园建设发展的指导意见》中的规定，主题公园按照规模大小可划分为特大型、大型和中小型三个等级。总占地面积 2000 亩及以上或总投资 50 亿元及以上的，为特大型主题公园；总占地面积

600 亩及以上、不足 2000 亩或总投资 15 亿元及以上、不足 50 亿元的,为大型主题公园;总占地面积 200 亩及以上、不足 600 亩或总投资 2 亿元及以上、不足 15 亿元的,为中小型主题公园。主题公园的规模与分类具体见表 6-2。

表 6-2 主题公园的规模与分类

类型	游客量	核心市场	总占地面积	品牌	总投资	项目
特大型	500 万人次以上	全国、国际市场	2000 亩及以上	国际影响力品牌	50 亿元及以上	迪士尼、环球影城
大型	200 万至 500 万人次	全省、全国市场	600 亩及以上、不足 2000 亩	全国影响力品牌	15 亿元及以上、不足 50 亿元	香港海洋公园、东部华侨城
中小型	200 万人次以下	地区市场	200 亩及以上、不足 600 亩	区域影响力品牌及以下	2 亿元及以上、不足 15 亿元	锦江乐园、苏州乐园

三、主题公园研学旅行概念

　　首先要厘清主题公园的概念。主题公园的发展历史已有半个世纪,各国学者针对主题公园的研究也从未停止,他们对主题公园的定义亦提出了各自的见解。对主题公园概念的界定往往会受到地区、时期及发展等因素的影响,所以学界至今没有一个统一的、完善的、准确的定义。

　　美国国家娱乐公园历史协会将主题公园定义为围绕某类或某组主题而建设的娱乐公园,这个定义虽然明确了主题公园必须具备一个或多个主题,但其主要强调乘骑、表演等娱乐设施,对于其余的特征并未明确。此后,美国 Theme Parks Online 将主题公园定义为拥有至少一个主题区域,面积较大,且在区域内设置主题设施及吸引物的公园,这个定义指出主题公园的主题、面积、功能三个主要特征,但仍然偏向于娱乐性公园,且对于其余的特征仍未明确。20 世纪 90 年代末期,GW McClung 提出主题公园应该提供一个可控的、干净的环境,且不仅具备休闲娱乐功能,还应体现教育意义。Freitay 将主题公园定义为通过将动力学与各种不同形式的艺术或其他媒介相结合,营造出一种让游客沉浸其中的多元化环境,同时应该可永久性运营,包括游乐设施、商业、餐饮及服务等内容。中山大学保继刚教授及郭秋杰等将主题公园定义为具有特定的主题及一定规模,由人创造而成的舞台化的休闲娱乐活动场所。楼嘉军在对国内外主题公园的发展历程进行研究后,给主题公园做了一个较为详细的定义:主题公园是根据一个特定主题,采用现代的科学技术和多层次空间活动的设置方式,集诸多娱乐内容、休闲要素及服务接待设施于一体的现代旅游场所。此后孙鑫在总结前人研究的基础上将主题公园的定义概括为"为表达某特定主题而充分利用自然、文化资源等条件而人为创造的景观,且充分满足人的休闲及文化需求"。国家发改委及相关部门于 2018 年联合出台了《关于规范主题公园建设发展的指导意见》,根据我国国情创新性地将主题公园定义为"以营利为目的兴建的,总占地面积、总投资达到一定规模,实行封闭管理,具有一个或多个特定文化旅游主题,为游客有偿提供休闲体验、文化娱乐产品或服务的园区"。这个定义明确了非营利性的城镇公园、动植物园等不属于主题公园,同时对主题公园的建设面积及投资额度制定了明确的、可量化的执行标准,即总占地面积不足200亩或总投资2亿元以下的不属于主题公园。

因此,以《关于规范主题公园建设发展的指导意见》所给的主题公园的概念为依据,编者认为主题公园研学旅行以主题公园为载体,在其研学旅行开发过程中,既要注重特定主题的景观体验,也要与教育活动情境相适应,将主题公园的游乐体验项目与研学旅行项目深度融合,在玩耍过程中培养学生勇于探索、勇敢挑战、团结合作、善于沟通、文明旅行。另外,在规划设计和建设层面,结合研学旅行群体的特点,应采用鲜明的色彩对比,利用当地文化优势激发学生的好奇心,引导学生全身心地投入游戏,同时促进学生的生长发育。

四、主题公园研学旅行相关政策

(一)《关于促进旅游业改革发展的若干意见》

2014年8月21日,国务院印发《关于促进旅游业改革发展的若干意见》,该文件明确指出要创新文化旅游产品,规范发展主题公园。

创新文化旅游产品。鼓励专业艺术院团与重点旅游目的地合作,打造特色鲜明、艺术水准高的专场剧目。大力发展红色旅游,加强革命传统教育,大力弘扬以爱国主义为核心的民族精神和以改革创新为核心的时代精神,积极培育和践行社会主义核心价值观。规范整合会展活动,发挥具有地方和民族特色的传统节庆品牌效应,组织开展群众参与性强的文化旅游活动。杜绝低水平的人造景观建设,规范发展主题公园。支持传统戏剧的排练演出场所、传统手工艺的传习场所和传统民俗活动场所建设。在文化旅游产品开发中,反对低俗、庸俗、媚俗内容,抵制封建迷信,严厉打击黄赌毒。

(二)《关于规范主题公园建设发展的指导意见》

国家发改委2018年发布了《关于规范主题公园建设发展的指导意见》,该文件指出主题公园对于满足广大人民群众日益增长的文化旅游需要、完善城市功能等发挥了积极作用,成为旅游业创新发展的重要业态。

未来,主题公园要深入挖掘中华优秀传统文化内涵,鼓励将中国元素融入主题公园游乐项目,积极弘扬社会主义核心价值观,讲好中国故事,传承中华文化基因。引导主题公园企业建立长期投入机制,定期更新主题公园的设施设备,鼓励文化创意,不断创新各种体验服务、演艺等活动内容。立足区位条件和地域特征,聚焦主题、凸显主题,防止内容重复、形态雷同。支持主题公园企业加强科技创新,充分调动社会各方面积极性,促进技术创新、业态创新、内容创新、模式创新和管理创新。支持利用数字技术、仿真、互联网等高新技术支撑文化内容、装备、材料、工艺、系统的开发和利用,加快技术改造步伐。推动动漫游戏与虚拟仿真技术在主题公园设计、制造等领域中的集成应用。加强知识产权运用和保护,健全创新激励机制。

五、开展主题公园研学旅行的意义

开展主题公园研学旅行活动,让知识走出课本,让课本上的知识变得"鲜活",让历史上的人物走下了"神坛",变得可以触摸、可以感觉。当一些原本在课本上通过文字感知的景色展现在学生面前时,他们对课文的理解也会更加深入。

主题公园研学旅行让学生以集体生活的形式,去开阔眼界、增长见识、探讨学习,这是一种形象而又生动的"课堂",是学校生活的生动延伸。这种集体生活是学生成长岁月中非常珍贵的记忆,集体生活培养出来的团队观念和整体意识也是学生"长大成人"的重要标志。

(一)有利于培养研学旅行群体的创新意识

主题公园研学旅行产品的核心特征之一就是围绕主题进行创意开发和创意打造,潜心于对当地特色历史文化或自然风光的钻研,挖掘最有价值、最富特色的亮点进行塑造,采用文化活化、文化移植、文化陈列以及高新技术等手段,以塑造的虚拟环境、园林景观为载体来凸显主题创意。主题鲜明、创意突出、创造性强的特点将极大地激活研学旅行群体的创新思维和创新意识,使其认识到创新才是发展的源泉,是美好生活的保证,对其人生的发展有着重要的意义。

(二)有利于传承和发扬中华优秀传统文化

中华优秀传统文化是我们最深厚的文化软实力,众多主题公园如方特等充分挖掘中华优秀传统文化基因,以现代沉浸式手法进行展现,让中华优秀传统文化得以彰显与传承。研学旅行群体以体验式教育的方式,在研学导师的带领下,边玩边学,从而感知中华优秀传统文化的独特魅力,产生好奇,自发地探寻和传承中华优秀传统文化。

(三)有利于公民培育和践行社会主义核心价值观

在学校的层面,主题公园研学旅行是深化基础教育改革的重要途径,是推进素质教育的重要阵地,是学校教育与校外教育相结合的重要体现。在旅游业态的层面,主题公园研学旅行是拓宽旅游发展空间的重要举措,是一种满足自我提升需求的高层次文化旅游。在学生的层面,学生是主题公园研学旅行的主体,主要目的包括:让学生接触社会和自然,在旅行体验中学习和锻炼,提升自我、开阔眼界、增长知识,促进书本知识与生活经验的深度融合;锻炼学生独立自主的能力,增强学生的自信心,让学生动手做一些之前没有做过的事,有利于锻炼他们的实践能力和动手能力;有利于满足学生暑期的旅游需求,培养学生的文明旅游意识,让学生养成文明旅游行为习惯。

(四)让学习实现书本、生活和实践的统一

研学旅行不仅聚焦于知识的深层次加工,更聚焦于学生价值观的塑造,让学生体验知识的自主建构,激发学生自主学习的兴趣。实现各方教育资源的联动聚焦,让学习发生在学生的心灵深处,让价值观引领学生的认识走到思维的更高处,在学生塑造正确价值观方面发挥"扣好第一枚纽扣"的作用;促使学生从小树立与国家、民族命运休戚与共

的远大理想与抱负，做到承志、立志、弘志，使成志教育照耀其一生。

六、主题公园研学旅行资源开发

主题公园的主题性和娱乐性天然具备开展研学旅行活动的优势，因此，应结合主题公园的特色，打造相应的研学旅行产品，重点要提高研学旅行群体的参与度和加强体验感，充分开发双向互动式研学旅行产品，呈现更具深度的景区研学旅行内容，主题公园研学旅行资源的开发方向主要包括主题公园夏令营和主题公园研学旅行基地两大类。

（一）主题公园夏令营

夏令营活动是目前主题公园最流行的研学旅行产品，主题公园夏令营活动主要为青少年精心设计，引入现代体验式教育理念，通过一周的夏令营学习和训练，将中国传统文化、当地文化、军事知识、生态知识等巧妙地传播给青少年，促进青少年健康、快乐地成长。以重庆乐和乐都童子军夏令营为例，重庆乐和乐都主题公园为全国中小学生研学实践教育基地和重庆市科普教育基地，重庆乐和乐都童子军夏令营利用自有的野生动物世界和欢乐世界等特色场所，聘请中国人民解放军退伍士官为优秀教官，打造以"科普教育、社会职业体验、户外拓展训练"为三大亮点内容的夏令营研学旅行产品，主要产品包括：实景职业体验、动物探索家、动物夜间探秘、劳作体验、永川博物馆、法制教育基地、海豚星空露营、整理与收纳。同时设置专属"童子军营地"，创新引入"军衔制""荣誉勋章"等军事元素，夏令营每期5天4夜，每营20人。夏令营活动自从推出市场之后，深受学生群体青睐。

（二）主题公园研学旅行基地

主题公园研学旅行基地开发流程主要包括四个部分，敲定研学旅行主题、明确研学旅行目标、打造研学旅行特色、研判课程定位。

第一，敲定研学旅行主题。主题公园众多，类型多样，大小不一，因此，应因地制宜，结合主题公园主题特色敲定研学旅行主题。以随县西游记公园为例，西游记公园以传承西游文化、崇尚文化报国为理念，利用随州的历史文化、农耕文化及自然风景，结合现代化的各项设备、设施建立更适合畅游的现实西游奇幻世界。因此，其在打造主题公园研学旅行基地时，将研学旅行主题定位为读《西游记》，品《西游记》，体验、感悟西游文化。

第二，明确研学旅行目标。研学旅行的本质是教育，研学旅行的灵魂在于营造一个学生健康成长的正向场域，因此，研学旅行目标应确定为丰富知识、增长见识、开阔视野，正如古人所言：读万卷书，行万里路。仍以随县西游记公园为例，西游记公园研学旅行基地的研学旅行目标是寓教于乐，领略西域风情，通过奇异的百妖洞府、一线天、摩崖石刻、盘丝洞、神魔石让研学旅行群体了解西游文化，体验西游文化。

第三，打造研学旅行特色。研学旅行特色是开发研学旅行课程、打造研学旅行基地的关键，根据研学旅行的主题和目标，结合主题公园产品类型，打造独一无二的研学旅行资源特色。仍以随县西游记公园为例，其研学旅行特色是探中华经典，学中华传统文化。《西游记》是中国四大名著之一，是中华传统文化的重要组成部分。阅读《西游记》，

延伸阅读

延伸阅读 14

走进西游记公园,在行走的课堂上,用不一样的讲课形式,让学生深度体验、感悟西游文化的精髓。通过深入地了解作者创作《西游记》的过程,学生可以更好地理解《西游记》传达的精神。学生走出校园,在研学旅行中感悟中华传统文化的精髓,培养不畏艰辛、开拓创新、自强不息的精神,拓宽视野,丰富知识,感受生活的美好。

第四,研判课程定位,即确定研学旅行群体。研学旅行资源开发成功与否在于研学旅行群体的定位是否准确,因此,必须研判课程定位,从小学生、中学生、大学生等群体中确定主要客群。仍以随县西游记公园为例,它的研学旅行群体是中小学生,研学旅行目标是"体验西游文化,寓教于乐"。学生以集体旅行的方式走出校园,在旅行的过程中感受不同的自然和人文环境,从而拓宽视野,陶冶情操,健康成长。

第二节　演艺影视城

近年来,随着素质教育和旅游产业跨界融合的不断深入,研学旅行市场需求不断释放,研学旅行延续和发展了古代游学、"读万卷书,行万里路"的教育理念和人文精神,成为素质教育的新方式。演艺影视城作为文化康乐类研学旅行资源之一,凭借自身场地特点、文化优势,推出了不同主题的研学旅行产品,从而提升学生的代入感,让学生在"行走的课堂"中寓学于游。

一、演艺影视城发展历史概览

(一)国外演艺影视城发展历史概览

演艺影视城旅游是影视与文旅交叉的产物,是一种新兴的文化旅游形式。影视文化在人们价值观念、生活时尚上的向导作用,推动着影视城旅游紧随时代的发展不断演绎出新的产品,影视城旅游产品成为各国旅游发展的必然产物。

影视城(影视基地)是演艺影视城旅游的主要对象之一,其产生于20世纪20年代至30年代的美国,随后发展到世界各地。

在19世纪中叶,那时的好莱坞还基本上荒无人烟。作为好莱坞这座城市的创始者,房地产商哈维·威尔考克斯夫妇于1886年在日后会发展成世界知名的影视城的地方买下了一块0.6平方千米的土地,并且在次年开始开发房地产并对外出售。威尔考克斯的妻子则是在购买的农场上,栽种了大批从苏格兰运过来的冬青树,从此之后这个地方就被命名为"好莱坞"(Hollywood),而这个名字正是从威尔考克斯的妻子所栽种的冬青树的树名发展而来。

1907年,塞力格电影公司在洛杉矶其他地区拍摄电影,并且于两年之后完成了第一部完全在加州境内制作的影片——《一个赛马情报员的心事》。随后,塞力格公司倾巢西迁,一大批影视公司也纷纷效仿,其中相当一部分在好莱坞及其周边地区安家落户。

1911年10月,来自美国其他地方的电影工作者创建了好莱坞的第一家电影制片厂——内斯特影视公司,同年已有其他15个影视公司迁入此地,成千上万的梦幻制造者紧随而至。之后有八大影视公司入驻,即米高梅(Metro Goldwyn Mayer,MGM)公司、派拉蒙影业公司(Paramount Pictures,Inc.)、二十世纪福克斯(20th Century Fox)公司、华纳兄弟(Warner BROS.)公司、雷电华(Radio Keith Orpheum,RKO)公司、环球(Universal)公司、联美(United Artists)公司、哥伦比亚影业公司(Columbia Pictures)。

在八大影视公司入驻好莱坞后,好莱坞的影视业发展经历了几个阶段:在第一次世界大战之前,以电影为主;在第二次世界大战以后,商业电视进入好莱坞;在20世纪50年代至60年代,开始依托好莱坞大力发展旅游产业,特别是环球影城和迪士尼,发展成了影响世界的两大文旅影视庞然大物。整体上来看,在国外,影视城主要呈现两种模式:一是影视主题娱乐公园,即围绕品牌及电影、卡通人物开发多功能体验式大型游乐项目及衍生产品,如迪士尼乐园和环球影城等;二是影视产业功能聚合中心,即将电影筹拍、后期制作、出品等影视专业功能聚合在一起的产业中心,如美国的好莱坞、印度的宝莱坞等。

(二)中国演艺影视城发展历史概览

1. 演艺影视城历史沿革

中国影视基地起源于20世纪20年代各大影视公司的片场、摄影棚和外景地,30年代至40年代在上海、长春等地已见雏形。在占地面积广阔的地区,只要地质、地形条件允许,都可以建造影视基地;受到气候条件或水资源丰度的影响,影视基地的自然资源对环境具有一定的依赖性。当中国电影与电视行业发展到一定阶段,大成本影视制作越来越多,大成本电影及电视的发展自然带动了影视基地的发展。因此,这些地区逐渐发展成为影视城。中国演艺影视城旅游的开端,可以追溯到20世纪80年代。1987年,我国规划的第一座影视拍摄基地——无锡影视城(又名中央电视台无锡影视基地)的建立,标志着我国演艺影视城旅游的正式兴起。

随着我国经济的发展、人民生活水平的提升,人民文化精神方面的需求也日益增长,影视基地的发展也如火如荼。中国大部分省份都有影视基地,但成型的不多,规模小的影视拍摄基地星罗棋布。《2021中国影视基地(园区)发展报告》显示:截至2021年底,全国专业化的影视基地有230家,其中大约50家比较活跃;占地面积超过1平方千米的园区约有20家;影棚超过10个的影视基地约有10家。

《2021中国影视基地(园区)发展报告》显示,从地区分布来看,全国有333个城市,包括4个直辖市,其中138个城市都有影视基地(园区),覆盖率约41%。长三角和京津冀地区影视基地(园区)的集聚效应比较明显,在经济文化较为发达、交通较为发达的直辖市和省会城市的园区数量较多。

2. 演艺影视城发展现状

为摄制组提供专业化服务及为旅游者提供旅游服务,是当前国内演艺影视城的核心业务。在中国影视娱乐业与旅游业蓬勃发展的当下,演艺影视城的市场仍有巨大的发展空间,其对区域经济的拉动,以及国际影响力的扩展也势必能显见。

我国演艺影视城大部分集中分布在东部沿海地区,长三角、珠三角、环渤海地区都已分别建有多座演艺影视城。中国十大影视基地分别是横店影视城、上海影视乐园、中山影视城、长影世纪城、北普陀影视城、同里影视基地、象山影视城、镇北堡西部影城、焦作影视城、涿州影视城。

我国最早的演艺影视城建于江苏无锡,浙江横店影视城规模最大,宁夏镇北堡西部影城性价比最高。无锡影视城创建于 1987 年,占地面积 1200 亩,水域面积 3000 亩,是历史文化、影视文化与旅游文化完美融合的主题景区,2007 年被评为国家 5A 级旅游景区。该演艺影视城以影视拍摄服务为主,是兼具观光旅游、文化娱乐、休闲度假等功能的综合性旅游景区,电视剧《西游记》(86 版)、《三国演义》(94 版)、《水浒传》(98 版)等作品均在此取景。在拍完《西游记》之后,该演艺影视城依托原有基地打造了"西游记宫",对《西游记》相关的服装道具进行陈列,向社会开放,门票收入一天可以达上万元,效果显著,社会影响较大,由此开启了演艺影视城旅游的蓬勃发展之路,基本上每年接待 200 多万名游客和 30 多个影视摄制剧组。

在中国现有的大大小小的演艺影视城中,横店影视城无疑是最为成功的范例。横店影视城位于浙江省金华市东阳市横店镇,1996 年,为配合著名导演谢晋拍摄历史巨作《鸦片战争》而建,目前是集影视、旅游、度假、休闲、观光于一体的大型综合性旅游景区,因其厚重的文化底蕴和独特的历史场景而被评为国家 5A 级旅游景区。自 1996 年以来,截至 2019 年,横店集团累计投入 30 多亿资金兴建广州街•香港街、明清宫苑、秦王宫、清明上河图、华夏文化园、明清民居博览城、梦幻谷、梦泉谷、屏岩洞府、大智禅寺、红军长征博览城、中国革命战争博览城、民国城、春秋•唐园、圆明新园、梦外滩影视主题公园等 30 多座跨越几千年历史时空、汇聚南北地域特色的影视拍摄基地和 130 多座摄影棚,横店影视城已成为全球规模最大的影视拍摄基地,是中国目前唯一的"国家级影视产业实验区",被美国《好莱坞》杂志称为"中国好莱坞"。

2020 年 10 月的相关统计数据显示,全国约有 1/4 的影视剧、2/3 的古装剧在横店影视城拍摄制作,仅在横店演员公会注册的群众演员就有 8 万多名,也因此吸引了大量来自全国各地甚至海外的游客。2019 年,横店影视城共接待了中外游客 1918 万人次,接待了电影电视剧组 310 个,除了直接产生的门票消费,每名游客的餐饮、购物和娱乐等关联消费可达到数百至上千元,这些都直接带动了当地经济的繁荣发展。

镇北堡西部影城(China Film Studio)是中国三大影视城之一,也是中国西部著名影视城,位于宁夏回族自治区银川市,是集观光、娱乐、休闲、餐饮、购物于一体的国家 5A 级旅游景区,由作家张贤亮于 1993 年 9 月 21 日创办。镇北堡西部影城以其古朴、原始、粗犷、荒凉、民间化为特色,主要由明城、清城、老银川一条街等多处影视拍摄景观组成。

2007 年 4 月,镇北堡西部影城被评为"中国最受欢迎旅游目的地",是中国十大影视基地之一,电影《大话西游》《新龙门客栈》《红高粱》等曾在此取景,被 2018 中国黄河旅游大会评为"中国黄河 50 景"。

(三)中国演艺影视城主要类型

结合我国演艺影视城的发展现状,演艺影视城的主要类型包括影视基地和影视文化小镇。

1. 影视基地

影视基地有两种形态,其一为以剧带建类型,按照剧本要求建造特定的拍摄场景。随着影视剧的走红,拍摄场景成为旅游热点,从而形成影视基地。但是,以剧带建类的影视基地主要服务于参与投资的影视集团的拍摄行为,影视基地只是某个电视台或者影视集团的片场,并没有真正进入市场运作,随着演艺影视城旅游市场的发展,此类影视基地逐渐减少。其二为以景带剧类型,以独特的自然风光或人工建筑为影视剧的拍摄基地,如安吉影视基地以万顷竹海为背景,以亘古奇石为点缀,兼具山水景致,从而吸引了李安导演选择其作为《卧虎藏龙》的拍摄地。我国大部分演艺影视城由影视基地发展而来。

2. 影视文化小镇

影视文化小镇是依托于地方独特的自然人文景观资源,以影视建筑景观为形,以影视文化体验为魂,以影视休闲娱乐为核心,是融影视选景、电影文化体验、互动游乐、电影展览、地方民俗演艺、民俗展览、特色美食、商业旅游、餐饮娱乐为一体的文化旅游项目。最知名的影视文化小镇莫过于华谊兄弟在全国建立的电影小镇系列,包括郑州建业·华谊兄弟电影小镇、苏州华谊兄弟电影小镇、长沙华谊兄弟电影文化小镇以及观澜湖华谊冯小刚电影公社等。这些电影小镇以"影视表演+影视主题场景体验"为特色,一经开业便成为当地网红景区,市场反应火爆,如建业·华谊兄弟电影小镇在2019年国庆假期累计接待客流量达17.62万人次,一举成为新晋网红景区,开业两年来,该电影小镇累计接待游客近500万人次,举办近500场精彩活动,成为众多旅游行业从业人员参观学习的标的。不仅如此,针对研学旅行群体,建业·华谊兄弟电影小镇还打造了特色研学旅行课程,通过设计看剧本、听讲解、做道具、看特技、拍视频等活动,探秘电影的发展历史、电影的场景搭建、电影的拍摄技巧和电影道具的制作,从而让学生了解电影背后的故事,激发学生对电影技术的兴趣。

二、演艺影视城研学旅行概念

国外对演艺影视城的研究始于20世纪90年代。由于最初的演艺影视城是由影视外景拍摄地或者影视制作中心逐渐发展形成的,大部分对于演艺影视城的研究都侧重于影视主题公园、影视作品促进影视外景拍摄地旅游等方面。Riley等(1992)通过分析美国和澳大利亚的多部影片,证明了影视作品对影视外景拍摄地旅游现象的促进作用。Tooke等(1996)分析了四组影视外景拍摄地的客流量变化与反映这四组影视外景拍摄地的影视作品播出时间之间的关系,发现对应影视作品播出后,相应影视外景拍摄地的客流量显著增加。Evans(1997)在其研究中将影视外景拍摄地的旅游现象定义为影视旅游。Roger Riley(1998)在研究中从影视作品对观众的感受影响和印象加深可能会促进影视外景拍摄地旅游现象的角度,定义并诠释了这种现象。

自1987年中国第一个演艺影视城——无锡影视城建立以来,全国各地纷纷效仿,成立了众多演艺影视城。这种新生的建筑类型,引发了一股针对影视城的实证研究热潮。刘滨谊与刘琴(2004)在《中国影视旅游发展的现状及趋势》一文中分析了中国影视城的影视旅游发展现状及存在的问题,并以此为基础提出了相应的对策与建议。之后众多学者陆续从不同角度展开了对已建成的演艺影视城的实证研究。潘丽丽（2005）在《影视拍摄对外景拍摄地旅游发展的影响分析——以浙江新昌、横店为例》中采用案例实证分析方法，对浙江省的两个相关影视城——横店影视城与新昌影视城进行各方面数据研究，表明了影视拍摄能够提升影视城和外景拍摄地的形象感知，进而提高其行业竞争力，同时，在影视城的建设中也出现了投资过大与产品市场重叠的现象。潘丽丽的分析研究注重两个影视城的共同特征，而没有对二者进行充分横向对比。黄亚芬（2006）在《我国影视旅游发展研究——以乔家大院和横店影视城为例》一文中，对乔家大院和横店影视城两种不同的影视城进行分析研究，归纳出国内影视旅游的类型及特征、开发思路与经营理念，指出了国内演艺影视城在发展中遇到的问题，并提出了具有针对性的建议。

国内外关于演艺影视城概念的研究不多，国内对影视类主题公园概念的界定主要是根据刘滨谊和刘琴（2004）提出的观点，认为演艺影视城可以看作是影视旅游的主要表现形式，通过把时间和空间模糊化，将影视文化内涵融入动态的活动项目和静态的实物形式，在有限的空间环境中使旅游者体验到与众不同的旅游感受。目前，我国影视类主题公园主要是吸引旅游者参观游览以及为影视剧组的拍摄提供场地。

根据上述对演艺影视城的相关研究，编者认为演艺影视城是由影视拍摄基地发展而来的，专业从事影视剧拍摄制作、影视剧拍摄景区及相关旅游资源开发经营等业务，一般设影视拍摄基地、旅游景区、饭店、宾馆、旅游营销、制景装修等经营单位，大部分是融影视拍摄制作、生态度假、观光旅游、康复疗养等功能为一体的影视旅游基地。演艺影视城研学旅行是以演艺影视城为载体，以提升研学旅行群体的综合素质为目标，把研学旅行和影视教育相结合，探索影视城背后的故事，体验博大精深的传统文化和现代文化，开展一站式研学、影视教育等校外实践教育活动的研学旅行目的地。

三、演艺影视城研学旅行相关政策

2018年11月21日，教育部和中共中央宣传部共同发布了《关于加强中小学影视教育的指导意见》，该文件明确提出以下几方面的内容。

（一）工作目标

加强中小学影视教育，必须遵循中小学生年龄特点和认知规律，统筹影视教育资源，强化观影条件保障，完善工作协调机制，推动各地各校因地制宜开展影视教育活动，让中小学生在影视教育中感受世界、开阔视野、体验情感，促进他们身心健康和全面发展。力争用3—5年时间，全国中小学影视教育基本普及，形式多样、资源丰富、常态开展的中小学影视教育工作机制基本建立，中小学生影视教育活动时间得到切实落实，适合中小学生观看的优秀影片得到充分保障，学校、青少年校外活动场所和社会观影资源得到有效利用，形成中小学影视教育的浓厚氛围。

（二）主要任务

各地教育行政部门要会同宣传部门加强对中小学影视教育工作的指导，把影视教育作为中小学德育、美育等工作的重要内容，纳入学校教育教学计划，与学科教学内容有机融合,与校内外活动统筹考虑,灵活安排观影时间和方式,使观看优秀影片成为每名中小学生的必修内容,保障每名中小学生每学期至少免费观看两次优秀影片。有条件的地方可以开发影视教育的地方课程和校本课程,进一步丰富课程内容,优化影视教育的方式方法。

四、开展演艺影视城研学旅行的意义

(一)利于研学旅行群体构建多元化的文化知识体系

演艺影视城研学旅行活动丰富多彩,寓学于乐,有着多种多样的沉浸式的游玩体验课程,如"影视演艺鉴赏""历史小课堂""影城特色开笔礼""六艺国学堂"、安全消防教育、"绿色总动员"等一系列研学旅行特色课程,通过现场见习、亲身体验、亲手制作等多种形式,激发研学旅行群体对未知领域的探索欲望,使研学旅行群体接受中华传统文化熏陶、学习多种实用技能,帮助研学旅行群体构建多元化的文化知识体系。

(二)提高研学旅行群体自身能力,树立正确职业观

演艺影视城研学旅行是研学旅行群体了解影视故事、揭秘拍摄技术、欣赏影视艺术的最佳场所,通过实地参观拍摄场地、与演员对话、学习影视拍摄专业技术、体验优秀剧本的改编与拍摄、接受情景式教学等,将影视教育与研学旅行相结合,在具备极高的体验性的同时达到良好的实践育人效果。学生在学习过程中掌握影视拍摄技术,学习演员拍摄技巧,提高自我表现能力以及口语、肢体表达能力,正确认知演员行业,树立正确的职业观。

(三)探索中小学影视教育新模式

2018年11月,教育部和中共中央宣传部共同发布了《关于加强中小学影视教育的指导意见》,提出力争用3—5年时间,实现全国中小学影视教育基本普及,并要求各地教育行政部门和学校积极开展影视教育活动,让中小学生在看电影、评电影、拍电影、演电影中收获体会和成长。用具有趣味性、体验性、互动性的课程,培养学生的创造力、行动力和合作力。

目前,"电影研学"项目已初步探索出一套深度体验的电影教学模式,让学生在指导教师帮助下,在一定时间内体验一部微电影的创作过程,因此,发展演艺影视城在研学旅行层面有着非常重要的意义。

五、演艺影视城研学旅行产品打造

演艺影视城集演艺节目、体验项目、文化底蕴、历史场景于一体,众多特色演艺节目和体验项目可以让研学旅行群体体验到研学旅行的乐趣,极大地提升他们的积极性,给他们留下深刻的印象;而厚重的文化底蕴和独特历史场景又能够让研学旅行群体了解到五千年中华文化,让研学旅行群体在旅行的同时学到知识,从而达到研学旅行的目的。结合演艺影视城主题的特色,我国演艺影视城研学旅行产品主要包括三个产品

体系。

(一)"红色教育+演艺影视城"研学旅行产品

将红色教育与演艺影视城相结合,打造独一无二的红色演艺影视城研学旅行产品。以枣庄铁道游击队影视城为例,枣庄铁道游击队影视城依托丰富的旅游资源和深厚的红色文化底蕴,大力开拓研学旅行市场,融入红色文化、艺术体验、非遗文化等元素,紧紧围绕研学旅行的特点,精心推出了研学游、红色游系列新业态、新产品,让"学"与"游"深度结合,受到了广大中小学生及其家长的欢迎和好评。

(二)"文化+演艺影视城"研学旅行产品

以演艺影视城为平台,传承中华优秀传统文化,打造文化演艺影视城研学旅行产品。以横店影视城为例,横店影视城复制了中国五千年历史长河中各个朝代的建筑,这里有着独特的人文底蕴和影视艺术文化,这些都是开展研学旅行的宝贵资源。将高科技的研学旅行体验方式与横店历史元素、影视元素嫁接,通过科技手段增强学生研学旅行的体验感、获得感,打造独具特色的文化演艺影视城研学旅行产品。

(三)"人文教育+演艺影视城"研学旅行产品

将人文教育与演艺影视城无缝衔接,构筑以教育为特色的演艺影视城研学旅行产品。以西安白鹿原影视城为例,白鹿原影视城是以"研读一部著作,学习一段历史,研习一地文化,学会一门艺术"为核心研学主题,其研学旅行课程体系实现六大逻辑闭环结构:第一,将研学旅行与营地教育相结合,将营地教育与年龄段、学科特色进行紧密结合。第二,研学旅行课程设置更加灵活,形成多主题、菜单式营地研学旅行课程,可以根据不同主题进行组合;根据不同授课地点、授课形式开发不同的研学旅行课程。第三,将仪式感融入研学旅行课程,对标学校需求,培养学生的人文情怀。第四,依托传统活动打造适合中小学生的研学旅行课程(包括影视类、文学类、建筑类、传统文化类、自然生态类等),课程分阶进行,形成连续性、循环式课程。第五,与校内课程相衔接,打造文学类专题研学旅行课程,包括小说结构解析、写作指导、阅读朗诵等。第六,实现特色性真实情景模拟体验,如模拟演出、地震逃生、职业体验等,以全景、全境、全镜的形式进行情景模拟。通过独特的研学实践教育体系把西安白鹿原影视城打造成国内外中小学生特色实践教育基地。

本章小结 本章主要内容:一是文化康乐类研学旅行资源的主要分类;二是主题公园、演艺影视城等研学旅行资源的发展概览、概念界定以及研学旅行产品打造;三是文化康乐类研学旅行资源的延伸阅读。

延伸阅读 15

思考练习

1. 简要分析文化康乐类研学旅行课程开发的主要问题。
2. 针对大学生研学旅行群体,设计主题公园研学旅行课程。
3. 结合所在城市周边的演艺影视城(影视基地),针对不同的研学旅行群体,设计特色研学旅行线路。

第七章
研学旅行资源调查与评价

◆知识目标
1. 了解研学旅行资源调查的要求、方法。
2. 了解研学旅行资源评价的内容、方法。

◆能力目标
1. 了解研学旅行资源调查的方法。
2. 能够开展研学旅行资源调查工作。
3. 掌握研学旅行资源评价的目的、内容。
4. 熟悉研学旅行资源评价的方法。

◆素质目标
提升研学旅行资源的调查思维、评价体系,为进一步规划与设计研学旅行奠定基础。

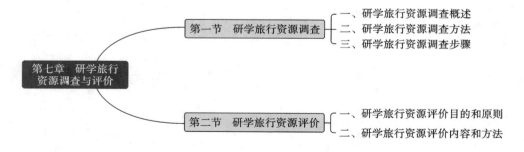

1. 明确研学旅行资源调查的内容与方法。

2. 明确研学旅行资源评价的内容与方法。

自 2016 年 11 月 30 日教育部等 11 部门印发《关于推进中小学生研学旅行的意见》以来,全国上下形成了研学旅行的热潮,各省(自治区、直辖市)相继下发文件,各个学校纷纷行动起来,让我们在中华大地上看到了不断壮大的研学旅行队伍,教育部确定的首批试点城市及试验区提供的经验,成为许多中小学具体研学活动的指南,经过几年的积淀,全国的研学旅行从业者在探索中思考,在结合当地的历史人文特点的基础上,打造了一批热门的研学旅行地区。以孔孟之乡——山东为例,独具特色的资源和悠久的历史文化造就了山东丰富的研学旅行资源。

1. 地理研学旅行资源

泰山:展示了 30 亿年演化史的地球遗产。

马山:袖珍式地质博物馆。

昌乐火山:挖掘地球瑰宝。

青州:造访岩溶地貌上的古九州。

2. 传统文化

山东传统文化的核心是儒家文化,以孔子、孟子为代表人物。淄博的齐文化以齐桓公、姜子牙、管仲为代表人物。

3. 红色精神

沂蒙山:是中国革命战争时期极为重要的三大老革命根据地之一,被后人誉为"两战圣地、红色沂蒙"。

台儿庄:体现爱国主义主题的台儿庄大战纪念馆。

4. 海洋研学旅行产品

如烟台长岛国家级海洋公园,位于"中国最美的十大海岛"之一的长山列岛。又如有着湿地与海岸交错的惊艳美的贝壳堤岛。

以上都是山东独具特色的研学旅行资源,你能说说你所在的省(自治区、直辖市)有哪些独特的研学旅行资源吗?

第一节 研学旅行资源调查

研学旅行资源调查是进行研学旅行资源评价、开发、规划及合理利用保护的最基本的工作,是一项运用科学的方法和手段,有目的地、系统地收集、记录、整理、分析和总结评价研学旅行资源及其相关因素的信息与资料,以确定研学旅行资源的赋存状况并为经营管理者提供客观决策依据的活动。研学旅行资源调查的内容并不局限于研学旅行资源本身的信息,还包括对研学旅行资源所处的环境状况进行调查。

一、研学旅行资源调查概述

(一)研学旅行资源调查目的

研学旅行资源调查的目的是系统地查明调查区域内相关的自然、社会、经济环境条件以及可供研学旅行利用的资源状况,以全面系统地掌握研学旅行资源的类型、数量、质量、分布、组合状况和价值等,为研学旅行资源的评价和规划做准备,为合理开发研学旅行资源打下基础,为研学旅行发展提供决策依据。

(二)研学旅行资源调查内容

研学旅行资源调查的内容并不局限于研学旅行资源本身的信息,还包括研学旅行资源所处区域的状况。

1. 研学旅行资源所处区域的背景条件调查

(1)自然环境条件调查。

①调查区域的概况调查。包括对调查区域的名称、地域范围等情况的调查。

②气候条件调查。包括对调查区域的气候类型、气温(年均温、极高温、极低温)、盛行风,年均降水量及降水量的时空分布、光照强度、湿度及其变化、大气成分等情况的调查。

③地质地貌条件调查。包括对调查区域的地质构造、地形、地貌及岩石的分布和分异情况的调查。

④水体环境条件调查。包括对调查区域的主要水体类型,各类水体的水质、水量的变化情况以及利用情况的调查。

⑤生物环境条件调查。包括对调查区域的动物和植物群落的数量、特征与分布情况,以及具有观赏价值的动物和植物群落的数量及分布等情况的调查。

(2)人文环境条件调查。

①社会环境条件调查。社会环境条件调查的内容包括调查区域的行政归属与区划、人口与民族、文教娱乐、医疗卫生、社会治安等;调查区域的历史沿革情况;调查区域的环境保护状况;工矿企业、生活服务等人为因素造成的大气、水体、噪声等方面的污染状况及其治理程度;空气、水、土壤、岩石等自然要素中的重要物质及元素的本底值,以及由此引起的地方性传染病等影响旅游资源利用的情况。

②经济条件调查。经济条件调查的内容包括调查区域的人均收入、消费水平、特色物产、支柱行业、邮电通信、供水供电、食宿等;交通条件,包括交通现状与建设前景。旅游资源开发的限制因素之一是交通。

2. 研学旅行资源所处区域的旅游条件调查

(1)旅游基础条件调查。

①交通条件调查。交通条件调查的内容包括调查区域的公路、铁路、水路、航空交通状况,旅游汽车、出租车、景点缆车、高架索道、观光游船等设施的建设情况,车站、码头、港口的数量和质量,交通工具所在区域与景区的距离,旅游线路的行程时间、路面质

量、运输能力等。

②住宿条件调查。住宿条件调查的内容包括调查区域的饭店、汽车旅馆、供膳寄宿处、别墅、农舍式小屋、度假村、野营帐篷、游船旅馆等多种住宿设施的规模、数量、档次、功能、分布情况、接待能力、床位数、房间数、客房出租率、营业收入、固定资产、利润总额等。

③餐饮条件调查。餐饮条件调查的内容包括调查区域的餐馆的规模、数量、档次、分布情况、名特小吃、特色菜品、卫生状况和服务质量等。

④其他服务设施条件调查。其他服务设施条件调查的内容包括调查区域的零售商店、购物中心、购物广场、旅游商品专卖店与专柜、高尔夫球场、剧院、影视厅、音乐厅、娱乐中心、艺术中心、理发美容厅、咨询中心、会议中心、邮电通信、医疗服务、保险业务等的数量、分布情况、服务效率、服务人员素质、服务频率等。

（2）研学旅行客源市场调查。

①研学旅行者数量调查。包括调查研学旅行者的数量、国籍、年龄、性别、职业、入境方式、分布地区与民族类别等。了解主要客源的来源、数量及其所带来的最大和最小日客流量、月客流量、季客流量和年客流量。了解研学旅行者的滞留时间、过夜人数、团队与散客的比例等。

②研学旅行收入调查。包括调查统计研学旅行者在研学旅行课程中的消费能力，在吃、住、行、游、购、娱等方面的消费构成，以及人均日消费额、最高与最低消费额的比例。调查日、月、季、年的研学旅行收入，海外研学旅行者创汇收入，国内研学旅行者研学旅行收入，以及研学旅行收入在当地经济中的比重、产生的社会贡献率等。

③研学旅行动机调查。研学旅行动机包括了解风土人情、开展自然科学教育、增强动手能力、加强亲子沟通、提升团队凝聚力的普通研学动机，以及满足求知欲望的文化动机，通过运动消除紧张与不安的健康动机，提升自尊与自我认同感的心理辅导目的等。

（三）研学旅行资源调查要求

（1）按照《旅游资源分类、调查与评价》(GB/T 18972—2017)规定的内容和方法进行调查。

（2）保证成果质量，强调整个运作过程的科学性、客观性、准确性，并尽量做到内容简洁和量化。

（3）充分利用与研学旅行资源有关的各种资料和研究成果，完成统计、填表和编写调查文件等工作。调查方式以收集、分析、转化、利用这些资料和研究成果为主，并逐个对研学旅行资源单体进行现场调查核实，包括访问、实地观察、测试、记录、绘图、摄影，必要时进行采样和室内分析。

（4）研学旅行资源调查分为"研学旅行资源详查"和"研学旅行资源概查"两类，其调查方式和精度要求不同。

二、研学旅行资源调查方法

在研学旅行资源的调查中较常使用的方法主要包括以下几种类型。

延伸阅读

延伸阅读 16

研学旅行资源导论

（一）直接询问法

直接询问法是指向有关人员询问研学旅行资源的情况，以获取更多额外信息的方式。直接询问法主要针对较为了解研学旅行资源的当地居民或专家，通过询问获取一般途径难以得到的关于研学旅行资源的详细信息。询问时，可以口头询问并辅以一定的记录和录音手段，也可以向受访者派发调查表格。

（二）统计分析法

统计分析法是指使用统计学的方法来对研学旅行资源进行分类、分组等的分析和处理。资源调查与统计密不可分，在研学旅行资源调查过程中，往往需要对各类研学旅行资源的数量、规模、分布地点、聚集情况等进行数据统计，这些统计的数据为研学旅行资源的进一步分析和开发提供了依据。

（三）分类对比法

分类对比法是指将研学旅行资源分门别类地进行特征归纳，并对其进行对比考察和研究。调查区域的各类旅游资源的美感各异，将所调查的研学旅行资源按其形态特征、内在属性、美感、吸引力进行分类，并将同类型或不同类型的研学旅行资源进行比较，得出该区域内研学旅行资源的共性特征和个性特征。还可以建立研学旅行资源信息数据库，制定开发规划等。

为便于分类对比，可将调查到的研学旅行资源描绘至图件上，形成研学旅行资源分布图、利用现状图等，区分哪些区域具有开发的可能、哪些区域不具备开发条件、哪些区域应列为开发重点、哪些区域为一般开发对象，也可结合研学旅行资源相关图件与工业区、农业区、矿区、城区等方面的图件，进行综合比较和评价。还可按一定分类标准将各种研学旅行资源的分布情况、特质等要素列成表格，既一目了然，又利于比较。

（四）科学技术探查法

在研学旅行资源调查中，应充分利用现代化科学技术手段。不过，这需要有专门的技术知识和必要的技术设备，才能够对其所提供的信息进行判读、解释和选择。如果缺乏这种条件，可以同有关专业人员进行合作。

航空和航天遥感技术发展很快，卫星设备等有视野广阔、立体感强、地面分辨率高等优点，遥感技术具有信息量大、覆盖范围广、方位准确性高、所需时间短等优点，因而被应用于旅游资源调查。研学旅行资源等的考察受到诸多环境因素的限制，也会遇到操作上的困难。对于一些分布比较零散、数量众多、范围宽广的研学旅行资源，由于人力是有限的，因而可以使用无人机、遥感测绘等工具，借助AR、VR等技术，有效提升调查的效率。

三、研学旅行资源调查步骤

无论使用哪一种调查方法，或综合使用多种调查方法，最终都需要进行野外实地调查。唯有经过现场勘查，才能核实、补充各种资料，才能提出有关研学旅行资源开发的决定性意见。

研学旅行资源的野外实地调查可分为详查和概查。前者是为了全面了解和掌握整个区域内的研学旅行资源状况,包括其种类、数量、质量、分布情况、保存现状等;后者是为了解和掌握特定区域或专门类型的研学旅行资源而进行的调查。

(一) 研学旅行资源详查

研学旅行资源详查需要完成全部研学旅行资源的调查程序,包括调查准备和野外实地调查,要求对全部研学旅行资源单体进行调查,并提交完整的研学旅行资源单体调查表。

1. 调查准备

(1) 成立调查组。接受调查任务后,应根据研学旅行资源调查区域的情况成立调查组。调查组成员须具备与该调查区域环境、研学旅行资源、研学旅行产品开发有关的专业知识,一般应吸收旅游、环境保护、地球科学、生物学、建筑园林、历史文化、旅游管理、教育学等方面的专业人员。还应对调查组成员进行技术培训,同时准备多份研学旅行资源单体调查表和野外实地调查所需的设备(如定位仪器、简易测量仪器、影像设备等)。

(2) 收集各种相关资料。资料的收集范围包括:与研学旅行资源单体及其赋存环境有关的各类文字描述资料,如地方志,乡土教材,旅游景区与旅游景点的介绍、规划与专题报告等;与研学旅行资源调查区域有关的各类图形资料,重点是反映研学旅行环境与研学旅行资源的专题地图;与研学旅行资源调查区域和研学旅行资源单体有关的各种影像资料。对这些文献、地图以及影像资料等的系统整理,可以为下一步野外实地调查提供参考。由于这些资料来自各有关部门和行业组织,且都是由有关专业人员加工整理的,因而可弥补旅游资源调查人员缺乏相关专业知识的不足,从而保证了专业知识的准确性。

2. 野外实地调查

(1) 确定调查区域内的调查小区和调查线路。

为便于运作和满足此后研学旅行资源评价、研学旅行资源统计、区域研学旅行资源开发的需要,可以将整个调查区域分为若干调查小区。调查小区一般按行政区划分(若为省一级的调查区域,可将地区一级的行政区划分为调查小区;若为地区一级的调查区域,可将县级一级的行政区划分为调查小区;若为县级一级的调查区域,可将乡镇一级的行政区划分为调查小区),也可按现有或规划中的旅游区域划分。

调查线路按实际要求设置,一般要求贯穿调查区域内所有调查小区和主要研学旅行资源单体所在的地点。

(2) 选定调查对象。

选定下述研学旅行资源单体进行重点调查:具有研学旅行开发前景,有明显经济、社会、文化价值的研学旅行资源单体;集合型研学旅行资源单体中具有代表性的部分;代表调查区域形象的研学旅行资源单体。

对下列研学旅行资源单体暂时不进行调查:明显品位较低,不具有开发利用价值的研学旅行资源单体;与国家现行法律、法规相违背的研学旅行资源单体;开发后有损于社会形象的或可能造成环境问题的研学旅行资源单体;影响国计民生的研学旅行资源单体;某些位于特定区域内的研学旅行资源单体。

(3)填写研学旅行资源单体调查表。

对每一个调查对象分别填写一份研学旅行资源单体调查表(见表7-1)。

表7-1 研学旅行资源单体调查表

代号		其他代号	
行政位置			
地理位置	东经:		北纬:
性质与特征	(单体性质、形态、结构、组成成分的外在表现和内在因素,以及单体生成过程、演化历史、认知影响等主要环境因素)		
区域及进出条件	(单体所在区域的具体位置、进出交通情况、与周边主要集散地和主要资源点之间的关系)		

续表

保护与开发现状	（单体保存现状、保护措施、开发情况）						
研学旅行活动开展现状	（单体开展研学旅行活动的程度、提供研学旅行课程的类型、研学旅行产品的开发情况）						
本单体得分		本单体可能的等级		级	填表人		调查日期　年　月　日

（二）研学旅行资源概查

研学旅行资源概查是在调查特定区域或专门类型的研学旅行资源时对涉及的研学旅行资源单体进行的调查。其调查技术要点可参"研学旅行资源详查"中的各项技术要求。与研学旅行资源详查相比，概查的工作程序相对简单，如不需要成立调查组，调查人员由其参与的项目组织协调委派；资料收集限定为达到专门目的所需要的范围；可以不填写或择要填写研学旅行资源单体调查表等。

第二节　研学旅行资源评价

研学旅行资源的评价是在研学旅行资源调查的基础上，从合理开发利用和保护研学旅行资源及取得最大的社会、经济、环境效益的角度出发，选择某些因子，运用科学方法对一定区域内研学旅行资源的规模、质量、等级、开发前景及开发条件进行科学分析和评价，为研学旅行资源的开发规划和管理决策提供依据。

一、研学旅行资源评价目的和原则

(一) 研学旅行资源评价目的

对研学旅行资源进行评价是指按照一定的标准,确定某一研学旅行资源在全部研学旅行资源或同类研学旅行资源中的地位,通过整体的纵向对比和同类的横向对比来明确该研学旅行资源的重要程度和开发利用价值。研学旅行资源评价的目的包括以下几个方面。

1. 明确研学旅行资源质量、等级、丰度、组合度

通过对研学旅行资源的种类、组合、结构、功能和性质的评价,确定研学旅行资源的质量水平,评估其在研学旅行目的地开发建设中的地位,为新的研学旅行产品开发提供科学依据。

2. 确定研学旅行产品开发类型

通过对研学旅行资源的规模水平进行鉴定,确定研学旅行目的地的研学旅行产品类型,为国家和地区分级规划和管理提供系列资料和判断标准,有助于拟订未来研学旅行目的地的研学旅行资源层次结构(主次关系)和新的研学旅行资源的开发规划。

3. 确定开发顺序和规模

通过区域研学旅行资源及其开发利用条件的综合评价,为合理利用研学旅行资源、开发品牌研学旅行资源奠定基础。

(二) 研学旅行资源评价原则

1. 客观、实际的原则

研学旅行资源的特点、价值和功能具有客观性,对研学旅行资源进行评价时应尊重客观实际,对其价值和开发前景的评价既不夸大,也不低估,应做到实事求是、恰如其分。这就要求在开展研学旅行资源评价工作时,既要具有专业性,也要遵循公平公正公开的原则;既要如实评价,也要充分接受监督,保证结果的真实与可靠。

2. 全面、系统的原则

研学旅行资源的价值和功能评价会受到旅行者审美观念和社会价值观的影响,因此体现出多样化的特点。比如,研学旅行资源除了具有给游客提供观赏体验的功能,通常还具有历史文化、艺术鉴赏、科学考察等方面的社会功能,尤其是研学本身就带有教育、培训等功能。因此,研学旅行资源评价应全面、系统、综合。

3. 符合科学的原则

在针对研学旅行资源的形成、本质、属性、价值等核心问题进行评价时,应采取科学的态度予以正确的解释,并且要针对研学旅行课程设计的主题进行专题的科学性评价,评价内容包括研学旅行资源本身所具备的科学教育资源的科学性,以及在建设时增加的科学性内容是否能够满足研学需求等。不能全部冠以神话传说,更不能盲从或宣传迷信。应适当辅以神话传说以提高研学旅行资源的趣味性,适应大众化旅行偏好。

4. 效益估算的原则

研学旅行资源评价最终是为了开发利用,而开发的首要目的是取得经济、社会和生

态综合效益,因此,评价时要对研学旅行资源开发的前景予以适当的评估。

5. 高度概括的原则

通过上述介绍可以看出,研学旅行资源评价过程涉及的内容较多,因此,研学旅行资源的评价结论应在深入探讨的基础上进行精炼,并概括出其价值、特色和功能,以方便决策者在需要时参考。

6. 力求定量的原则

在评价调查区域研学旅行资源时应尽量避免带有强烈主观色彩的定性评价,力求定量或半定量评价。国内的不少学者通过分析研究指出,尽管目前国内的研学旅行资源评价开始逐步进入量化分析时代,但是部分量化过程仍然偏主观,特别是以调查人员的主观评价为主,旅游专业人士未能有效参与。同时,学者们还提出,在不同类型的调查区域开展研学旅行资源评价工作时,应尽量采用统一的标准,以保证研学旅行资源的评价结果具有可比性。

二、研学旅行资源评价内容和方法

(一)研学旅行资源评价内容

研学旅行资源评价的主要内容包括三个部分,即对研学旅行资源特色和结构的评价、对研学旅行资源所处环境的评价以及对研学旅行资源开发条件的评价。

1. 对研学旅行资源特色和结构的评价

(1)研学旅行资源特性和特色。

研学旅行资源的特性和特色是衡量其对旅行者的吸引力大小的重要因素,它对研学旅行资源的利用功能、开发方向、开发程度及其经济和社会效益起着决定作用。通常个性化程度越高的研学旅行资源的开发前景相对越好,那些"新、奇、特、绝"的研学旅行资源往往能够成为区域旅游发展的重要支柱。

(2)研学旅行资源价值和功能。

研学旅行资源的价值包括研学旅行资源的艺术欣赏价值、文化价值、科学价值、经济价值和美学价值,它是研学旅行资源质量水平的反映。而研学旅行资源的功能则是与价值相对应的,指经过开发后能够满足旅行者某方面需求的能力。一般而言,艺术和美学价值高的研学旅行资源,其观光的功能较为突出;文学和科学价值高的研学旅行资源,其科学考察和文化体验的功能占据主要位置。此外,研学旅行资源经过开发后还可具备娱乐、休憩、健身、疗养和商务等多重功能。研学旅行资源的价值和功能对于其开发方面具有重要的影响。

(3)研学旅行资源数量、密度和组合布局。

研学旅行资源不是孤立存在的。在区域研学旅行资源评价中,既要判断研学旅行资源的类型组合,即区域内各研学旅行资源单体的关联性和功能互补性,又要分析其地域组合,还要了解其级别配置,即各层次研学旅行资源的配置及其关系的密切程度(宋瑞,2005)。具体而言,评价的内容包括研学旅行资源的数量、密度和组合布局等。研学旅行资源的数量是指区域内研学旅行资源单体的数量;密度则是指单位面积内研学旅行资源的数量,它可以表示区域内研学旅行资源的聚集程度;组合布局则是指研学旅行资源的空间分布和结构组合特征。一般情况下，景观数量大、相对集中并且布局合理的区域研学旅行资源赋存状况较为理想。因此，研学旅行资源的数量、密度和组合布局是判断区域研学旅行资源开发的规模和可行性的重要因素。

2. 对研学旅行资源所处环境的评价

（1）研学旅行资源的自然环境。

研学旅行资源所处的自然环境是指区域内的地质、地貌、气象、水文、生物等环境要素。作为研学旅行资源开发地，其环境应以能让旅行者从视觉、听觉、嗅觉、触觉以及味觉等全方位感受舒适为宜。自然环境较为恶劣的区域在开发研学旅行时往往会遇到一定的阻碍。

（2）研学旅行资源的社会环境。

研学旅行资源所处的社会环境是指研学旅行资源所在区域的政治局势、社会治安、医疗保健和当地居民对旅行者的态度等内容。良好的外部社会环境能够促进研学旅行的快速发展，如欧盟国家间实行互相免签证政策，各国之间关系融洽，这些国家的居民出国研学旅行十分方便。而当政治局势不稳定或爆发战争和恐怖事件时，当地的研学旅行资源开发及旅游业发展会受到影响，如印度尼西亚巴厘岛爆炸事件、美国"9·11"恐怖袭击事件等都对当地旅游业造成了较大的负面影响。

（3）研学旅行资源的经济环境。

研学旅行资源所处的经济环境是指研学旅行资源所在区域在经济发展上的发达程度。通常经济越发达的区域在研学旅行资源开发上的投资实力越强，且当地居民对旅游产品的消费需求也相应较高，这为当地发展旅游业提供了良好的保障。同时，经济发达的区域在人力资源的供给上也具有较大的优势，对研学旅行资源的开发具有较大的推动作用。

（4）研学旅行资源的环境容量和承载力。

研学旅行资源的环境容量是指研学旅行资源自身或所处区域在一定时间条件下对研学旅行活动的容纳能力，包括容人量和容时量两个方面。所谓容人量是指单位面积所能容纳旅行者的数量。容时量则指旅行者在该区域内游览时所需要的基本时间。研学旅行资源越复杂、越丰富，则容时量就越大；相反，那些研学旅行资源类型单一、数量较少的区域，其容时量就较小。研学旅行资源所处环境的容量和承载力对于研学旅行资源的开发规模具有决定性的作用。为了保证研学旅行资源的有序开发和可持续利用，规划者往往选择环境容量众指标中数值最小的指标作为开发规模的限值。

3. 对研学旅行资源开发条件的评价

（1）区位条件。

研学旅行资源的区位条件是指影响研学旅行资源开发可行性、开发规模和效益度的重要外部条件，包括研学旅行资源所在地的地理位置、交通条件以及与周围旅游区之间的关系等。区位条件将直接决定该研学旅行资源是否能够承担研学旅行的功能与作用，同样也将影响日后对该研学旅行资源的经营管理以及该研学旅行资源的市场接受程度。

（2）客源条件。

客源数量直接关系到研学旅行资源开发的经济效益，而客源数量通常又与研学旅行开发地的腹地大小、腹地经济发展程度关系较大。例如,华侨城系列主题公园和迪士尼乐园在选址上,会将腹地规模和经济实力作为重要的考虑依据。深圳和香港所拥有的腹地——泛珠三角区域人口密集且经济实力十分雄厚,因此,在研学旅行客源方面能够提供保障。

(3) 投资条件。

与投资条件相关的要素主要包括研学旅行资源所在区域投资渠道的畅通程度和政府为研学旅行投资制定的政策。投资渠道畅通、研学旅行投资主体较多、政府对于研学旅行投资制定了优惠政策的区域,其投资条件相对较为优越。这类区域在研学旅行资源开发的资金筹集方面往往能够获得有效的保证。

(4) 建设施工条件。

研学旅行资源的开发涉及系列工程项目的建设,如各种游览设施、娱乐设施和道路交通、供电供水、停车场地等基础设施的建设,因此,对于区域内的地质、地形、土质、供水等有较高的要求。上述建设施工条件的好坏与研学旅行资源的开发可行性间有紧密的关联,需要在研学旅行资源评价时加以关注。

(二) 研学旅行资源评价方法

研学旅行资源的评价方法可大体上分为定性评价和定量评价两种。定性评价又称经验法,主要依据评价者观察后的印象得出结论。定量评价则是利用研学旅行资源的评价指标体系对研学旅行资源进行评分。由于定量化的评价方法能够降低研学旅行资源评价中的主观因素影响,因此,在目前的研学旅行规划与开发中使用较为普遍。此外,随着越来越多不同专业背景的学者涉足研学旅行领域,研学旅行资源的评价方法也在不断发展、创新,特别是量化分析方法的发展,为研学旅行资源评价提供了更多具有可靠性和科学性的工具。

1. 定性评价方法

定性评价是指通过人们的感性认识,对研学旅行资源做出定性的评价或分级,一般无具体数量指标。常见的定性评价方法如下。

(1) 黄辉实在《旅游资源评价》中提出的"六字七标准"评价法。该方法从旅游资源本身和其所处环境两方面对旅游资源进行评价,对旅游资源本身的评价采用"六字"标准:美、古、名、特、奇、用;对旅游资源所处环境的评价采用"七项"标准:季节性、环境污染状况、与其他旅游资源之间的联系性、可进入性、基础结构、社会经济环境和客源市场。

(2) 卢云亭在《自然旅游评价》中提出的"三三六"评价法,包含"三大价值""三大效益""六大开发条件"评价系统。具体来说,"三大价值"指旅游资源的历史文化价值、艺术观赏价值和科学考察价值;"三大效益"指旅游资源开发后的经济效益、环境效益和社会效益;"六大开发条件"指旅游资源所在地的地理位置、交通条件、景象地域组合条件、旅游环境容量、旅游客源市场、投资能力和施工难易程度六个方面。

(3) 北京联合大学旅游学院科研处设计的"八六五"评价法,包含"吸引力""开发条件""效益"三方面评价内容。具体来说,吸引力评价(八项)包括观赏价值、文化价值、科学价值、旅游项目、旅游内容丰富程度、环境评价、季节差异、特殊价值和环境容量;开发条件评价(六项)包括地区经济条件、可进入性、依托城市、通信条件、地方积极性、已有服务设施情况;效益评价(五项)包括目前年均接待游客量、开发所需投资量、投资来源、客源预测、社会效益。

(4) 一般体验性评价。评价者根据自己的亲身体验,对某一个或某一系列的旅游资源就其整体质量进行定性评估,常用方法是旅游者在问卷上回答有关旅游资源的优劣顺序等方面的问题,或由各方面专家通过讨论做出评价,或统计旅游资源在常见报刊或旅游书籍、旅行指南上出现的频率等。一般体验性评价的项目比较简单,只要求对旅游资源进行整体质量评价,或在问卷上按序号填上评价者认定的旅游目的地即可。这种方法适用于知名度较高的旅游目的地,如"中国旅游胜地四十佳""十大名山"等。又如 2005 年发行的比较有影响力的《中国国家地理 选美中国特辑》杂志,其对我国的旅游资源进行了分类排名。

2. 定量评价方法

定量评价方法因其可以进行横向比较,评价结果具有相对客观性和普遍适用性的特点,所以近年来越来越受到专家、学者的青睐。其中,较常用的是综合型定量建模评价方法。

综合型定量建模评价方法的主要思路是先借助科学的方法,构建一套适合自身需要的研学旅行资源综合性定量评价指标体系,包括研学旅行资源评价的系列指标,以及不同指标所对应的权重,然后使用构建好的综合性定量评价指标体系对研学旅行资源进行逐项评分,最后借助加权平均数的计算得到研学旅行资源的评价得分。对于综合型定量建模评价方法,重要的是构建一套能够获得业界认可的综合性定量评价指标体系。

不少学者对构建研学旅行资源综合性定量评价模型进行过研究,通过对现有文献进行分析可知,较为常见的用于构建综合性定量评价指标体系的方法包括:层次分析法和价值工程法。近年来也有学者将模糊评价法、灰色评价法以及人工神经网络评价法引入研学旅行资源综合评价之中。以下主要介绍依据层次分析法、国家标准《旅游资源分类、调查与评价》(GB/T 18972—2017)中的旅游资源共有因子综合评价系统以及价值工程法构建研学旅行资源综合性定量评价模型的基本流程。

(1) 依据层次分析法构建研学旅行资源综合性定量评价模型。

层次分析法是一种定性和定量相结合的、系统化的、层次化的分析方法。层次分析法将复杂问题分解成若干层次,在比原问题简单很多的层次上逐步分析,将人的主观判断用数量形式表达出来。层次分析法首先是对所研究问题的各种影响因素进行归类和层次划分,确定出属于不同层次和不同组织水平的各因素之间的相互关系。在总目标(最高层)之下划分出准则层、约束层以及决策层等,不同层次间的因素便构成多目标决策树,然后对决策树中的总目标及子目标(如准则、约束等)分别建立反映影响因素之间关系的判断矩阵。层次分析法的一般流程如下。

首先,建立一个递阶层次结构的模型,如图 7-1 所示。

其次,构造出各层次中的所有判断矩阵。构建判断矩阵的主要内容是将同一层面的指标进行两两比较,比较的内容就是看两个指标在对上层指标的影响方面的重要程度。比较时的分值(V)一般取 1~9 分,其具体的含义见表 7-2。

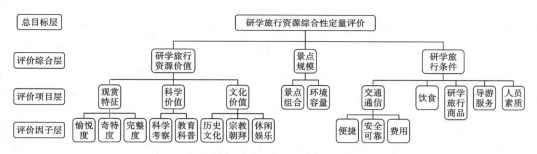

图 7-1 研学旅行资源综合性定量评价模型树

表 7-2 构建判断矩阵的评分值及其代表的含义

分值 V_{ij}	含 义
1	第 i 个指标与第 j 个指标的影响程度相同
3	第 i 个指标比第 j 个指标的影响稍强
5	第 i 个指标比第 j 个指标的影响强
7	第 i 个指标比第 j 个指标的影响明显强
9	第 i 个指标比第 j 个指标的影响绝对强

例如,在图 7-1 中,在比较评价项目层中"景点组合"和"环境容量"对"景点规模"的影响时,如果评审员认为"景点组合"比"环境容量"稍强地影响"景点规模",则可以将此分值 V("景点组合"对"环境容量")设定为 3 分。反之,如果评审员认为"环境容量"比"景点组合"明显强地影响"景点规模",则可以将此分值 V("景点组合"对"环境容量")设定为 1/7。

经过上述反复地评分,可以得到各层次指标的判断矩阵,其形式见表 7-3。

表 7-3 构建出的判断矩阵样式示意表

项 目	A_1	A_2	A_3	A_4
A_1	1	1/2	4	3
A_2	2	1	7	5
A_3	1/4	1/7	1	1
A_4	1/3	1/5	1	1

当完成了所有层次上指标的两两比较之后,就可以进入下一个步骤:进行排序及一致性检验。

最后分别就各层次和总体进行排序及一致性检验,得到各指标的权重数值。此部分的计算原理就不再赘述,有兴趣的读者可以借助层次分析法的软件来实现对此部分的分析。当完成该部分工作后,系统会生成所有指标的权重数值。后续进行研学旅行资源综合性定量评价时,评审员仅需要对每个指标进行百分制评分,然后由统筹员将相关分值与权重相乘之后求和,即可得到某个研学旅行资源单体的评价值。如表 7-4 就是完成了层次分析后构建的评价因子权重表。

表 7-4 评价因子权重表

评价综合层	权重	评价项目层	权重	评价因子层	权重
研学旅行资源价值	0.72	观赏特征	0.44	愉悦度	0.20
				奇特度	0.12
				完整度	0.12
		科学价值	0.08	科学考察	0.03
				教育科普	0.05
		文化价值	0.20	历史文化	0.09
				宗教朝拜	0.04
				休闲娱乐	0.07
景点规模	0.16	景点组合	0.09	—	
		环境容量	0.07		
研学旅行条件	0.12	交通通信	0.06	便捷	0.03
				安全可靠	0.02
				费用	0.01
		饮食	0.03	—	
		研学旅行商品	0.01		
		导游服务	0.01		
		人员素质	0.01		
合计	1.00	—	1.00		

在进行具体的研学旅行资源评价时,可以从最基础的评价因子层着手进行打分评价,最终将所有评价因子的得分汇总,得到该研学旅行资源的最终评价值。

(2) 参考国家标准设计研学旅行资源综合定量评价体系。

参考国家标准《旅游资源分类、调查与评价》(GB/T 18972—2017)中的旅游资源共有因子综合评价系统,设计研学旅行资源综合定量评价体系,通过三个评价项目的八个评价因子对研学旅行资源进行评分,最终根据得分的高低将研学旅行资源划分为五个等级,就其内容来看,也比较接近通过层次分析法构建研学旅行资源综合性定量评价模型的做法,即将权重依据资源要素价值、资源影响力,以及附加值进行分配。

①评价体系的设计。该评价体系共设"评价项目"和"评价因子"两个档次。评价项目包括"资源要素价值""资源影响力""附加值"三个方面。其中,"资源要素价值"评价项目包含"观赏游憩使用价值""历史文化科学艺术价值""珍稀奇特程度""规模、丰度与几率""完整性"五个评价因子。"资源影响力"评价项目包含"知名度和影响力""适游期或使用范围"两个评价因子。"附加值"评价项目包含"环境保护与环境安全"一个评价因子。

②评价分值的分配。"资源要素价值"和"资源影响力"的总分值为 100 分。其中,"资源要素价值"为 85 分,"资源影响力"为 15 分。在"附加值"中,"环境保护与环境安全"分正分和负分。研学旅行资源评价赋分标准见表 7-5。

表 7-5 研学旅行资源评价赋分标准

评价项目	评价因子	评价依据	赋值①
资源要素价值（85分）	观赏游憩使用价值（30分）	全部或其中一项有极高的观赏价值、游憩价值、使用价值	30~22
		全部或其中一项有很高的观赏价值、游憩价值、使用价值	21~13
		全部或其中一项有较高的观赏价值、游憩价值、使用价值	12~6
		全部或其中一项有一般的观赏价值、游憩价值、使用价值	5~1
	历史文化科学艺术价值（25分）	同时或其中一项具有世界意义的历史价值、文化价值、科学价值、艺术价值	25~20
		同时或其中一项具有全国意义的历史价值、文化价值、科学价值、艺术价值	19~13
		同时或其中一项具有省级意义的历史价值、文化价值、科学价值、艺术价值	12~6
		历史价值，或文化价值，或科学价值，或艺术价值具有地区意义	5~1
	珍稀奇特程度（15分）	有大量珍稀物种，或景观异常奇特，或此类现象在其他地区罕见	15~13
		有较多珍稀物种，或景观奇特，或此类现象在其他地区很少见	12~9
		有少量珍稀物种，或景观异常突出，或此类现象在其他地区少见	8~4
		有个别珍稀物种，或景观比较突出，或此类现象在其他地区较多见	3~1
	规模、丰度与几率（10分）	独立型研学旅行资源单体规模、体量巨大；集合型研学旅行资源单体结构完美、疏密度优良；自然景象和人文活动周期性发生或频率极高	10~8
		独立型研学旅行资源单体规模、体量较大；集合型研学旅行资源单体结构很和谐、疏密度良好；自然景象和人文活动周期性发生或频率很高	7~5
		独立型研学旅行资源单体规模、体量中等；集合型研学旅行资源单体结构和谐、疏密度较好；自然景象和人文活动周期性发生或频率较高	4~3
		独立型研学旅行资源单体规模、体量较小；集合型研学旅行资源单体结构较和谐、疏密度一般；自然景象和人文活动周期性发生或频率较小	2~1

① 赋值参考国家标准《旅游资源分类、调查与评价》（GB/T 18972—2017）。

续表

评价项目	评价因子	评价依据	赋值①
资源要素价值（85分）	完整性（5分）	形态与结构保持完整	5～4
		形态与结构有少量变化,但不明显	3
		形态与结构有明显变化	2
		形态与结构有重大变化	1
资源影响力（15分）	知名度和影响力（10分）	在世界范围内知名,或构成世界承认的名牌	10～8
		在全国范围内知名,或构成全国性的名牌	7～5
		在本省范围内知名,或构成省内的名牌	4～3
		在本地区范围内知名,或构成本地区名牌	2～1
	适游期或使用范围（5分）	适宜游览的日期每年超过300天,或适宜于所有游客使用和参与	5～4
		适宜游览的日期每年超过250天,或适宜于80％左右游客使用和参与	3
		适宜游览的日期每年超过150天,或适宜于60％左右游客使用和参与	2
		适宜游览的日期每年超过100天,或适宜于40％左右游客使用和参与	1
附加值	环境保护与环境安全	已受到严重污染,或存在严重安全隐患	－5
		已受到中度污染,或存在明显安全隐患	－4
		已受到轻度污染,或存在一定安全隐患	－3
		已有工程保护措施,环境安全得到保证	3

评价时每一个评价因子都被分为四个档次,其分值也被相应分为四档。

③评价等级的划分。根据对研学旅行资源单体的评价,得出该单体研学旅行资源共有综合因子评价赋分值。将研学旅行资源单体评价的总分划分为五个等级,从高到低依次为五级研学旅行资源,得分大于90分;四级研学旅行资源,得分区间为75～89分;三级研学旅行资源,得分区间为60～74分;二级研学旅行资源,得分区间为45～59分;一级研学旅行资源,得分区间为30～44分。此外,还有未获等级的研学旅行资源,得分小于或等于29分。

在这种评价体系中,五级研学旅行资源被称为"特品级研学旅行资源";五级、四级、三级研学旅行资源被通称为"优良级研学旅行资源";二级、一级研学旅行资源被通称为

① 赋值参考国家标准《旅游资源分类、调查与评价》(GB/T 18972—2017)。

"普通级研学旅行资源"。

(3) 依据价值工程法构建研学旅行资源综合性定量评价模型。

价值工程法是指将价值工程原理运用到研学旅行资源评价之中的一种方法。价值工程法是 20 世纪 40 年代兴起的一种现代管理方法,该方法的核心在于分析系统的功能,侧重点在于研学旅行资源的功能属性。该方法的评价过程如下。

第一,对影响研学旅行资源功能的因素进行分解。如图 7-2 所示。

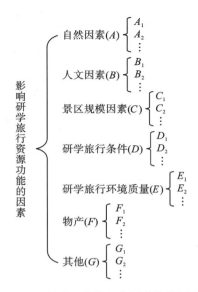

图 7-2 影响研学旅行资源功能的因素

第二,对分解出来的各项因素进行评价计分,即对各项因素的因子在研学旅行资源功能中的重要性打分,由低到高记 0～5 分,再将各因子的得分进行汇总,得出每一项因素的分数,由此评价每一项因素在研学旅行资源功能中的重要性(见表 7-6)。

表 7-6 因素重要性评分表

因 素	A	B	C	D	E	F	G
得 分	19.4	10.9	6.8	4.4	3.2	1.7	0

取得分在 4 分以上的因素作为主要因素,其余的则作为次要因素,则从表 7-6 中可以看出,A、B、C、D 为主要因素,E、F、G 为次要因素。那么在对研学旅行资源进行评价时就应针对主要因素进行评价。

第三,根据公式计算主要因素的功能评价系数与标准分数(见表 7-7)。公式如下。

某项因素的功能评价系数＝某项因素的得分数/该类因素的得分数之和

某项因素的标准分数＝该项因素的功能评价系数×100

表 7-7 主要因素的功能评价系数和标准分数表

因 素	A	B	C	D
评价系数	0.467	0.263	0.164	0.106
标准分数	46.7	26.3	16.4	10.6

第四,将各项因素的标准分数按其内部各因子的得分比重进行分配,得到各因子的标准分数。在对具体研学旅行资源进行评价时,先对各项因素的因子进行评分,再将结果与各因子的标准分数进行比较,就可以对研学旅行资源的功能进行评价了。表 7-8 是对乐山市和凉山彝族自治州的研学旅行资源功能进行评价时得出的结果。

表7-8 标准分数计算结果一览表①

因素	标准分数	因子	标准分数	乐山市	凉山彝族自治州
A	46.7	A_1	5.5	2.4	4.5
		A_2	14.0	10.5	8.8
		A_3	8.0	5.0	7.0
		A_4	6.0	5.1	3.5
		A_5	9.2	8.0	6.0
		A_6	4.0	3.5	2.2
B	26.3	B_1	14.0	10.5	8.3
		B_2	4.1	3.7	1.2
		B_3、B_4	4.2	1.8	3.6
		B_5	4.0	3.5	1.8
C	16.4	—	—	10.7	6.4
D	10.6	—	—	8.0	3.3
合计	100	—	—	72.7	56.6

价值工程法虽然是一种综合性的量化评价模型,但在对研学旅行资源功能影响因素进行分解、对各因素及其因子的重要性进行评分时,仍然依靠人的主观判断。所以该评价方法与纯主观的评价方法相比,虽然有了很大的进步,但仍然未完全摆脱主观的影响,是将主、客观相结合的方法。

本章小结

1. 研学旅行资源调查的目的是系统地查明调查区域内相关的自然、社会、经济环境条件以及可供研学旅行利用的资源状况。

2. 研学旅行资源调查的内容并不局限于研学旅行资源本身的信息,还包括研学旅行资源所处区域的状况。

3. 对研学旅行资源进行评价是指按照一定的标准,确定某一研学旅行资源在全部研学旅行资源或同类研学旅行资源中的地位,通过整体的纵向对比和同类的横向对比来明确该研学旅行资源的重要程度和开发利用价值。

4. 研学旅行资源评价的主要内容包括三个部分,即对研学旅行资源特色和结构的评价、对研学旅行资源所处环境的评价以及对研学旅行资源开发条件的评价。

5. 定性评价是指通过人们的感性认识,对研学旅行资源做出定性的评价或分级,一般无具体数量指标。

6. 定量评价方法因其可以进行横向比较,评价结果具有相对客观性和普遍适用性的特点,所以近年来越来越受到专家、学者的青睐。其中,较常用的是综合型定量建模评价方法。

---

① 四川旅游地学研究会.旅游地学研究与旅游资源开发[M].成都:四川科技出版社,1992.

思考练习

1. 请你运用本章所学的内容,选择一个区域进行研学旅行资源调查,并撰写调查报告。
2. 完成5个研学旅行资源单体的记录与分析。
3. 组织一次研学旅行资源单体评价讨论会,并总结讨论结果。

第八章 地理信息技术与研学旅行

章节目标

◆ 知识目标
1. 了解各类地理信息技术的概念并能阐述其基本功能。
2. 理解在研学旅行课程融入地理信息技术的目的与意义。
3. 掌握基于地理信息技术的研学旅行方案制订方法,分研学旅行前、研学旅行中和研学旅行后。
4. 掌握运用地理信息技术进行研学旅行基地资源空间分布特征研究的基本思路。

◆ 能力目标
1. 能够运用地理信息系统软件进行研学旅行基地的空间分析和研学旅行基地的客源访问需求情况分析。
2. 运用手机端遥感软件,在研学旅行课程实践中掌握高清遥感影像的判读方法。
3. 在研学旅行课程实践中,学会手机端GPS软件的使用方法。
4. 理解运用地理信息技术进行研学旅行基地资源空间分布特征和网络关注度研究的原理。

◆ 素质目标
培养对信息技术的兴趣和善于探索的科学品质。

知识框架

第八章 地理信息技术与研学旅行 —— 第一节 地理信息技术概述 ——
一、地理信息系统(GIS)概述
二、遥感(RS)技术简介
三、全球导航卫星系统(GNSS)简介

第八章 地理信息技术与研学旅行

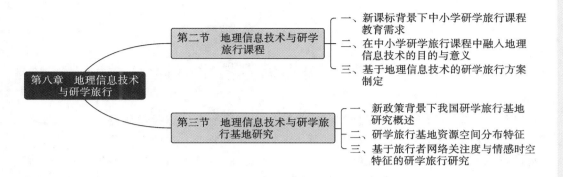

1. 明确地理信息系统、遥感和全球卫星导航系统等地理信息技术在研学旅行课程中的贯穿方式。
2. 理解运用地理信息技术进行研学旅行资源空间分布特征和网络关注度研究的原理。

英国FSC课程"地理中的技术"主要针对英国"Key Stage 3"（KS3）阶段，由教师面向11—14岁的中小学生进行关于地理信息技术内容的课程设计。课程内容是为期三天的户外教育课程，教师引导学生将地理信息技术（GIS、GNSS、RS）与设备（GPS接收机、平板电脑、手机等）运用于地理实地调查实践的各个方面。该课程方案将课程分为五个具体的项目活动。项目一为团队探索，学生在到达研学旅行基地后通过野外团队游戏的方式初次探索并熟悉GPS技术的定位功能。项目二为合作学习，教师带领学生团队运用GIS技术和网络搜索功能，结合电子地图和高清遥感影像航拍进一步调查基地的环境，获得更加清晰的认识。项目三为真实情景中的实践能力培养，教师教会学生使用GPS接收机、平板电脑，以及配套的应用软件进行相关数据的采集，并对采集过程中碰到的问题通过小组讨论解决。项目四为数据分析能力培养，教师培养学生运用信息通信技术进行数据分析的能力。项目五为着眼现实，教师指导学生利用多种可获取信息资源找出特定现实问题的解决途径，旨在引导学生从解决问题和展示结论的过程中获得自信[1]。

---

[1] 张逸盈,陆士明.英国地理研学课程案例分析——以英国FSC课程"地理中的技术"为例[J].地理教学,2020(4):3.

第一节　地理信息技术概述

作为一个朝气蓬勃的新兴产业，地理信息技术逐渐在地球科学研究、城市管理、国土资源规划、地理教育学习等涉及空间地理信息处理分析的方面发挥着越来越举足轻重的作用，为地理学科建设提供了极强的驱动力。随着世界信息化发展推动地理信息技术的不断进步，教育界对学生的信息技术素养提出了更高的要求。《普通高中地理课程标准》（2017年版）的"选修Ⅱ-8 地理信息技术应用"中体现的地理信息技术有地理信息系统（GIS）、遥感（RS）、全球导航卫星系统（GNSS）①，简称"3S"技术。

近年来地理信息技术飞速发展，"3S"技术也渗透中小学地理教学，丰富着学生的地理学习方式。但需要指出的是，在我国中小学的地理教学中，该方法因仍然处于起步阶段而稍显薄弱。主要体现在教学活动大部分时间还是局限在教室中，教师对于地理信息技术的应用还停留在给学生简单做科普上。实践是最好的学习，研学旅行正是一个引导学生在做的过程当中学、边用边学的好平台。将地理信息技术与研学旅行结合，既可以帮助学生通过实践感受到地理信息技术的强大功能，起到启蒙教育的作用，同时也可以消除传统研学旅行模式中"只旅不学""教师一言堂"等弊端②。

一、地理信息系统（GIS）概述

（一）地理信息系统组成

地理信息系统（GIS）是20世纪70年代以来在计算机数据库技术、遥感技术、计算机辅助制图技术的基础上发展起来的新兴技术领域。它是以地理空间数据为基础，采用地理模型分析方法，适时提供多种空间和动态地理信息，并且为地理研究和地理决策提供服务的计算机技术系统。它通过计算机软件将地理分析方法应用于地理空间数据，从而产生有用的决策信息。

GIS与其他信息系统的区别在于其处理的数据是经过了地理编码的空间数据，其技术依托的主要平台是计算机及其相关设备。GIS是在计算机软硬件系统的支持下，对整个或部分地球表层空间中的有关地理分布的数据进行采集、储存、管理、运算、分析、显示和描述的技术系统，是地理信息科学的核心内容之一。

GIS由硬件系统、软件系统、数据、方法以及系统管理和维护人员五部分组成。硬件系统和软件系统为GIS建设提供环境；数据是GIS的重要内容；方法为GIS建设提供解决方案；系统管理和维护人员是GIS建设中的关键因素和能动性因素，直接影响和协调其他几个组成部分。其核心内容是硬件系统和软件系统；地理空间数据反映了

---

① 王芋.地理信息技术支持的研学旅行模式构建研究[J].地理教学，2021(14)：36-40.
② 王塑，莫华强，宋焱."3S"技术在研学旅行中的应用——以甘肃省中部地区为例[J].新课程导学，2021(6)：2-5.

GIS 的信息内容;用户决定了 GIS 的工作方式。

1. 硬件系统

GIS 的硬件系统是对计算机系统中实际物理设备的总称,包括计算机主机、输入设备、存储设备和输出设备。

2. 软件系统

GIS 的软件系统是指其运行时所需要的各种程序。包括:①计算机系统软件。这些软件通常由计算机生产厂家提供。②应用程序,即根据专题分析模型编制的特定应用任务的程序,是 GIS 功能的扩充和延伸。一个优秀的 GIS 工具对应用程序的开发应是透明的,应用程序作用于专题数据上,构成专题 GIS 的基本内容[1]。③GIS 软件及其支撑软件。包括 GIS 工具或 GIS 使用软件程序,以完成地理空间数据的输入、存储、转换、输出及其用户接口功能等。常用的国外 GIS 软件包括美国 ESRI 公司推出的 ArcGIS、开源版桌面地理信息系统 QGIS、美国 Blue Marble Geographic 公司研发的 Global Mapper、美国 ITT 公司开发的 ENVI 等。常用的国内 GIS 软件如超图集团开发的 SuperMap。

3. 数据

GIS 的数据主要分为地理空间数据和地理属性数据。地理空间数据也称地理图形数据,反映地物的地理空间信息,包括位置、大小、形状、方向等,通过栅格与矢量两种形式来表达。地理属性数据也称地理文字数据,是反映地物非空间特征的信息,以一定逻辑结构存放在地理空间数据库中,与地理空间数据建立起对应关系。例如,在用于表示旅游景点分布的电子地图数据中,地理空间数据表示该景点分布的具体位置和占地范围,地理属性数据表示该景点的客流量、营业额、可接待人数上限、开放时间等非空间信息。

4. 方法

GIS 的方法是指为了支撑其整个系统的运行和功能的实现所提供的解决方案,包括地理信息的采集与输入、编辑与更新、储存与管理、查询与分析、显示与输出等。

5. 系统管理和维护人员

GIS 的系统管理和维护人员包括具有 GIS 专业知识的高级应用人员、具有计算机知识的软件开发人员,以及具有实际操作能力的软硬件系统后台维护人员。

(二)地理信息系统功能

GIS 的功能主要包括地理空间数据输入与编辑、数据处理、数据管理、基于数据的空间分析和统计以及成果输出。

数据输入与编辑是指将采集的各种来源的数据转换成 GIS 能够识别的格式并进行存储的过程,通常在输入时伴随着对数据的处理。数据处理包括格式转换、坐标变换、数据压缩等流程。数据管理则是建立起地理空间数据与地理属性数据的关系,通过数据库将二者融为一体。空间分析与统计则是 GIS 的主要功能,是基于物体的空间位置与关联信息对空间事物做出的定量描述,相当于把物体的数量关系和空间信息进行

---

[1] 崔铁军.地理信息科学导论[M].北京:科学出版社,2021.

结合以分析和解决问题。常见的空间分析对象包括地物的空间位置、空间分布、空间形态、空间距离和空间关系等。

美国 ESRI 公司推出的 ArcGIS 软件以其强大的空间分析和地理空间数据处理功能著称。其独特的地理空间数据模型、空间分析等功能结合强大的数据兼容性使得 ArcGIS 成为 GIS 软件领域的标杆,为广大用户提供了科学的计算结果和决策依据。

网络地理信息系统(WebGIS)是指在互联网上应用的 GIS,是传统的 GIS 在网络领域的延伸和发展。WebGIS 在网络环境下,基于 TCP/IP 和 WWW 协议,以支持标准 Html 的浏览器为统一的客户端,通过 Web Server 向 GIS Server 提出 GIS 服务请求。它具有传统 GIS 的特点,可以实现地理空间数据的检索、查询、制图输出、编辑等 GIS 的基本功能。WebGIS 的用户不需要购买 GIS 软件,只需要网络连接即可随时随地获得 GIS 地理空间数据和在线使用 GIS 分析功能,WebGIS 相当于互联网与 GIS 结合下的产物。图 8-1 为天地图 WebGIS 查询分析平台上长三角地区 5A 级与 4A 级旅游景区的数量查询结果。WebGIS 的查询功能给基于研学旅行基地资源的研究提供了易于获取的数据源,为空间分析奠定了基础。

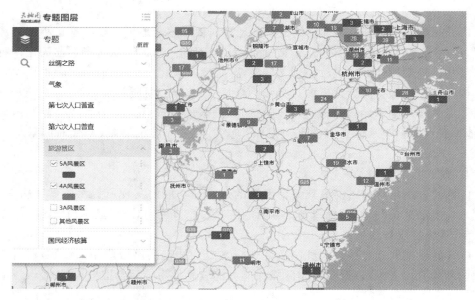

图 8-1　天地图网络端地理信息系统(WebGIS)查询分析平台上长三角地区 5A 级与 4A 级旅游景区的数量查询结果[①]

二、遥感(RS)技术简介

遥感(RS)技术是 20 世纪 60 年代发展起来的高新科学技术,即在一定距离外,不直接接触探测的目标物,而是通过某种仪器设备和某种技术方法感知物体的固有特性,以研究和了解环境中物体属性、空间分布状况和物体间监护关系与变化规律的技术。遥感信息包括航空遥感信息和航天遥感信息。航空遥感是以飞机、飞艇、无人机等为平

---

① 数据来源:国家地理信息公共服务平台官网(https://www.tianditu.gov.cn/)。

台,从空中拍摄地面的景物;航天遥感则是主要以人造卫星、宇宙飞船、航天飞机等为平台实现对地球的探测。

正射影像是具有一种正射投影性质的遥感影像(如图8-2所示)。原始遥感影像因成像时受传感器内部状态变化(如光学系统的畸变、扫描系统的非线性等)、外部状态(如姿态等)变化及地表状况(如地球曲率、地形起伏程度等)的影响,均有不同程度的畸变和失真。而在正射影像的制作过程中,主要采用专用设备来对影像的几何畸变进行纠正。另外在对影像的色彩进行拉伸处理,增强影像可读性的同时,也要对影像之间不一致的色带进行处理,使得整个拍摄区域的影像基本接近于统一。正射影像具备信息量丰富、直观性强的优点,还具有良好的判读与量测性能。目前在计算机软件和手机端App上,如高德地图、百度地图、奥维互动地图等,都可以直接获取并观看正射影像,因此,其在研学旅行课程的实地考察实践环节可以得到很好的应用。

图 8-2 高清正射影像航拍

三、全球导航卫星系统(GNSS)简介

全球导航卫星系统英文全称为 Global Navigation Satellite System(GNSS),是指基于卫星,在全球海、陆、空、天范围内,用于定位、导航的技术系统。GNSS 具有全天候、全球覆盖、高精度三维定位定速定时、快速、高效率、应用广泛和功能多的特点。GNSS 应用遍及国防和社会发展等诸多领域,并形成了对全球经济有相当大影响的巨大产业[①]。GNSS 包括地面监控系统、空间卫星星座系统和用户接收系统。地面监控系统由主控站、地面天线、监测站和通信辅助系统组成,主要负责对卫星系统的监测和控制,以保证整个系统的正常运行。空间卫星星座系统由多颗定位卫星组成,如美国的全球定位系统(GPS)由 24 颗均匀分布在 6 个不同轨道平面上的卫星组成。此外,GNSS

---

① 闾国年,汤国安,赵军,等.地理信息科学导论[M].北京:科学出版社,2021.

还包括俄罗斯的格洛纳斯卫星导航系统(GLONASS)、欧盟的伽利略卫星导航系统(GALILEO),以及我国的北斗卫星导航系统(BDS)。GNSS技术现已逐渐地应用到私人旅游及野外考察中,如车载GPS导航系统、手持GPS信号接收机、手机端地图App的景区导航等功能。

第二节 地理信息技术与研学旅行课程

将地理信息技术引入中小学研学旅行课程中,是顺应《普通高中地理课程标准》(2017年版)提出的将信息技术与地理教育相结合的教学要求,继而实现激发学生学习兴趣、锻炼学生地理实践能力、培养学生区域认知能力、启蒙学生综合地理思维的目标。地理信息技术对于研学旅行方案的帮助全方位地体现在研学旅行前、研学旅行过程中、研学旅行后三个阶段。在研学旅行前,地理空间数据的展示使得师生对研学旅行区域有了更加直观的认知,可以对师生完成线路规划起到协助作用;在研学旅行过程中,地球信息技术在协助学生进行数据采集的同时,还可以加强学生的地理信息化实践能力和团队合作水平;在研学旅行结束后,地理信息技术可以启发学生对于地理科学问题的思考。

一、新课标背景下中小学研学旅行课程教育需求

（一）相关政策

2016年教育部等11部门印发的《关于推进中小学生研学旅行的意见》中,强调了学校需要根据各年龄各学段特点和地域特点,逐步推进小学阶段以乡土乡情为主、初中阶段以县情市情为主、高中阶段以省情国情为主的研学旅行活动课程体系①。

2017年发布的《中小学综合实践活动课程指导纲要》中强调综合实践活动要充分发挥信息技术对于各类活动的支持作用,有效促进问题解决、交流协作、成果展示与分享等。

《普通高中地理课程标准》（2017年版）中明确提出"通过探究有关地理问题,了解地理信息技术的应用""将培养学生的区域认知、地理实践力、综合思维和人地协调观等地理学科核心素养作为高中地理课程的总目标"。

（二）教育需求

社会信息化是世界发展的大趋势,新课程标准中提出了对信息技术的教学要求,即将信息技术与地理教学相结合。教育的本质是"以学生为中心",成功的教育应该是激发学生对于学习的兴趣,提高他们自身的实践能力,从而最大限度地激发他们的潜力,

---

① 中华人民共和国教育部.教育部等11部门关于推进中小学生研学旅行的意见[EB/OL].[2016-11-30]. http://www.moe.gov.cn/srcsite/A06/s3325/201612/t20161219-292354.html.

而非传统的"填鸭式"教育。因此,如何将地理信息技术与中小学地理教学内容进行融合,让学生从被动的接受者变为主动的学习者,是每一位教育工作者需要思考的问题。

实践是最好的学习,研学旅行正是一个让学生在做的过程中学习的很好的平台。在研学旅行过程中应用地理信息技术可以让学生对于"3S"技术发挥的作用有一个启蒙认知,通过了解"3S"技术组成部分之间的相互关系以及各项技术结合在一起后能发挥的实践效果,学生逐渐拥有主动学习、查询和处理地理信息的能力,达到"授之以渔"的教学效果。

二、在中小学研学旅行课程中融入地理信息技术的目的与意义

(一)激发学习兴趣,提高自学能力

尽管研学旅行强调实践性,但目前很多研学旅行课程的教学模式依旧延续了传统课堂的弊端,即以教师为中心和主导单方面输出知识,学生在研学旅行课程中的参与度很小,造成"只旅不学"的问题。此问题的根源在于目前很多研学旅行课程相当于是把教学的场所从教室搬到了研学旅行基地,在教学模式上几乎没有实质性的改变,依旧是教师的"一言堂"授课。学生不仅对研学旅行区域知之甚少,而且对于研学旅行过程中的学习目的和需要掌握的知识点也没有清晰的认识,导致他们对地理问题的求知欲无法被激发而出现注意力不集中的情况。因此,很多研学旅行课程尽管耗费了大量人力、财力,却远远达不到所要求的学习效果。

地理信息技术可以创建出效果逼真的研学旅行区域地理图像、视频动画和三维仿真模型,通过刺激学生的感官来吸引他们的注意力。此外,手机端的地理信息技术软件还可以给学生提供一个与研学旅行区域相关的实时互动平台,大大增加他们在课程中的参与度,使学生感受到自己才是研学旅行活动的主体,从而提高对活动相关知识点的学习兴趣。所谓兴趣是最好的老师,是指学生的求知欲一旦被激发就会大大加强他们自主学习的积极性,在整个过程中他们的自学能力也会得到培养。

(二)锻炼地理实践力

《普通高中地理课程标准》(2017年版)指出:地理实践力是指人们在考察、实验和调查等地理实践活动中所必备的意志品质和行动能力。以初中地理课程为例,地理实践力表现为小组合作能力、描述地理环境、搜集并分析资料、理解地理环境与人类活动的关联等。地理信息技术能够通过其强大的空间分析和可视化功能帮助学生提高地理实践力。例如,利用GNSS技术可以培养学生在实践中对地理环境的描述能力;在研学旅行前,学生可以使用高德地图或百度地图App自行查看出发点到研学旅行目的地的大致行车路线;在行车过程中,学生可以将看到的沿途风景信息与手机App上的电子地图进行比对;在研学旅行过程中,学生可以通过GNSS技术的实时定位功能,将自己所观察到的身边的实地景观与电子地图上的信息相结合,描述周边的地理环境[1]。

---

[1] 黄志敏. 地理信息技术在研学旅行中的应用实践——以都江堰水利风景区研学活动为例[J]. 地理教育,2021(2):4.

（三）培养区域认知能力

当代中小学生大部分生活、成长在城市，由于生活方式较单一而导致方向感弱化。因此，传统的研学旅行模式无法让学生意识到因地理区域不同而产生的差异性，更加无法让其在研学旅行过程中建立起各个不同地理信息在所处空间位置上的关联。地理信息技术可以在研学旅行过程中将地理信息动态化呈现。例如，学生可以通过奥维互动地图等手机端电子地图查看软件，结合正射影像和手持GPS接收机构建起地理空间信息的关系链，并描述自己所在的坐标。

（四）启蒙综合地理思维

传统的研学旅行课程存在课程目标、知识点设定不明确，忽视新时代中小学生对信息化技术知识储备的需求等问题，很多老旧的实习内容、实习线路依旧在研学旅行课程中占了很大篇幅。结合地理信息技术进行教学不但可以在研学旅行过程中提高学生的信息化技能，还有助于引导学生对于更深层次地理问题的思考。例如，在研学旅行基地运用WebGIS平台对地理信息进行展示，包括年降水量变化、气温变化和土地利用变化，更有利于教师在研学旅行过程中引导学生思考人地协调、可持续发展等当今地理学热门问题，对学生的综合地理思维起到启蒙作用。

三、基于地理信息技术的研学旅行方案制定

（一）研学旅行前

1. 研学旅行目标设计及研学旅行资源筛选

合理的研学旅行资源筛选是研学旅行课程质量的重要保障。研学旅行前需要根据研学旅行的目标，结合现有的地理信息技术网站平台提供的研学旅行资源信息进行筛选，之后在选定的研学旅行资源内部确定具体的研学旅行区域。研学旅行区域由研学旅行点、研学旅行线路构成。师生可以先获取基础地理信息，如研学旅行区域的遥感影像、气象、植被、地形等数据，根据数据推测研学旅行点在当下的时间点是否安全、是否适合访学。

2. 研学旅行点资料收集，形成初步认知

在研学旅行的准备阶段，教师根据每个研学旅行点给学生布置相应的研学旅行任务，这就需要师生对研学旅行点的概况有一个全面的认知。指导教师在布置任务前应提前浏览研学旅行点的相关网站，了解预选研学旅行任务的可行性，此外还可以借助地理信息引导学生对研学旅行点有一个初步的认知，将研学旅行点的相关网站推荐给学生，并指导他们了解重点信息。教师还可以引导学生通过奥维互动地图等软件浏览研学旅行地区的高清正射影像。例如，如果将地形地貌或植被识别作为此次研学旅行的重点，学生们可以先根据正射影像或地形的数字高程模型（DEM）图选择一些地物进行初步猜测，之后到实地进行验证。

3. 研学旅行线路规划

在研学旅行活动中对于线路的合理规划可以提高研学旅行的效率并规避风险，同

时需要考虑很多的问题,包括出行的时间、研学旅行点的到访顺序以及研学旅行点内部的路线导航等。高德地图、百度地图等在线地理信息技术平台可以提供实时交通拥挤情况和事故多发地区的提示,有助于提高线路规划的合理性和安全性。这些平台还可以提供研学旅行点内部的导航功能。当研学旅行区域较大、任务较重时,学生还可使用该功能自行分组、分区进行实地的资料搜集,并避免迷路。此外,一些热门研学旅行景点,如上海迪士尼乐园提供的实时客流量信息与不同时间尺度(月、日、小时)的客流量数据也可以帮助研学旅行团队选择合理的时间点到访。

4. 风险预测

由于研学旅行属于户外活动,存在多种风险,如涉及自然因素的气象风险,包括高温与低温、强降水、台风、雷暴等特殊天气;涉及人为因素的风险,包括交通事故和传染性疾病等①。师生可以借助地理信息技术做好研学旅行前的风险规避工作。

5. 地理知识与地理信息技能培训

地理教师可以利用课堂时间向学生介绍手机端地理信息软件的安装和操作流程,让学生在到访前掌握完成研学旅行任务所需要的必备技能和知识,有助于他们提高研学旅行过程中的效率,做到有的放矢。

(二) 研学旅行过程中

1. 地理信息记录与分析

研学旅行过程中学生的主要活动包括看、问、做、思、写、说等,其中"看"指观察、判断、参观,"做"指亲身参与、体验。因此,在进行研学旅行时应该充分调动学生的主动性。借助手机端的地理信息软件,学生可以对地理信息进行记录,如拍照、生成线路轨迹等。很多常用的软件可以通过手机定位功能,让用户在拍摄地物照片或者视频的时候可以自动保存拍摄时间、经纬度以及海拔高程等信息。拍摄完毕之后还可以上传到互联网平台,作为研学旅行活动结束后小组成员讨论、撰写报告时的参考资料。相比于传统的笔记记录方式,采集照片和视频可以更形象、更准确、更完整地还原研学旅行时的情景。

在依靠 GNSS 定位技术确保考察点空间位置准确性的基础上,学生还可以根据所有考察点拍摄照片的位置生成考察线路轨迹,并依靠轨迹建立起地理要素与空间位置的关联。不少软件允许学生上传并保存研学旅行线路轨迹,组织本小组后期撰写报告与制作 PPT 时所需的资料。

2. 借助遥感影像判读以全方位认知地理事物

在研学旅行过程中学生可以通过遥感影像进行地物的判读解译,识别特殊地物并进行标记。此外,奥维互动地图等软件上的三维数字地球也可以让学生对考察点进行多视角(俯视、侧视、正视)的观察,辅助他们完成实地考察。如果在实地考察中发现观测到的地物与遥感影像不符合,教师可以引导学生思考其中的原因,如获取的遥感影像日期较早,作为历史数据现势性有限而无法反映最新地物等情况。学生可以对变化的

---

① 王塑,莫华强,宋焱. "3S"技术在研学旅行中的应用——以甘肃省中部地区为例[J]. 新课程导学,2021(6):2-5.

地物进行标记并修改，思考发生变化的原因（由自然或人为因素导致）。

3. 掌握新时代地理信息的获取手段

在研学旅行过程中学会地理信息的获取手段是对《中小学综合实践活动课程指导纲要》和《普通高中地理课程标准》（2017年版）中提出的提高学生对于地理信息技术的应用要求的积极响应。在研学旅行中学习地理信息的获取手段不仅仅局限于用手机通过拍照和录像记录研学旅行点的地理环境，还可以延伸到让学生掌握一些新兴地理信息获取设备的使用方法，从而大大激发学生对于地理专业的兴趣。

例如，小型无人机（见图8-3）具有简单易学、操作方便且能通过拍摄正射影像短时间内获取大量研学旅行资源（如研学旅行基地、研学旅行营地等）地理信息的优势。因此，可以将使用小型无人机设备进行正射影像的获取纳入研学旅行的教学内容。学生不仅通过小型无人机的操作提升了地理实践力，更在这个过程中将实时的研学旅行资源航拍图片与地物建立起地理空间信息关联，从而提高地理信息化水平的应用能力。

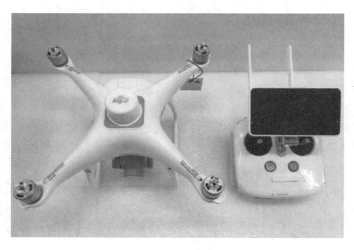

图8-3 大疆精灵4

（三）研学旅行后

1. 成果汇报与评价

研学旅行结束后，学生依旧以小组为单位，结合研学旅行前分配的任务将现场收集的资料和数据进行整合，以报告、PPT、专题地图等形式对研学旅行成果进行描述。这个过程系统锻炼了学生的团队协作、地理环境描述、资料筛选与整合等核心能力，响应了《中小学综合实践活动课程指导纲要》的综合实践活动"要充分发挥信息技术对于各类活动的支持作用，有效促进问题解决、交流协作、成果展示与分享"号召，实现了研学旅行课程的教学目标。

针对学生的成果汇报，教师应有针对性地设定评价机制，具体可以参照《中小学综合实践活动课程指导纲要》和《普通高中地理课程标准》（2017年版）中重点提到的要求设定评价指标，如可分为区域认知、地理实践力、综合思维和人地协调观等不同的评价指标。

2. 地理问题思考

地理信息技术的介入，使得学生可以在研学旅行过程中发现更多的科学问题，这是传统研学旅行模式所不具备的。例如，学生在实地看到的地物和在正射影像上看到的可能会有所不同，从而引发其对地物变化原因的思考，最后得出结论：部分地物变化（如天然植被的更替等）是由气候变化所致，部分地物变化（如林地被建成区所取代等）是人类的城市化进展所致。在思考的过程中激发学生对学习地理知识的兴趣，使学生形成良好的人地协调观念，让研学旅行的教育价值得以充分发挥。

延伸阅读17

第三节 地理信息技术与研学旅行基地研究

由于地理信息技术具备强大的空间分析能力，可以在研究研学旅行基地资源分布的空间特征以及社会经济条件等方面发挥重大作用。例如，区域分异特征可以反映某特定区域的研学旅行基地资源的空间分布是集聚还是离散，空间分布密度可以反映研学旅行基地周边其他基地的密集程度。这些特征指数既可以为管理现有研学旅行基地提供指导与帮助，也可以为规划新的研学旅行基地提供决策支持。

一、新政策背景下我国研学旅行基地研究概述

（一）研究概况

2017年和2018年，教育部连续公布2批次共581个国家级中小学生研学旅行基地。井喷式出现的研学旅行基地资源加上旺盛的市场需求使得研学旅行在国内发展得如火如荼，将成为未来中国旅游业发展新的增长点。中国旅游研究院于2017年发布的《中国研学旅行发展报告》显示，未来我国研学旅行市场总体规模将持续快速增长。随着国家政策的发布，各地教育部门也加大了对研学旅行的扶持力度，拓展了教育空间，为我国研学旅行的快速发展提供了大好的发展机会①。

在这个背景下，教育界和旅游界也逐渐开展了对研学旅行的研究②。教育界对于研学旅行的研究主要集中在学习机制③与推进策略④等方面；旅游界主要围绕研学旅行理论基础⑤与研学旅游开发⑥等方面进行研究。总的来说尽管当下热度很高，但我国研

---

① 陈颖，谭颖聪.中国研学旅游企业发展现状探究[J].现代商贸工业，2019，40(30)：19.
② 安朝高，普拉提·莫合塔尔，肖臻泉.我国研学旅游资源空间分布及影响因素研究[J].西北师范大学学报（自然科学版），2022，58(1)：99-105，112.
③ 陈东军，谢红彬.我国研学旅游发展与研究进展[J].世界地理研究，2020，29(3)：598-607.
④ Abubakar A M, Shneikat B T, Oday A. Motivational factors for educational tourism: A case study in Northern Cyprus[J]. Tourism Management Perspectives, 2014(11)：58-62.
⑤ 白长虹，王红玉.旅游式学习：理论回顾与研究议程[J].南开管理评论，2018，21(2)：192-198.
⑥ 田瑾，明庆忠.山地研学旅游产品开发研究[J].旅游论坛，2020，13(3)：58-69.

学旅行研究还处于起步阶段，有待逐渐完善。特别是随着市场行情的一路走暖，参加研学旅行的中小学生人数在未来还将持续增加，如何进行研学旅行基地的发展建设，包括对现有基地的管理和新基地的规划，都是教育部门和研学旅行服务机构需要考虑的问题。因此，需要对研学旅行活动最重要的载体，也就是现有研学旅行基地进行空间分布与地域属性方面的研究和探讨。而早期的研究受制于技术手段与研究理念，对此缺乏应有的重视。随着地理信息技术，特别是 GIS 的应用逐渐广泛化，近年来不断涌现对于研学旅行基地空间地域属性方面的研究。

（二）将地理信息系统引入研学旅行基地研究的目的

将 GIS 作为研究手段，在获得大量数据支持的前提下进行研学旅行基地的研究，有利于了解现有研学旅行基地的空间分布与开发建设情况，从而进一步了解市场间的供需关系，一方面为现有研学旅行基地的管理提供指导与帮助，另一方面为新规划提供决策支持。

此外，在地理信息技术与互联网技术不断发展的背景下，将研学旅行基地信息与旅游数据信息流进行结合，从地理科学的时空视角对研学旅行基地进行研究也可以拓展地理信息科学在旅游资源学中的应用，发展交叉学科建设。

二、研学旅行基地资源空间分布特征

目前在研学旅行资源研究中较多运用空间统计分析法（如平均最邻近指数、核密度分析、地理集中指数、不均衡指数、空间自相关分析、热点分析等）研究研学旅行基地资源的空间集聚特征、均衡特征及空间自相关性。此外，也有学者采用相关性分析法探究一些因素（如地区经济发展水平、交通便利性等）对研学旅行基地空间分布的影响，借助叠加分析、缓冲区分析挖掘研学旅行基地资源与旅游景区、城市及公路、铁路的临近性关系①，或运用地理联系率考察研学旅行基地空间分布与教育发展水平的关联性②。

（一）空间分布特征分析算法

1. 区域分异特征分析

研学旅行资源的区域分异特征常用最邻近指数来表达③，原因在于最邻近指数 R 能很好地反映点状要素的空间分布特征，因此适合用于判别中国中小学生研学旅行基地和营地的空间分布是集中的趋势还是离散的趋势，其计算公式如下所示。

$$R = \frac{D_O}{D_E} = \frac{1}{n}\sum_{i=1}^{n} r_i(s_i) \times \frac{1}{2\sqrt{\frac{n}{A}}}$$

---

① 方叶林,黄震方,李经龙,等.中国特色小镇的空间分布及其产业特征[J].自然资源学报,2019,34(6):1273-1284.
② 鄢慧丽,王强,熊浩,等.休闲乡村空间分布特征及影响因素分析——以中国最美休闲乡村示范点为例[J].干旱区资源与环境,2019,33(3):45-50.
③ 吴儒练,李洪义,田逢军.中国国家级研学旅行基地空间分布及其影响因素[J].地理科学,2021,41(7):1139-1148.

其中,D_O 为实测要素与其最近邻要素质心距离的平均值;D_E 为要素的理论最邻近距离;n 为研究对象数量;A 为区域面积;$r_i(s_i)$ 为到最邻近点的距离[①]。当 $R<1$ 时,即 $D_O<D_E$,说明样本点呈集聚分布;当 $R=1$ 时,即 $D_O=D_E$,说明样本点呈随机分布;当 $R>1$ 时,即 $D_O>D_E$,说明样本点均匀分布;当 $R=0$ 时,说明样本点完全集中[②]。

2. 空间均衡特征分析

研学旅行资源的空间均衡特征常用泰森多边形来表达,即用多边形面积的变异系数 C_V 来估计凸多边形面积的变化程度[③],从而研究样本的分布类型,计算公式如下所示。

$$r = \sqrt{\sum_{i=1}^{n}(S_i - S)^2 / n}$$

$$C_V = \frac{S}{r}$$

其中,S_i 为第 i 个多边形的面积;S 为多边形面积的均值;n 是多边形面积的个数,r 为标准差。当 C_V 在 33%~64% 时,说明样本点呈随机分布形态;当 C_V 大于 64% 时,说明样本点呈集聚分布;当 C_V 小于 33% 时,说明样本点呈均匀分布[④]。

3. 空间分布密度分析

研学旅行基地分布的空间密度特征通过核密度分析来体现。核密度分析是用于计算要素周围邻域中其他要素的密度,对于一个研学旅行基地要素,通过其周围邻域内其他基地的数量来估计该研究区域基地分布的密度,计算公式如下所示。

$$R_n(X) = \frac{1}{n}\sum_{i=1}^{n} K\left(\frac{X - X_i}{h}\right)$$

其中,$R_n(X)$ 为在某一点 X 处发生的核密度估计值;h 为带宽;K 为核函数;$X-X_i$ 为估计值点 X 到测算点 X_i 的距离值[⑤]。

4. 空间自相关性分析

(1) 空间集聚性分析。

Moran 指数 I 是衡量整个研究区域内各个变量相关性的总体趋势,用在研学旅行基地的研究上,可以评估其在研究区域内的空间分布是否有较大的集聚特征。其计算公式如下所示。

$$I = n\frac{\sum_{i=1}^{n}\sum_{j=1}^{n}w_{ij}(x_i - x)(x_j - x)}{\sum_{i=1}^{n}\sum_{j=1}^{n}w_{ij}\sum_{j=1}^{n}(x_i - x)^2}$$

---

① 王铁,邰鹏飞.山东省国家级乡村旅游地空间分异特征及影响因素[J].经济地理,2016,36(11):161.
② 王松茂,何昭丽,郭英之."丝绸之路经济带"西北五省乡村旅游模范村空间分异及影响因素[J].经济地理,2019,39(4):199.
③ 曹竞文,李淑杰,齐鲁,等.基于泰森多边形的汪清县农村居民点空间分布特征及其影响因素[J].世界地质,2019,38(1):268.
④ 陶军德,关国锋,汤永玲.哈尔滨市阿城区农村居民点景观格局与空间分布特征分析[J].国土与自然资源研究,2011(5):27.
⑤ 王松茂,何昭丽,郭英之."丝绸之路经济带"西北五省乡村旅游模范村空间分异及影响因素[J].经济地理,2019,39(4):199.

其中，x_i 和 x_j 为区域 i 和区域 j 中样本点数；x 为均值；w_{ij} 为空间向量矩阵；n 为样本总量。Moran 指数 I 分布在区间在 -1 与 1 之间。当 $I>0$ 时，表明样本点呈空间正相关性，其值越大，空间相关性越显著，如图 8-4(a)所示；当 $I<0$ 时，表明样本点呈空间负相关性，其值越小，空间差异就越大，如图 8-4(b)所示；当 $I=0$ 时，表明样本点呈空间随机性[1]。

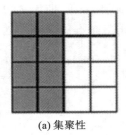
(a) 集聚性

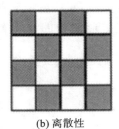
(b) 离散性

图 8-4　Moran 指数 I 图解

(2) 冷热点分析。

运用局域关联指数 Getis-Ord Gi，探讨区域内要素热点区与冷点区，揭示研学旅行基地资源的局部空间分布规律，计算公式如下所示。

$$G = n \frac{\sum_{i=1}^{n}\sum_{j=1}^{n} w_{ij}(d) x_i x_j}{\sum_{i=1}^{n}\sum_{j=1}^{n} x_{ij}} (i \neq j)$$

当结果显示为正值时，说明区域 i 周围的值相对较高，属于高值空间集聚；当结果显示为负值时，说明区域 i 周围的值相对较低，属于低值空间集聚[2]。

5. 反距离插值分析

在 GIS 的应用中，当我们获取到离散的数据后，会发现有些地方有数据而有些地方没有(见图 8-5)，通常情况下我们根据离散的已知数据来评估整体(包括无数据地区)的值的过程就是反距离插值分析，其原理来自反距离权重(Inverse Distance Weighted，IDW)算法。IDW 是一种空间插值法，以插值点与样本间的距离为权重进行加权平均，离插值点地理距离越近的样本赋予的权重就越大。其计算公式如下所示。

$$Z(s_0) = \sum_{i=1}^{N} \lambda Z(s_i)$$

$$\lambda = \frac{1}{d^{\alpha}}$$

其中，$Z(s_0)$ 为 s_0 处的插值，λ 为权重，d 为 s_0 到 s_i 的距离，α 为指数，$Z(s_i)$ 为已知点的测量值，N 为参与计算的点数。

(二) 国家级研学旅行基地的空间分布

吴儒练等(2021)以教育部公布的 581 家全国中小学生研学旅行基地为研究样本，

---

[1] 李全林，马晓冬，沈一.苏北地区乡村聚落的空间格局[J].地理研究，2012,31(1):144.
[2] 李全林，马晓冬，沈一.苏北地区乡村聚落的空间格局[J].地理研究，2012,31(1):144.

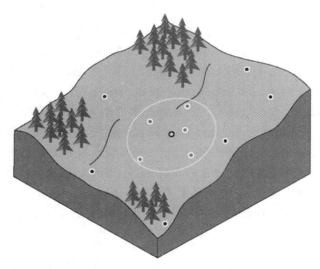

图 8-5 反距离权重插值①

运用 ArcGIS 软件通过平均最邻近指数计算、核密度分析、地理集中度指数计算、不均衡指数计算、空间自相关分析、地理联系率计算、相关性分析等方法,对国家级研学旅行基地的空间分布展开了有针对性的研究。

2017 年、2018 年教育部公布的 2 批次共 581 家全国中小学生研学旅行基地数据显示,国家级研学旅行基地的空间分布较不均衡。从中国七大地理区划来看,东北、华北、华东、华中、华南、西南、西北地区国家级研学旅行基地数量所占比例分别为 11.02%、21.86%、25.13%、9.81%、8.95%、12.39%、10.84%。从研究结果来看,国家级研学旅行基地主要集中在华北和华东地区,这与当地研学旅行资源与教育资源的丰富情况有关。从省(自治区、直辖市)内部的区域尺度来看,国家级研学旅行基地的分布特征依旧不均衡,且带有显著的"环城""沿路""近景"分布特征。此外,国家级研学旅行基地的空间分布的密度也不均匀,核密度分析的结果表明高密度区位于京津冀地区和长三角地区,在总体上呈现出"东密西疏",从东部沿海地区向西部内陆地区逐渐减少的空间格局。国家级研学旅行基地在全局空间分布上并不是随机分布的,而是存在显著的自相关性。冷热点分析的结果表明大部分的热点区位于以北京为核心的京津冀地区以及以上海为核心的长三角地区和东南沿海地区,冷点区则主要集中在西部地区。

安朝高等(2022)以我国 2016 年公布的"全国研学旅游示范基地"和 2017 年第一批"全国中小学生研学实践教育基地"为数据样本,运用最邻近指数、空间自相关、核密度估计值,研究研学旅行资源的空间分布特征及其影响因素。

研究中用到的空间数据来源于国家基础地理信息中心网络端(www.ngcc.cn)的在线地图数据库。可以先在百度坐标拾取器和高德地图上查询并获取各研学旅行基地的坐标(经度和纬度),再运用 ArcGIS 软件根据经纬度将 204 个国家级研学旅行基地展示在 GIS 数据地图上,作为空间分布特征分析的输入数据。

最邻近指数和泰森多边形检验的变异系数的分析结果表明,研学旅行资源的空间

---

① 来源:ESRI Arc Map 官网。

分异符合集聚分布模式,表明建立研学旅行基地对于区域有带动效应,即已有研学旅行基地的地区更有可能建立新的基地。根据 Getis-Ord 指数,采用 ArcGIS 中的自然断点分类法(Natural Break)可将全国研学旅行基地的布局分为 4 大区域。热点区有北京、天津、上海、河北、山东、山西、陕西、宁夏、湖北、河南、安徽;次热点区有辽宁、吉林、江苏、内蒙古;冷点区有西藏、广东、海南;剩余区域为次冷点区。以北京为核心的热点区在南、北方向分别呈现为"热点区—次热点区—次冷点区—冷点区"和"热点区—次热点区—冷点区"的梯度分异格局。

从研学旅行资源空间分布特征研究案例来看,全国研学旅游示范基地和全国中小学生研学实践教育基地布局空间以次冷点区偏多。影响国家级研学旅行基地空间分布格局的因素有政策制度环境、经济发展水平、区位交通条件、旅游资源禀赋和教育发展水平等。因此,可从上述影响因素入手,提高冷点区和次冷点区全国研学旅游示范基地和全国中小学生研学实践教育基地空间分布的合理性。

三、基于旅行者网络关注度与情感时空特征的研学旅行研究

(一)旅行者对研学旅行的网络关注度研究

1. 研究背景与研究意义

目前研学旅行在国家一系列优惠政策的鼓励下,发展势头强劲。随着互联网信息技术的不断发展,旅游大数据得到了很大的应用。通过对旅游大数据的挖掘,可以得出旅游流、旅游经济、旅游资源等具有研究价值的信息。研学旅行大数据属于旅游大数据,包括与研学旅行基地本身相关的数据和旅行者产生的数据。与研学旅行基地本身相关的数据包括研学旅行基地的地理位置等空间数据,以及类型、规模、客流量等属性数据,此外还包括和其相关的其他领域的数据,如经济数据、交通数据等。旅行者产生的数据主要包括旅行者在网络上查询到的研学旅行基地的信息,如搜索痕迹等,由此形成关于研学旅行基地的网络关注度数据。研学旅行基地网络关注度特指其受到关注的程度,反映旅行者与研学旅行基地之间的内在联系,也可以理解为旅行者通过网络检索相关旅行信息所产生的搜索量,可以间接地反映出研学旅行目的地受关注的程度①。

当前研学旅行的活动方式呈现多样化的发展格局,因此研学旅行基地资源的种类也多样,包括以自然观赏为主的研学旅行基地(如山川、江湖河、沙漠、滩涂等)、以科普教育为主的研学旅行基地(如博物馆、科技馆、动植物园、历史文化遗产、科研场所、工业交通场地等)、以体验考察类为主的研学旅行基地(如农庄、实践基地、冬夏令营等)、励志拓展类的研学旅行基地(如红色教育基地、校园、国防基地、军营等)、文化康乐类的研学旅行基地(如主题公园、演艺影视城等)。在这个前提下,未来研学旅行基地的建设、发展与管理应该如何进行,需要对哪类研学旅行基地受到的旅行者的喜爱度与关注度进行调研,影响旅行者的关注度与好感度的关键因素是什么等问题,则需要通过对研学旅行基地旅行者网络关注度的时间与空间特征进行研究。

基于网络关注度进行时间特征的分析,需要对月际、周际等不同时间尺度的网络关

① 于洁.中国研学旅游基地网络关注度时空特征及影响因素研究[D].武汉:华中师范大学,2018.

注度特征进行研究,找出高峰期与低谷期。而基于网络关注度进行空间特征的分析,可以从各区域的研学旅行基地受欢迎的程度入手。通过这些分析结果,研学旅行基地既可以针对现实客流做出准确、及时的管理措施安排,为旅行者提供优质的服务;也可以在未来的基地建设中丰富研学旅行基地的类型,如一个基地在其旅行资源允许的情况下可以提供多种类型的研学服务,从而增强中小学生在研学旅行活动中的获得感和幸福感,优化研学旅行体验的同时推动优质研学旅行服务的快速发展。因此,分析研学旅行基地网络关注度的时空分布特征,一方面可以了解旅游客源市场的时间变化规律,进而为研学旅行基地的开发建设、营销管理与现实客流预测等提供指导与帮助;另一方面有利于掌握研学旅行基地现实发展情况与客户需求之间的供需关系,为优化其空间结构奠定基础。

GIS强大的空间分析能力也为基于"互联网+大数据"的研学旅行基地游客关注度的时空分析提供了数据支持。应用地理信息技术将研学旅行基地与虚拟的旅游信息流结合,既可以丰富研学旅行资源的研究内容,也可以拓展地理信息科学在旅游学中的应用,积极促进交叉学科的发展与建设。

目前国内对于研学旅行基地网络关注度的研究主要集中在三个方面,即网络关注度的时空分布特征、网络关注度与客流的关系以及网络关注度的影响因素。其中数量最多的还是关于网络关注度的时空分布特征的研究。常用来反映旅行者对于研学旅行基地网络关注度指标的数据来源有百度指数[①]与新浪旅游博客[②]。

百度指数是以百度海量用户行为数据为基础的数据分析平台,是当前互联网乃至整个数据时代极为重要的统计分析平台之一,成为众多企业营销决策的重要依据。常用的指标包括搜索指数、资讯指数、媒体指数、相关检索词、上升最快的相关检索词、需求图谱、人群画像等。其中,搜索指数是指以用户在百度的搜索量为数据基础,以用户输入的关键词为统计对象,科学分析计算出各个关键词在百度搜索中出现频次的加权和。用户在输入关键词查询的时候可以搜索到该关键词在当日、一周、一个月、三个月、半年和一年等不同时间段的关注度。此外,通过人群画像可以以地图的形式看到不同省份的用户在特定段时间对于某关键词的搜索量。

2. 研究案例分析

于洁(2018)将全国20家研学旅行基地的名称作为搜索关键词,通过在百度指数上依次输入,获取了它们在2016年1—12月每日的网络关注度数据。之后其对搜集到的代表网络关注度水平的月搜索量、日搜索量数据进行整理,再进行反距离插值分析,从总体特征、区域特征和类型特征三个方面来进行研究,以空间可视化的表达形式来反映这20个研学旅行基地的网络关注度在全国的时空分布情况。

于洁在研究不同区域分布特征时将中国划分为七大区域,即东北地区、华北地区、西北地区、华东地区、华中地区、西南地区、华南地区,并借助ArcGIS软件的反距离插值工具对研学旅行基地网络关注度进行插值处理。通过全国研学旅行基地网络关注度反距离插值的结果可以看出,全国研学旅行基地网络关注度呈圈层分布的特征。整体

---

① 林志慧,马耀峰,刘宪锋.旅游景区网络关注度时空分布特征分析[J].资源科学,2012(12):2427-2432.
② 静恩明,郭风华,李仁杰.基于新浪旅游博客的河北省A级景区网络关注度研究[J].地理与地理信息学,2015,1(3):118-122.

上，中西部关注度高于东部，南部高于北部，高值区主要分布在华中地区、西南地区，低值区分布在东北地区、华北地区、西北地区、华南地区。具体来看，湖北西南部与成都平原因为宜昌市三峡大坝旅游区和都江堰旅游景区这两个兼具自然与人文景观的 5A 级旅游景区而成为网络关注度的高值区。然而在两个高值区之间依旧存在网络关注度的低值区，如位于这个区域的研学旅行基地——重庆红岩文化景区，尽管为 4A 级旅游景区，但因整体知名度不高导致百度指数未将其收录。

华东地区和华北地区这两大区域经济水平较为发达，拥有的研学旅行基地数量也较多，但是出乎预料的是这两地的网络关注度并没有特别显著，而只是处于中等水平。这说明研学旅行基地的网络关注度除了与研学旅行基地的数量及当地经济发展水平相关，很有可能还与其他因素有关。例如，上海为一个相对的高值区，而北京和天津为相对的低值区。原因可能是在研究上海的研学旅行基地时，以上海科技馆作为研究对象，其作为一个建筑设施类型的 5A 级旅游景区，本身知名度较高，并且其研学旅行内容丰富，展厅包括专为小学生设计的彩虹乐园、探究科学原理的智慧之光、提倡可持续发展建设的地球家园、机器人世界、宇航天地、探索者长廊等主题展区，外加四个风格迥异的特色影院，对中小学生具有极大的吸引力。而在研究北京的研学旅行基地时，以历史文化科普类的中国人民抗日战争纪念馆作为研究对象，其作为 4A 级旅游景区，具备红色教育与军事科普的功能，资源开发潜力大，若想提高其网络关注度，应在未来的研学旅行基地的建设过程中加大网络营销宣传力度。

参考《旅游资源分类、调查与评价》（GB/T 18972—2017）对旅游资源的分类后发现，网络关注度和研学旅行基地类型也有关系。其中，建筑与设施类的研学旅行基地最受关注，可能有这些基地本身的知名度较高的原因。而旅游购物类和历史遗迹类的研学旅行基地知名度较低，进而导致关注度较低，需要加强宣传力度或者在现有资源的基础上开发出其他类型的研学旅行产品以达到吸引旅行者的目的。

（二）研学旅行中旅行者情感时空变化分析

1. 研究背景与研究意义

情感是人对客观事物是否满足自己的需求而产生的态度体验[1]，情感分析（Sentiment Analysis，SA）又称倾向性分析和意见挖掘，是对带有感情色彩的主观性文本进行分析、处理、归纳和推理的过程[2]。早期的旅游情感研究较多采用针对旅行者进行问卷调查的形式，缺乏针对性和客观性。之后情感地理学的概念于 2001 年由 Anderson 和 Smith 正式提出[3]，该学科中的一个分支是将情感地图作为主要的研究手段之一，将旅行者的情感变化与空间分析结合。

地理信息技术和旅游大数据的发展为研究旅行者在旅行中的情感变化带来了巨大的便利。旅游大数据源包括 Facebook、Twitter、微博、旅游虚拟社区等社交媒体产生的

---

[1] 胡薇，卢海霞，李帅. 基于 Python 数据的研学旅行游客情感时空变化分析[J]. 白城师范学院学报，2021，35(5)：84-92.

[2] 丛丽，何继红. 野生动物旅游景区游客情感特征研究——以长隆野生动物世界为例[J]. 旅游学刊，2020，35(2)：53-64.

[3] 朱竑，高权. 西方地理学"情感转向"与情感地理学研究述评[J]. 地理研究，2015，34(7)：1394-1406.

各类短评和游记。例如,在到访某个旅行目的地前,旅行者可以通过搜索目的地信息进行旅行决策、旅行预定,留下网络关注度信息;在旅行的过程中,旅行者可以基于自己的地理位置分享自己的可量化实时情感度指标(积极或者消极情感体验);在旅行结束后,旅行者还可以通过社交媒体对旅行全过程进行积极或中性或消极的评价[①]。这些内容中蕴含着基于单个旅行目的地的情感信息,有利于开展针对某个研学旅行基地的旅行者情感体验研究。而了解旅行者研学旅行情感变化的时空特征也有助于研学旅行机构有针对性地提升研学旅行产品的服务质量与效率。

2. 研究方法

国内外对于旅行者在景点的旅行情感值研究主要是将情感值从定性的概念转换为定量的数据,如情感计算方法的尝试与情感分析模型的构建。情感计算是指赋予计算机系统识别、理解、表达和适应人类情感的能力,使得逻辑计算与感性情感实现全面有机融合。情感分析模型则是在情感计算的基础上对旅行者情感数据的更深层次挖掘,包括旅行者情感体验时空分析模型、旅行者情感满意度分异模型、旅行者情感的影响因素分析模型等,通过分析揭示旅行者情感体验的规律和主导因素。进行情感计算与构建情感分析模型通常来讲分成数据采集、情感分析和时空分析三个步骤。

采集情感数据通常依靠网络爬虫工具,如八爪鱼网络爬虫等,在诸如携程网、猫途鹰网、去哪儿网、驴妈妈网、马蜂窝网等旅行社交媒体网站输入景点的关键词进行检索后,爬取搜集有关的旅行评论作为情感数据集。通常剔除来自企业、媒体广告等干扰评论以保证数据绝大多数来自旅行者,此外为了保障评论的质量,也会除去诸如空白数据、符号数据、表情数据等无意义数据。

针对旅行者评论的情感分析通常采用 Python、ROST CM 等计算机编程语言对旅行者的评论内容进行情感值的抽取,并根据用户定义的语法规则和计算程序对评论内容进行情感值计算以判断情感倾向,计算之后将基于该条评论的情感值划分等级,通常分为积极情绪、中性情绪和消极情绪三个基础类别。在三个基础类别的基础上可再进行细分以提高情感辨识系统的精细度。

在完成景点的情感赋值后,基于情感值的空间分析可以依靠地理信息软件 ArcGIS 实现。例如,为景点建立空间方格网,依照景点评论的定位将评论分配在不同的格网中,并将每个格网内所有评论情感值的算数平均值作为此格网的情感值。此外,在这个基础上,对于评论发表的时间也可以依照月份、季节、单日内的时段等不同的时间尺度进行分类,结合评论的空间信息进行情感值的时空分析。

本章小结

1. 《普通高中地理课程标准》(2017年版)的"选修Ⅱ-8 地理信息技术应用"中体现的地理信息技术有地理信息系统(GIS)、遥感(RS)、全球导航卫星系统(GNSS),简称"3S"技术。

2. 地理信息系统(GIS)是20世纪70年代以来在计算机数据库技术、遥

延伸阅读 18

---

① 李君轶,张妍妍.大数据引领游客情感体验研究[J].旅游学刊,2017,32(9):8-9.

感技术、计算机辅助制图技术的基础上发展起来的新兴技术领域,GIS 由硬件系统、软件系统、数据、方法以及系统管理和维护人员五部分组成。

3. 遥感(RS)技术是 20 世纪 60 年代发展起来的高新科学技术,即在一定距离外,不直接接触探测的目标物,而是通过某种仪器设备和某种技术方法感知物体的固有特性,以研究和了解环境中物体属性、空间分布状况和物体间监护关系与变化规律的技术。

4. 全球导航卫星系统英文全称为 Global Navigation Satellite System (GNSS),是指基于卫星,在全球海、陆、空、天范围内,用于定位、导航的技术系统。

5. 在中小学研学旅行实践课程中融入地理信息技术的目的和意义在于:①激发学习兴趣,提高自学能力;②锻炼地理实践力;③培养区域认知能力;④启蒙综合地理思维。

6. 在基于地理信息技术制定研学旅行方案时,需考虑在研学旅行过程中引导学生进行地理信息记录与分析,借助遥感影像判读以全方位认识地理事物,掌握新时代地理信息的获取手段。

7. 将 GIS 引入研学旅行基地资源研究的目的是促进对现有研学旅行基地的空间分布与开发建设情况的了解,一方面为现有研学旅行基地的管理提供指导与帮助,另一方面为新规划提供决策支持。此外,还可以拓展地理信息科学在旅游资源学中的应用,发展交叉学科建设。

8. 目前在研学旅行资源研究中较多运用空间统计分析法(如平均最邻近指数、核密度分析、地理集中指数、不均衡指数、空间自相关分析、热点分析等)研究研学旅行基地资源的空间集聚特征、均衡特征及空间自相关性等。

思考练习

1. 简述地理信息系统、遥感以及全球导航卫星系统的概念和应用价值。

2. 查阅有关资料,结合本章内容画出融合地理信息技术的研学旅行实践课程方案制定流程图。

3. 阅读多篇基于地理信息技术的研学旅行基地资源空间分布与网络关注度研究文献,简述研究成果。

第九章 研学旅行资源数据库

章节目标

◆ 知识目标
1. 了解数据库的软硬件系统和数据库管理技术的概念。
2. 明确建设研学旅行资源数据库的目的和意义。
3. 掌握研学旅行资源数据库的分类。
4. 掌握研学旅行资源数据库空间数据和属性数据的入库与存储方法。
5. 熟悉支撑研学旅行资源信息化平台的关键技术。

◆ 能力目标
1. 掌握在地理信息系统平台将研学旅行资源数据入库的方法。
2. 了解研学旅行资源数据库设计所依照的国家标准。
3. 能够运用研学旅行资源信息化平台的运营思路。

◆ 素质目标
培养对研学旅行资源信息化平台设计的兴趣和对信息技术的理解能力。

知识框架

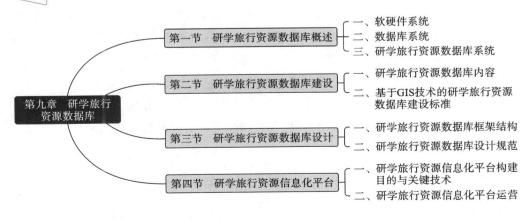

1. 掌握研学旅行资源数据库建设的数据入库方法、数据库设计的准则与规范。
2. 理解依靠数据库技术发展研学旅行资源信息化平台的必要性与运营方法。

数据库管理技术作为实现信息化平台正常运转的核心,已经融入教学工作的各个层面,将其与研学旅行资源整合需求进行结合,可以推动研学旅行资源信息化平台的建设,可以解决研学旅行信息获取困难的问题,还可以为中小学、研学旅行基地与服务机构之间架起了沟通的桥梁。

洛阳市研学旅行公共服务平台可在计算机和智能手机端运行。用户可以通过计算机或智能手机的客户端进行用户注册、系统登录、浏览研学旅行线路。同时还可以查阅研学旅行资讯、研学旅行课程、研学旅行资源、研学旅行基地、服务机构、研学导师、行走课堂、研学旅行服务等研学旅行信息。

(资料来源:洛阳市研学旅行公共服务平台。)

在本章中,我们将探讨研学旅行资源数据库的建设标准和设计规范,并通过相关案例介绍新时代基于数据库技术的研学旅行服务平台的运营方式。

第一节 研学旅行资源数据库概述

研学旅行资源数据库可定义为由计算机硬件、软件、数据和用户四大要素组成的,可以对空间相关数据进行采集、储存、管理、分析、操作、描述、模拟和显示,提供研学旅行资源专题信息,为管理和决策服务的一类地理信息数据库系统[1]。

研学旅行资源数据库不是一般意义上的地理信息数据库系统,最大特征是它处理的数据具有和研学旅行资源相关的专题信息。此外,它与传统数据库的区别在于,除了描述研学旅行资源本身的属性数据,还包含与其相关联的空间数据[2]。

---

① 崔越.旅游资源信息系统开发架构研究[J].计算机工程与应用,2002,38(15):211-213,221.
② 查良松.旅游管理信息系统[M].北京:高等教育出版社,2003.

一、软硬件系统

（一）硬件系统

研学旅行资源数据库的硬件系统一般由三个部分构成，即主机、数据输入设备和数据输出设备。

1. 主机

主机主要指计算机，包括 CPU、内存、显卡、声卡、网络适配器、调制解调器、硬盘、光盘驱动器、主板及一些芯片。研学旅行资源数据库对这些设备的要求如下。

CPU：研学旅行资源数据库硬件配置需求是 CPU 的运行速度和图形处理的速度应达到一定标准，目前主流 CPU 为英特尔的酷睿系列和 AMD 的锐龙系列，速度均可。

内存：要求尽可能大，一般大于 64 GB。

显卡：决定图形的显示质量，要求显存比较大。

声卡：要求质量较好。

此外，智能手机的蓬勃发展给手机端的研学旅行资源数据库的应用提供了可能。智能手机即具备独立的操作系统和运行空间并可由用户通过移动通信网络来自行安装和运行软件的手机。

2. 数据输入设备

数据输入设备是指可用来将各种所需数据和信息输入计算机的设备，并将模拟数据转换成数字化数据，是计算机与用户或者其他设备通信的桥梁。目前数据输入设备多样，包括手扶跟踪数字化仪、扫描数字化仪、数字摄影测量仪器、遥感图像处理系统、图形处理系统等。

3. 数据输出设备

数据输出设备通常指计算机硬件系统的终端设备，用于接收计算机数据的输出指令，把各种计算机数据或信息以数字、字符、图像、声音等形式表现出来，包括显示器、绘图仪、打印机、影像输出系统、语音输出系统等。

（二）软件系统

研学旅行资源数据库的软件系统由两个部分构成，分别是计算机系统软件和应用软件。

1. 系统软件

系统软件是指一般由计算机或智能手机厂家提供的，可为用户和开发者提供方便的程序系统。主要由以下三部分组成。

（1）操作系统。

在计算机系统中，操作系统是指负责支撑应用程序运行环境以及用户操作环境的系统软件，同时也是计算机系统的核心与基石。它的职责常包括对硬件系统的直接监管、对各种计算资源（如内存、处理器时间等）的管理，以及提供诸如作业管理之类的面向应用程序的服务等。目前比较流行的操作系统包括 Windows 系列，还有 UNXI、LINUX 等。其中，LINUX 是完全免费、源代码开放的操作系统，是未来操作系统的发展方向。

智能手机的操作系统中应用极为广泛的是美国苹果公司的 iOS 和谷歌公司收购注资的 Android。

（2）数据库软件。

数据库软件分为大型的和小型的两种。大型的数据库软件包括 SQL Server、Lotus、Sybase、Oracle 等，这些软件功能强大，但价格昂贵、技术难度大、不易操作。小型的数据库软件包括 Visual FoxPro、Microsoft Office Access 等，优点是入门较易，但功能比较简单。

（3）软件开发平台。

软件开发平台包括 Python、Visual C++、Visual Basic 企业版、Delphi 等，网络开发平台是现在的发展趋势。

2. 应用软件

应用软件主要包括三大类型，即地理信息系统软件、图像处理软件和应用分析软件。

关于地理信息系统软件，目前国内外都有成熟的软件可供选择，主要包括遥感图像处理软件和地理信息系统开发软件。前者主要有 ENVI、ERDAS、ER Mapper 等。后者有国内研发的成熟软件，包括超图集团开发的 SuperMap、中地数码集团开发的 GIS 软件系列 MapGIS、武汉吉奥时空信息技术股份有限公司开发的 GIS 软件系列 GeoStar、北京灵图软件技术有限公司开发的 VRMap 等，其中 VRMap 主要应用于三维 GIS 技术；国外主要包括美国 ESRI 的 ArcGIS 和 CityEngine，以及致力于实景三维建模的 Bentley 等。

图像处理软件如 Adobe Photoshop、AutoCAD 等，主要进行各种图片的处理，包括图形格式的转换。

应用分析软件是主要进行统计分析工作的软件。这类软件是由信息系统的开发人员或用户根据专题需要或专题分析模型而编设的用于特定目的的程序，是信息系统的扩充和延伸，一般需要由专业人员来完成编设工作，如 SPSS 等。

二、数据库系统

数据库系统是研学旅行资源数据库的重要子系统，是其核心组成部分之一。数据库管理技术主要对数据进行分类、编码、存储、检索和维护，是数据处理的中心问题。

1. 数据库系统（Data Base System，DBS）

数据库系统是指在计算机系统中引入数据库后的系统构成，是能正常进行数据库操作和处理的整个系统，目的是实现用户对数据的使用，包括应用程序、数据库管理系统、数据库和数据库管理员（用户）。其特点是数据冗余度小、独立性高、共享性好，由数据库管理系统（DBMS）统一管理。

2. 数据库管理系统（Data Base Management System，DBMS）

数据库管理系统是管理数据库的软件系统，可以实现数据库系统的各种功能。DBMS 是位于用户和操作系统之间的数据管理软件，负责有效、科学地组织、存储、维护、访问数据。DBMS 的支持便于用户定义、操作、管理数据，数据的完整性、安全性可以得到保证(见图9-1)。

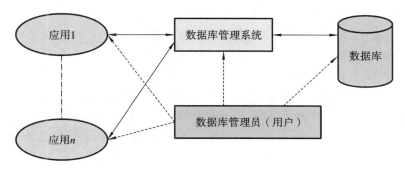

图 9-1　数据库管理系统

3. 网络数据库

网络数据库，即 Web 数据库，是指在互联网中以网络查询接口方式访问的数据库资源。网络数据库由数据库服务器(Database Server)、中间件(Middle Ware)、Web 服务器(Web Server)、浏览器(Browser)四部分组成。它的工作过程可描述为用户通过浏览器端的操作界面以交互的方式由 Web 服务器来访问数据库，用户提交的信息和数据库返回给用户的信息都是以网页的形式来表现的。和传统数据库相比，网络数据库有着以下优点。

(1) 由于计算机网络的范围可以从局部延伸至全球，网络数据库扩大了数据资源共享的地理空间范围。

(2) 易于进行分布式处理。在计算机网络中，各用户可以根据情况合理地选择网内资源，以便就近快速地处理。

(3) 数据资源使用形式灵活。

(4) 便于数据传输交流。

(5) 可降低系统的使用费用。

三、研学旅行资源数据库系统

(一) 研学旅行资源数据库数据类型

研学旅行资源数据库的数据由空间数据和属性数据组成。

1. 空间数据

空间数据是指表示地球表面要素(如地形、水文、植被、气象气候、居民地、交通线、境界线、独立地物等)的空间位置特征的数据。其数据由几何坐标和实体间的空间相关性，即实体间的拓扑关系组成。

2. 属性数据

属性数据是指与要素几何坐标无关的数据，它表示和实体相联系的变量或地理意义，一般是抽象的概念，通过分类、命名、量算、统计等方法得到。其数据由定性非几何属性数据和定量非几何属性数据两种构成。

定性非几何属性数据包括名称、类型、特性等，如研学旅行营地类型等。

定量非几何属性数据包括数量、等级等,如面积、长度、研学旅行资源等级、研学旅行营地的旅行者数量、旅行者网络关注度等。

(二)研学旅行资源数据库组成

1. 基础地理信息数据库

基础地理信息数据库通常由大地控制测量数据、成果数据、地名与地址数据、地籍数据、三维模型数据、元数据等组成,是反映研学旅行资源所处区域的自然、人文信息的数据库,为空间型数据库。其主要内容是旅游资源所处区域内背景信息的数字化数据,如行政区边界、主要道路、河流等。

2. 专题信息数据库

专题信息数据库是将专题资料经数字化处理后构建的数据库,为空间定位型关系数据库。研学旅行资源数据库中的专题信息指的是所有与研学旅行资源相关的信息,如研学旅行基地在网络地图上的空间位置。该数据库存储的数据按专题内容的不同分为以下几个方面。

(1)自然观赏类研学旅行资源,包括山川、水系(江、湖、海)、沙漠、湿地、滩地、森林、草原等。

(2)科普类研学旅行资源,包括博物馆、科技馆、主题展览馆、动物园、植物园、历史文化遗产、工业交通场地、科研场所等。

(3)体验考察类研学旅行资源,包括农庄、实践基地、冬夏令营、团队拓展训练基地等。

(4)励志拓展类研学旅行资源,包括红色教育基地、校园、国防基地、军营等。

(5)文化康乐类研学旅行资源,包括主题公园、演艺影视城等。

(三)研学旅行资源数据库作用

1. 拓宽计算机数据库技术的应用范围

基于数据库技术设计的研学旅行资源数据库涉及多个学科与技术方法,如组件技术、多媒体技术以及数据库技术,通过多种先进技术的配合应用,构建覆盖范围较广的研学旅行资源数据库,形成面向研学旅行群体的数据模型,可以拓宽数据库技术的应用范围,具备一定的理论意义与实践价值。

2. 提供完善的研学旅行资源信息

用户可以通过研学旅行资源数据库查询到全面且实时的研学旅行信息,为规划研学旅行线路提供参考依据。与此同时,多媒体技术在数据库设计中的应用可以提高研学旅行产品的表现力,使用户能够直观地了解研学旅行资源。

3. 为研学旅行机构的管理部门提供完善的数据参考

随着信息时代的到来,管理部门会根据获取的相关信息进行决策,决策过程就是数据信息的采集、整合与分析过程。在旅游行业迅猛发展的当下,客户对研学旅行产品的需求呈现出显著的多样化特征,研学旅行服务行业传统的经验决策方式难以满足新时代背景下的多样化需求。因此,为了顺应时代的发展,为研学旅行主办机构提供完善的决策参考数据,有必要设计完善的研学旅行资源数据库,促进研学旅行资源的开发,实

延伸阅读 19

现研学旅行服务行业的良性发展。

4. 促进研学旅行产品的创新

研学旅行资源数据库的建立可以实现对研学旅行资源的高效管理,主办机构和服务机构可以有针对性地进行产品的创新,确保学校和中小学生可以全面且准确地了解到研学旅行产品的信息①。

第二节 研学旅行资源数据库建设

研学旅行资源数据库主要包括空间数据库及属性数据库这两部分。其中,空间数据库主要用来存储与空间关系或者空间位置有关联的信息数据;属性数据库主要用来存储地理元素中的非空间属性信息②。建设研学旅行资源数据库的目的是将研学旅行资源调查与评价的结果进行入库存储,并依靠计算机互联网技术实现该信息的共享,以便用户系统能查询到研学旅行资源的评级、自然条件、社会条件、可供研学旅行利用的资源等信息。通过 GIS 技术软件上应用缓冲区分析、叠置分析、网络分析等空间分析统计方法,结合数据库中研学旅行调查与评价的结果,可以分析出研学旅行目的地的优先发展区域,优化设施选择以及到访的最佳路线等,从而对研学旅行目的地的未来发展做出定量化趋势预测,为发展规划提供科学依据。

一、研学旅行资源数据库内容

研学旅行资源数据库的用户主要面向研学旅行机构和参与研学旅行的师生。研学旅行机构侧重于对研学旅行资源的管理和开发,而参与研学旅行的师生则侧重于对研学旅行内容的深入了解。因此,研学旅行资源数据库需包含研学旅行资源调查与评价的全部内容,即基础地理信息数据库、地形数据库、专题统计数据库、多媒体文档数据库。

基础地理信息数据库分为基础自然地理信息数据库和基础人文地理信息数据库。基础自然地理信息数据库包括调查区域的基本概况、气候条件、地质地貌条件、水体环境以及生物环境等,如调查区域的气温(年均气温、极高气温、极低气温)和年均降水量及降水量的时空分布。基础人文地理信息数据库包括调查区域的村级行政区划与归属、经济条件、交通条件、交通沿线及枢纽点的旅游资源、基础设施数据等。

地形数据库包括调查区域的遥感影像、数字地形模型(DTM)等能够展现地形地貌特征的数据。DTM 是描述地形表面形态属性信息(包括高程、坡度、坡向等)的数字模型。其带有空间位置特征和地形属性特征的数字描述,因此可以用于通视分析、流域结构生成等应用分析。与传统的地图比较,DTM 有着无可替代的优点:能高度实现调查区域的可视化,从而更加全面地展现地形地貌情况,且精度损失小,在数据制作的时候

---

① 薛东. 基于 GIS 技术的旅游信息系统数据库设计[J]. 电脑知识与技术,2018,14(22):12-14.
② 颜会娟. 浅析 GIS 技术在旅游服务信息系统中的应用[J]. 计算机光盘软件与应用,2015,18(3):19-21.

也容易实现自动化与实时化。

专题统计数据库存储了经过分类统计后的数据，包括调查区域的背景统计数据和旅游条件统计数据。背景统计数据分为自然环境统计数据和人文环境统计数据。自然环境统计数据包括调查区域的地质构造、地形坡度和坡向、岩石与土壤层的分布分异、动物及植物群落的数量等。人文环境统计数据包括调查区域内的人均收入、消费水平、交通枢纽站点数量、污染治理程度等。旅游条件统计数据分为旅游基础条件统计数据和研学旅行客源市场调查统计数据。旅游基础条件统计数据包括各交通工具到达景区的便利性、景区的游客接待能力与客流量、景区的配套设施质量与数量等。研学旅行客源市场调查数据主要包括针对研学旅行者特征与数量的统计数据和研学旅行基地收入的统计数据两方面。

多媒体文档数据库包含旅游景区（景点）的图片、照片、视频文件等，如以革命老区旅游景点为中心的研学旅行基地中保存的由红色历史人物图片、历史见证者和革命后代的采访视频构成的音像集合。

二、基于 GIS 技术的研学旅行资源数据库建设标准

地理信息数据库通常把要处理的数据分为两类。第一类是空间数据，即反映事物地理空间位置的信息，也常常称为数字地图数据。空间数据根据空间上的相对位置形态可以以点、线、面等方式呈现，如实际上分布面积较小（按地图比例尺仅能定位于点）或呈点状分布的居民点、工矿企业中心等，呈线状或带状分布的道路、河流等，以及呈面状分布的湖泊、森林等。第二类是属性数据，即事物的特征信息。在地理信息数据库中，属性数据主要以文字（定性）或数字（定量）的形式来呈现与空间对象（事物）相关的现象特征，如某一个旅游景点的名称（文字）与客流量（数字）。大部分的地理信息数据库存储数据时采用了一种对象关系模型，即作为对象的空间数据以地理信息数据结构进行存储，而属性数据则存储在关系型数据库管理系统中。

获取地理数据是建立数据库的首要前提，是将地理信息转换为计算机系统可接收形式的过程。研学旅行资源信息因其特点需要，将空间数据与属性数据的获取、输入与存储进行了区分。空间数据获取的途径通常为参考纸质地图、野外测量、借助现代化科学技术手段，如遥感等探查技术等。属性数据的获取途径通常为已有统计资料的收集、社会调查、现场调查等。将获取的空间数据和属性数据根据规范和标准进行分类、编码，然后转换输入到地理信息数据库中，并以矢量或栅格数据的格式存储。矢量数据是在直角坐标中，分别用 x、y 坐标表示地理实体的位置和形状的数据。栅格数据是将空间分割成有规律的网格，以每个网格为一个单元，并在每个单元上赋予相应的数值来表示实体属性的一种数据形式。相比之下，栅格数据的结构比矢量数据更加简单，但精确度更低；而矢量数据的空间精确度更高，显示输出的效果更好。

（一）空间数据的入库与存储

空间数据的入库主要基于纸质地图的数字化、野外测量成果的数字化转绘、航空摄影测量和遥感信息的解译等方式。

为了使计算机可以识别纸质地图上的信息，需要利用数字化仪和扫描仪等仪器将

纸质地图数字化。数字化仪是数字测图系统中的一种图形数据采集设备，可将图上的位置点信息转换为数字化的平面坐标信息并输入到计算机，生成矢量数字地图。扫描仪数字测图则主要从纸质资料中获取栅格数据，再输入到计算机。手持跟踪数字化法和屏幕扫描数字化法是广泛采用的两种方法。手持跟踪数字化法是把数字化仪和安装了数字化软件的电脑相连接，在软件中建立了设备坐标系与测量坐标系的转换关系后，对地物的每个地形特征点进行数据采集，最后获得矢量数字化地形图数据的过程。屏幕扫描数字化法是先利用扫描仪将纸质地图扫描后，形成栅格数据文件，再利用数字化软件将栅格数据转换成矢量数据的数字化法。相比手持跟踪数字化法，这种方法具有数据输入速度快、精度高的优点。数字化后的空间数据可以按照其几何特性分为点、线和面三种不同的图层。以小比例尺的矢量数字地图为例，点状图层可用于存储饭店、旅馆、度假村、购物中心、车站等旅游设施点的位置信息；线状图层可用于存储公路、铁路、水路等的形状与位置信息；而面状图层可用于存储行政区边界、景区边界、湖泊、森林等的轮廓与位置信息。图9-2是2022年西安市研学旅行资源的矢量空间数据在地理信息数据库中的存储示意图，其中，面状图层用于存储西安市的行政边界，点状图层用于存储西安市内所有A级旅游景区的位置，一个点要素代表一个A级旅游景区。

野外测量成果的数字化转绘也是存储空间数据，即制作数字化地形图的方法之一。可将GPS和全站仪等测量仪器采集的地物和地形的空间轮廓数据由电子手簿传输到计算机中，再通过专业的测绘软件按照制图要求生成数字地图。尽管这种方法需要付出大量的人力和时间，但由于其获得的空间数据精度高，所以依旧是当下制作城市地区以及景区大比例尺（通常为1∶500）数字化地形图广泛采用的方法。

相比野外测量成果的数字化转绘，航空摄影测量和遥感可以获取景区大范围的实时数据，将成果输入计算机后，通过专业的软件处理可以生成以高清正射影像为主的数字地图。该数字地图不但拥有地物的空间轮廓，也具备清晰的纹理信息，可以最大限度地将景区的真实信息呈现出来。本书已经在第八章对高清正射影像做了介绍，在此不再赘述。

图9-2　2022年西安市研究旅行资源矢量空间数据示意图①

---

① 数据来源：西安市人民政府官方网站（www.xa.gov.cn）。

(二)属性数据的入库与存储

属性数据的入库主要基于已有统计资料收集、社会调查、现场调查和遥感信息解译等方式。属性数据通常指的是地物的实体特征信息。因此,研学旅行资源数据库中保存的属性数据主要是针对研学旅游资源调查区中的地物实体特征的描述,如景区的等级和客流量等,一般以文字、表格、统计图等形式存在。

在地理信息数据库的矢量数据层中,通过调查收集到的研学旅行资源属性数据主要存储在 dBASE 等格式的表格中。以 ArcGIS 地理信息软件平台中的矢量数据库为例,图 9-3 为 2022 年西安市研学旅行资源的矢量属性数据在地理信息数据库中的存储示意图,一行数据对应图 9-2 空间数据图层中一个 A 级旅游景区(点)的属性,包含编号、景点名称、纬度、经度和级别等属性数据。由于地理信息数据库同时含有空间数据与属性数据,因此用户可以直接在软件界面上通过鼠标点击选取空间对象(景点),实现对研学旅行资源属性信息的查询。如图 9-4 所示,查询结果包含西安大雁塔—大唐芙蓉园景区的经纬度和该景点经过全国旅游景区质量等级评定委员会评价确定的级别(5A)。研学旅行资源评价方面的细分内容,如资源的特色与结构、自然与社会经济环境、开发条件等子评价项目的评价结果,也可以通过在地理信息空间数据库中的属性表(如 dBASE 属性表)中添加额外的字段,给字段赋予名称后,录入具体评价分数而实现入库。

FID	Shape *	OBJECTID	编号	景点名称	纬度	经度	级别
0	Point	1	1	西安大雁塔-大唐芙蓉园景区	34.2102	108.964447	5A
1	Point	2	2	秦始皇帝陵博物院	34.3847	109.264592	5A
2	Point	3	3	华清池	34.3666	109.211923	5A
3	Point	4	4	西安市半坡游景区	33.9102	108.03209	4A
4	Point	5	5	西安关中民俗艺术博物院	34.02715	108.97452	4A
5	Point	6	6	陕西历史博物馆	34.22415	108.9553	4A
6	Point	7	7	大明宫国家遗址公园	34.292235	108.963876	4A
7	Point	8	8	陕西自然博物馆	34.19752	108.94583	4A
8	Point	9	9	西安博物院(小雁塔)	34.2392	108.942	4A
9	Point	10	10	西安浐灞国家湿地公园	34.41457	109.00393	4A
10	Point	11	11	西安世博园	34.3236	109.0613	4A
11	Point	12	12	陕西翠华山国家地质公园	33.99365	109.00648	4A
12	Point	13	13	西安金龙峡景区	34.01196	108.64053	4A
13	Point	14	14	陕西太平国家森林公园	33.92188	108.65984	4A
14	Point	15	15	西安半坡博物馆	34.27324	109.05118	4A
15	Point	16	16	楼山国家森林公园	34.352943	109.212221	5A
16	Point	17	17	西安城墙景区	34.251834	108.947035	5A

图 9-3 2022 年西安市研学旅行资源矢量属性数据示意图①

而在栅格数据层中,属性数据则可以和空间数据一起呈现。例如,三维 DTM 数据是带有空间位置特征和地形属性特征的三维模型。它除了展现地物的空间位置,还可

---

① 数据来源:西安市人民政府官方网站(www.xa.gov.cn)。

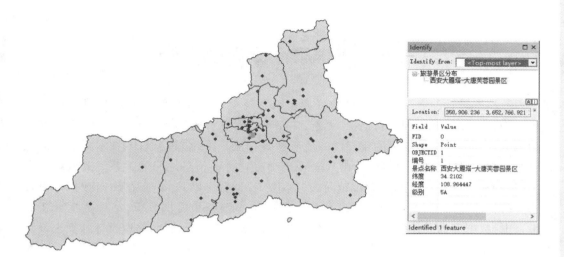

图 9-4　研学旅行资源数据库查询

以显示能展现地物完整地表形态的属性特征，如高程、坡度、坡向等。当属性数据表示高程时，DTM 也称为数字高程模型（DEM），如图 9-5 所示。DEM 可以完整地呈现景区的地形地貌，一般通过将纸质地形图数字化后生成等高线，再由等高线和高程点结合构建的方式进行生产。此外，也可以直接通过航空摄影测量的方式，如利用无人机倾斜摄影测量结合专业建模软件直接进行生产。

图 9-5　三维数字高程模型

第三节　研学旅行资源数据库设计

　　数据库设计的合理性与质量的好坏影响着整个数据库系统建设的速度和资金费用，以及数据库系统的应用、维护、更新、扩充等的质量水平。研学旅行资源信息具有空间地域性、时变性、结构上的镶嵌性和成层性等特征。因此，基于GIS技术对研学旅行资源数据库进行设计，可自然清晰地表现研学旅行资源信息之间的关系。其设计可参考《基础地理信息数据库建设规范阶段》（GB/T 33453—2016）。应在确定数据库设计总体目标的基础上，根据基础地理信息数据库用户调查和需求分析，结合数据分析结果，进行数据库的总体设计和详细设计，包括内容设计、功能设计、物理设计和安全设计等；根据设计要求建立集成化软硬件环境，开发功能模块，将各种数据在经过入库检查和数据处理后加载到数据库中，并进行数据集成和功能集成。

一、研学旅行资源数据库框架结构

　　系统的设计工作首先是系统的框架结构设计。为了实现对研学旅行资源的全面管理与分析，基于GIS技术开发研制的研学旅行资源数据库是一个多功能、多模块集成的管理系统，由人机交互层、系统功能层、数据管理层、系统支持层、系统驱动层和硬件驱动层六个层面，以及数据收集与更新、查询与检索、分析功能、信息共享与输出、系统说明与帮助五个功能模块组成，GIS技术在其中起着核心作用。

　　1. 人机交互层

　　本层为系统与终端用户的接口，由鼠标和键盘支持的全汉字界面组成，可以用人机对话的方式进行操作，使用方便、简单易学。

　　2. 系统功能层

　　本层为整个信息系统的核心部分，有数据收集与更新、查询与检索、分析功能、信息共享与输出、系统说明与帮助等功能模块。

　　3. 数据管理层

　　数据管理层管理数据库中不同种类、不同属性的数据，保证数据的安全性和正确性，便于系统各模块调用数据；该层也是系统功能层与系统支持层的协调层，对于系统功能的实现与稳定起着重要的支持作用。

　　4. 系统支持层

　　该层用于支持系统功能层，主要包括数据处理、地图处理和数学模型。

　　5. 系统驱动层

　　该层包括数据库驱动（为数据库系统提供支持）、图形驱动（为地图显示、图层分析等提供支持）和中文驱动（为中文菜单显示及汉字标准等提供支持）等。

　　6. 硬件驱动层

　　该层用于驱动各类硬件，包括显卡、声卡、网卡、打印机、绘图仪、数字化仪、扫描仪及调制解调器等。

二、研学旅行资源数据库设计规范

研学旅行资源数据库的主要内容包括空间数据库和属性数据库,设计人员需要严格按照《基础地理信息数据库建设规范阶段》(GB/T 33453—2016)要求进行设计。研学旅行资源空间数据库可以划分成基础地理信息数据库和旅游专题地理信息数据库这两类,其设计目的在于存储图形数据信息,为研学旅行资源数据库的稳定运行提供图形数据信息;研学旅行资源属性数据库主要是指描述空间实体特征或者空间性质的二维数据表。具体而言,设计人员需要将标准化渗透于数据库设计的各个方面,从信息采集、信息分析、信息存储到硬件选择、软件开发,实现数据库设计全过程的标准化,致力于研学旅行资源数据库实用性及应用效率的提升[①]。

(一) 需求调查和分析

在设计研学旅行资源数据库的时候,通常面临着数据量异常庞大和数据类型复杂的情况,此外,也不是所有的研学旅行资源都能满足研学旅行的要求。在这种情况下,就需要了解用户(包括研学旅行机构、组织研学旅行的学校、参加研学旅行的师生等)对数据的要求。因此,在调查前要选取有代表性的单位,明确调查的内容,在制订出详细计划后进行用户调查。例如,在设计针对中小学生的研学旅行资源数据库前,需要对相关学校进行走访与调查。和普通旅游不同,中小学生的研学旅行需要突出体验性和群体性。因此,中小学的需求就是在研学旅行活动中让学生更多地以群体活动的形式亲近社会与自然,通过亲身体验更好地获取知识、培养团队合作意识。另外,中小学生在每个年龄段需要掌握的技能和知识点也有所不同。根据这些需求,在设计研学旅行资源数据库的时候应该对不同年级学生的研学旅行内容进行整理,使得用户可以通过选择年级查询到适合各个年龄段的研学旅行产品。在研学旅行产品的展示上应多考虑多媒体文档数据库,即展示研学旅行基地相关的图片和视频,使用户在浏览数据库的时候有身临其境的感觉。

(二) 内容设计

1. 研学旅行资源空间数据库设计

在进行研学旅行资源空间数据库的设计时,设计人员需要按照一定的流程开展工作。首先,收集基础资料,通常来说,研学旅行资源数据库包括多样化的数据资料,涉及的范围比较广,常用的数据资料有图形资料、相关政策文件以及属性资料等。在进行空间数据库的设计时,需要对这些基础资料进行预处理,如将纸质基础资料转换为电子资料。

在经过初步的电子化预处理之后,设计人员需要对数据进行编辑处理,实现原始数据的标准化与规范化,为研学旅行资源数据库提供可靠的数据参考。常用的数据编辑处理流程包括:错误数据与重复数据的检查与删除、错误图像的纠正、数据格式的转换

---

① 薛东.基于GIS技术的旅游信息系统数据库设计[J].电脑知识与技术,2018,14(22):12-14.

以及投影转换。

设计人员需要按照如下原则进行图层划分：①按照系统用户的需求将研学旅行资源数据库的图素内容进行分类；②将相同逻辑内容的研学旅行空间信息设置于同一图层；③根据 GIS 软件的功能特点进行图层的划分，确保同一图层与图元类型的数据具备同样的属性表以及属性结构。

2．研学旅行资源属性数据库设计

在研学旅行资源数据库中，属性数据库主要是指描述空间实体特征或者空间性质的二维数据表。通常情况下，设计人员会按照关系型数据库的设计方法进行属性数据库的设计。具体设计流程如下。

（1）设计人员需要采用调查与统计等方式进行属性数据的收集，并进行相应属性调查表的填写，根据收集到的属性数据完成数据库的录入工作，常用的属性数据录入方法有电子表格、Access 数据库管理系统。

（2）在数据录入完成之后，设计人员需要在 GIS 软件中对属性数据的结构进行定义，将属性数据的记录地点与图形要素进行有效对接，并对对接完成的数据库采取逻辑一致性检验，确保属性数据库满足研学旅行资源信息系统用户的需求。

（三）功能设计

1．一般功能

研学旅行资源数据库应具备数据输入功能、数据处理功能、数据管理功能、数据转换功能、数据编辑功能、数据维护功能、数据检索功能、数据输出功能。

（1）数据输入功能。

数据输入的任务是以多种方式快速采集研学旅行资源数据，包括表征研学旅行资源空间位置的空间数据和描述它的属性数据、各类环境数据等，并通过各种输入设备（如扫描仪、数码相机等）输入到计算机中，建立相关的研学旅行资源数据库。研学旅行资源数据库由属性数据库和空间数据库组成，是研学旅行资源信息系统的核心，其数据质量直接关系到研学旅行资源信息系统各种功能的实现。数据库中包含多种类型的数据，除了常见的数据类型，还包括将图件、遥感数据、文字报告、视频影像、声音、照片等按照一定的数据格式存储在计算机中。例如，对于舒城县万佛湖，除了记录它的地理位置和范围，还可存储它的照片、景观特征值、开发建设情况等属性信息。

（2）数据处理功能。

数据处理功能包括数据库电子地图坐标及投影变换、数据的切割和拼接、空间数据格式转换、属性数据格式转换，以及影像的对比度、灰度、饱和度一致性调整。用户也可以自行将网络上采集的相关属性数据按照 txt、csv、xlsx 等常见文件格式存储，通过 GIS 软件添加到研学旅行资源地理信息数据库中。

（3）数据管理功能。

数据管理是对研学旅行资源数据库进行统一的管理和维护，提供存储、编辑、检索、查询、运算、显示、更新空间数据和数据挖掘的功能，能把最新获得的信息快速更新、补充到数据库中。

（4）数据检索功能。

除了常见的信息系统查询功能,研学旅行资源数据库还提供空间数据查询功能,即各种研学旅行资源、服务设施、交通线路等均标明其地理位置和坐标参数。用户可以以空间位置的点、线、面等方式进行空间数据查询。此外,还可以进行多媒体查询。查询的内容除了研学旅行资源信息,还有地图、交通线路、政策法规、消费娱乐、天气预报、医院、药店、公安、消防等与研学旅行相关的信息。研学旅行资源信息系统中配有各行政区的研学旅行资源情况和各种统计分析程序,用户可以根据需要,对数据库中的数据进行分析。

(5) 数据输出功能。

数据输出可采用图件、照片、报告、表格、统计图、影像等形式输出。研学旅行资源数据库管理系统可为用户提供包括多媒体在内的丰富的输出形式。其中一个特点是利用 GIS 技术实现数据输出的地图化表示。研学旅行资源信息具有地理属性,可以在地图上表示信息,且 GIS 技术具有很强的图形编辑功能,可大大降低出图成本,避免传统制图的烦琐工序,根据用户需要分层或叠加输出各种专题图。例如,可以将研学旅行资源质量评价等级图、资源分布图、地形图、道路交通图、服务设施分布图和地形图叠加,为用户提供一幅详细的导图。

2. 专有功能

除了具备以上传统系统具备的一般功能,研学旅行资源数据库还为用户的应用设计了专业应用功能,这部分功能是本系统独有的功能,显示与其他系统的差别,独具特色。

(1) 管理功能。

此功能可以实现对研学旅行资源信息的数字化管理、合理调度、科学配置与协调。研学旅行资源信息系统能够逐渐形成以计算机为核心的研学旅行资源动态管理系统,可对诸如研学旅行基地、研学导师等资源进行现代化管理,利用信息的快速检索、可视化输出表达和实时交换,实现数据共享,促进办公管理自动化。

(2) 分析评价功能。

此功能通过建立不同分析模型,对研学旅行资源进行综合分析和定性或定量综合评判,为校方和服务机构提供有效的科学参考信息。

(3) 开发与决策功能。

此部分根据研学旅行资源开发现状、潜力及发展趋势等综合因素,利用不同资源开发模型及不同决策因素,全面考虑市场格局,模拟不同的开发类型和开发决策,获得最优线路设计、最佳资源开发设计等,为管理部门和资源开发部门提供决策参考。

(四) 物理设计

研学旅行资源数据库的物理设计应考虑系统软件选择、硬件选择、网络设计要求和索引库设计要求等。

由于研学旅行资源数据涉及的种类与存储格式较多、较杂,在数据库系统软件的选择上,应该考虑操作系统和数据库管理系统是不是兼容性强且稳定、可扩展。软件系统还要有良好的开发环境,同时具备支持分布式数据管理和动态存储空间管理的能力。

研学旅行资源数据库系统的硬件应该包括输入输出设备、系统处理设备、系统数据存储和备份设备。输入输出设备配置要求能够满足数据输入和成果输出的各种需要，主要包括扫描仪、绘图机、打印机等。系统处理设备包括数据库服务器、文件服务器、网络服务器、台式机工作站等。系统数据存储和备份设备应该能满足空间数据安全、高效地在线、近线和离线存储，并具备海量存储能力，形成由系统硬盘、磁盘阵列、磁带库或光盘库所构成的三级体系。应根据系统存储容量为总数据量的1.5—2.5倍原则，对总数据量进行估计和控制。

研学旅行资源数据库的网络设计应符合以下要求：网络通信系统应具有开放性；网络构架和带宽应满足业务不断发展的需要；具有良好的可靠性和安全性；网络安装和维护方便、易管理；网络交换应采用多层结构，提高网络的吞吐量，避免出现通道堵塞。

研学旅行资源数据库的索引库设计应该在数据入库前根据系统软件选型，针对每种数据设计相应的空间索引方案。数据入库及运行后，索引库应根据实际效率进行调整。此外，还应根据不同类型数据的特点建立空间索引或关键字索引，指明空间索引的方式和索引块大小，或索引关键字的字段。

（五）安全设计

研学旅行资源数据库运行的物理环境应该按照国家规定进行设计，机房应具备防火、防水、防静电、防雷击、防辐射等安全设施和措施，满足温度、湿度、供电、照明以及存储介质使用和存放等方面的要求。此外，系统安全维护方面应该根据涉密的信息范围划分内外区。非涉密部分与公共网络连接时应该采用逻辑隔离技术，具备防入侵、防病毒等系统安全措施，并达到国家第二级安全保护等级，即系统审计保护级。在保密措施方面应按照涉密信息系统分级保护的法规、标准等有关规定，制定安全制度和保密制度，涉密部分应采用严格的内外网物理隔离措施，采用硬件防火墙技术、身份认证技术和加密数据传输等技术，确保数据库系统安全运行和涉密数据的保密。

第四节　研学旅行资源信息化平台

研学旅行正在经历一个全新的时代，学校、旅行社、培训机构与研学旅行中介之间开始实现跨界融合。在此基础上双向互动式教育模式逐渐兴起，更加注重学生的体验感与参与度。但其中仍存在着问题，如基地资源欠缺、体系化教材和专业配套课程不足、缺乏专业导师和导游、评价体系不完善、安全事故频发等。研学旅行所面临的挑战与存在的不足很大程度上源于标准化体系的缺失、信息传递迟滞。因此，构建研学旅行资源信息化平台有助于提升相关信息透明度、构建标准化体系，将客户的研学旅行需求及时传递给研学旅行服务机构的同时，也将研学旅行产品通过共享更好地展现给客户。各学校主管、家长通过研学旅行服务平台可以进行服务机构的选择，学生自己也可以选择喜爱的研学旅行产品。此外，学校也可以对不同的旅行社、研学旅行产品及其价格进行衡量，找到适合自己的选择。同时，旅行商家也可以通过平台获得井喷式增长的用户人数，大大提高服务产品的销售量。从各个方面来讲，研学旅行资源信息化平台的市场发展空间非常巨大。因此,提供智能化、一体化的研学旅行资源信息化平台成为必然趋势。

一、研学旅行资源信息化平台构建目的与关键技术

(一) 目的

研学旅行所面临的挑战与存在的不足很大程度上源于标准化体系的缺失、信息传递迟滞。因此,构建研学旅行资源信息化平台有助于提升相关信息透明度、构建标准化体系,将研学旅行主体的需求及时传递给研学旅行服务机构的同时,也将研学旅行产品通过共享化更好地展现给研学旅行主体。

平台通过集成机制,运用"互联网＋大数据＋网络地理信息系统"路径,实现研学旅行产品选择的自由化、研学旅行课程定制的个性化、配套设施发展的协同化、研学旅行信息传递的共享化,构建起多方高效沟通的桥梁。在行业端,提高研学旅行产品的实力和影响力,按照中小学生教育新课标的要求,提升研学旅行的育人价值。在客户需求端,根据不同年龄段的中小学生生理与心理特点定制不同的研学旅行课程,增加研学旅行过程中的深度体验感。

(二) 关键技术

研学旅行资源信息化平台的智能化建设融合了大数据(Big Data)、网络地理信息系统(Web GIS)、数据仓库(Data Warehouse,DW)、定位导航等技术。借助数据仓库技术将所需的来自研学旅行资源调查与评价的不同数据库的数据进行统一管理,依靠大数据技术将其整合后,定量化分析研学旅行基地的研学旅行资源、研学旅行价值等方面的信息。再通过网络地理信息系统技术及时、准确地发布各研学旅行基地的实时信息,让研学旅行主办机构、服务机构能够及时了解景点、研学旅行基地的接待服务信息,并及时安排和调整研学旅行计划。同时在研学旅行的过程中通过定位导航技术辅助师生进行研学旅行路径规划,增强体验感。

1. 大数据技术

大数据技术使研学旅行基地资源分配、课程优化等决策支持系统更智能。通过将研学旅行资源调查与评价涉及的多层面数据进行整合,结合综合分析手段,可以提供符合中小学生核心素养的个性化研学旅行产品服务;同时也有助于教育科研工作者提升科研成果和提高教育质量。

2. 网络地理信息系统技术

网络地理信息系统技术通过互联网对地理信息数据库中的数据进行发布和应用,以实现空间数据的共享和互操作。其核心是在地理空间数据库中嵌入 HTTP 标准的应用体系,实现互联网环境下的空间信息管理和发布,在客户端采用如 IE、FireFox、Google Chrome 等浏览器实现包含研学旅行资源在内的地理信息在线查询、空间分布式获取、空间模型分析服务、互联网资源共享等功能。

3. 数据仓库技术

数据仓库技术是出于企业业务分析和决策支持的目的而创建、基于传统数据库系

统技术发展而来的、能对多样业务数据进行筛选与整合的应用技术。它的出现为决策支持系统提供了一个有效的、全局统一的数据环境,即将决策所需的来自各个数据库的数据进行统一管理,更好地支持前端的可视化分析。在分散的研学旅行资源调查信息从原始数据库中被分离出来,转化为集中统一、随时可用的信息的同时,数据仓库就实现了对信息合理、全面而高效的管理。

4. 定位导航技术

对于定位导航技术,用户可以通过下载手机导览客户端,或租用定制导览终端的模式获取自助研学旅行服务。定位导航技术通过手机网络运营商提供的LBS服务接口为用户提供定位导航、周边设施搜索、最佳旅行线路与用户轨迹生成、根据用户位置播报景点信息等功能。同时可以通过及时定位研学师生所在的实时位置为安全保障提供技术支持。

二、研学旅行资源信息化平台运营

研学旅行资源信息化平台针对应用对象的不同,将提出定制化的运行方案。以大数据技术为依托,实现面向研学师生的产品信息化平台、课程体系、评价体系、安全应急平台的构建与管理。同时面向研学旅行服务机构和教育管理部门也提出系统化的管理路径,开发并完善门票网上预订、实时客流量告警、查询系统开发等功能。

(一) 面向研学师生

1. 研学旅行产品信息化平台建设

研学旅行产品的信息化平台建设主要包括研学旅行基地和研学导师的信息化资源构建。在研学旅行基地的信息化资源构建中,运用大数据技术,建立满足国家级、省级、市级三级资质的研学实践教育基地数据库。在网页平台上展示各个研学旅行基地的餐饮住宿、配套设施、研学旅行资源、运营团队、管理制度、安全保障条件与水平的数据信息。研学师生可以根据需求进行产品的选择和线路规划。

研学导师的信息化资源构建依靠互联网技术实现线下与线上的信息同步,个人的职称级别、备案编号、执照有效期和对应的研学旅行机构通过网络数据库技术保持更新。

2. 研学旅行课程体系构建

研学旅行课程体系构建是指基于研学旅行内容碎片化和专业化的特点,针对各个年龄段的中小学生和各种类型的研学旅行编写专业教材,开发配套课程,帮助学生有效吸收在研学旅行过程中所学知识,巩固研学旅行成果。通过互联网技术在信息化平台上展现适合不同年龄段学生的各种类型研学旅行产品,例如,小学阶段根据就近原则选择当地以乡土乡情为主题的融入体验式研学旅行产品;初中阶段鼓励学生走出家乡到更广阔的环境中接触自然风光和社会,并选择以提升自理能力和自主学习能力为目标的研学旅行产品;高中阶段多考虑以走进科教中心和高校为主的励志类研学旅行产品,引导学生进一步熟悉了解国情、热爱科学并思考未来自身的职业规划。

3. 研学旅行评价体系构建

可在研学旅行活动中实行过程反思评价、作品成果评价、体验探究成果评价,实现全方位、客观、可量化的专业性评价体系构建。未来基于研学旅行资源信息化平台的"互联网＋研学旅行"实践教育模式将得到广泛推崇,评价的激励和引导功能将得到充分发挥。

在"互联网＋研学旅行"实践教育模式中,利用互联网技术可以更有效地开展形成性评价和总结性评价。

形成性评价指的是为提高教学效率而进行的评价,以及时了解教学效果和学生研学旅行的进展,以及研学旅行过程中遇到的问题和困难等。利用互联网开展研学旅行,学生在使用互联网的同时,会留下大量关于研学旅行的行为、偏好、习惯等方面的数据。这些数据既是信息,也是每个学生的资产。研学旅行资源信息化平台所记录的行为数据是评价网上学习的重要依据。

总结性评价指的是在教学完成之后考查学生的最终成绩,是对学生在研学旅行活动中的学习行为做出的一系列评价。在"互联网＋研学旅行"实践教育模式中,总结性评价的内容主要包括学生在研学旅行中的能力、态度、行为和成果等,可以将线上评价、教师日常观察即时评价、成果展示、阶段性综合评价等结合起来作为综合考查学生的依据。

4. 研学旅行安全应急平台管理

研学旅行安全应急平台是针对近年来研学旅行安全事故频发的现象所开发的安全应急平台。例如,旅游景点智能监控系统可以适应各种复杂多变的环境,进行全天候的实时监测,包括抽烟识别检测、明火识别检测、危险气体泄漏检测等。此外,基于师生研学旅行行为大数据分析的预警研判系统也可以发挥重大作用,如对学生、教师在学习过程中不安全的行进线路或者行为进行预警干涉,以及出现紧急情况时,第一时间快速组织紧急救援和应急预案。

(二) 面向研学旅行服务机构和教育管理部门

1. 研学旅行门票网上预订

研学旅行门票的网上预订功能以团体票的形式串联研学旅行基地、研学旅行主办方和学校用户。在用户扫描二维码预订门票的同时,引导他们对研学旅行基地的公众号进行关注和信息绑定。在研学旅行活动结束后,通过给用户发送调查问卷来获取用户的学龄、性别和满意度等数据,再通过数据分析为进一步开发新的研学旅行产品和完善已有的研学旅行产品提供帮助。

2. 研学旅行实时客流量告警

在研学旅行的出入口可以部署客流分析系统,实现对客流的在线统计分析及实时流量告警。例如,上海自然博物馆会根据实时客流量统计数据,在馆内瞬时承载量达到一定程度时启动临时限流预案。

3. 研学旅行查询系统开发

(1) 综合查询。

综合查询是指对研学旅行目的地的气候条件、地质地貌、水体环境和生物环境等自然环境信息的查询以及社会民生、经济条件等人文环境信息的查询。

(2) 住宿与餐饮设施查询。

住宿与餐饮设施查询是指通过研学旅行产品信息化平台查询研学旅行基地及周边的旅馆、度假村、露营地等多种设施的规模、数量、档次、功能、分布情况和评分情况。用户可以具体查询到接待能力、床位数等住宿设施信息,以及档次特色菜品、卫生状况等餐饮设施信息。

(3) 交通信息查询。

交通信息查询包括但不限于交通线路、车次、旅游景区内站点查询等。在细分方面的信息查询包括:公路、铁路、水路、航空的交通状况;市区巴士、出租车的站点位置、票价和运营时间;景点中高空缆车、高架索道、观光游船等设施的开放情况和客流量;车站、码头、港口的数量和质量;交通工具与景区的距离和行程时间等。

(4) 购物与娱乐设施查询。

购物与娱乐设施查询包括但不限于研学旅行基地所在区域的各种零售商店、购物中心等购物设施信息的查询。在娱乐设施方面包括高尔夫球场、影剧院、音乐厅、娱乐中心、艺术中心、理发店、美容厅等的查询。

本章小结

1. 数据库是研学旅行资源数据库的重要子系统,是其核心组成部分之一。

2. 研学旅行资源数据库的数据由空间数据和属性数据组成。其中,空间数据库主要用来存储与空间关系或者空间位置有关联的空间数据;属性数据库主要用来存储地理元素中的非空间属性数据。

3. 空间数据的入库主要基于纸质地图的数字化、野外测量成果的数字化转绘、航空摄影测量和遥感信息的解译等方式。

4. 属性数据的入库主要基于已有统计资料收集、社会调查、现场调查和遥感信息解译等方式。属性数据通常指的是地物的实体特征信息。因此,研学旅行资源数据库中保存的属性数据主要是针对研学旅游资源调查区域中的地物实体特征的描述,如景区的等级和客流量,一般以文字、表格、统计图等形式存在。

5. 研学旅行资源信息具有空间地域性、时变性、结构上的镶嵌性和成层性等特征。因此,基于GIS技术对研学旅行资源数据库进行设计,可自然清晰地表现研学旅行资源信息之间的关系。

6. 研学旅行资源信息化平台的智能化建设融合了大数据(Big Data)、网络地理信息系统(Web GIS)、数据仓库(Data Warehouse,DW)、定位导航等技术。

7. 研学旅行资源信息化平台针对应用对象的不同,将提出定制化的运行方案。以大数据技术为依托,实现面向研学师生的产品信息化平台、课程体系、评价体系、安全保障体系的构建与升级。同时面向研学旅行服务机构和教育管理部门也提出系统化的管理路径,开发并完善门票网上预订、实时客流量告警、查询系统开发等功能。

延伸阅读 23

思考练习

1. 简述构建研学旅行资源数据库的意义和研学旅行资源数据库潜在的应用价值。

2. 查阅有关资料,结合本章内容分别阐述基于GIS技术的研学旅行资源数据库空间数据和属性数据的入库流程。

3. 查找多个研学旅行资源信息化平台网站,简述其特点和未来改进的方案。

参考文献
References

[1] 保继刚. 论旅游地理学的研究核心[J]. 人文地理,1992(2):11-18.
[2] 谢彦君. 永续旅游:新观念、新课题、新挑战[J]. 旅游学刊,1994(1):21-26,62.
[3] 李天元. 旅游学概论[M]. 天津:南开大学出版社,2002.
[4] 翟力. 游学精髓当在知行合一[J]. 小学教学研究,2018(19):1.
[5] 潘惠梅,刘咏梅. 我国研学旅行研究热点与趋势分析——基于中国知网数据的共词可视化分析[J]. 中学地理教学参考,2018(19):16-19.
[6] 周彬,陈园园,虞虎,等. 世界文化遗产地研学旅行者动机:类型与差异——以西递宏村为例[J]. 干旱区资源与环境,2021,35(12):195-201.
[7] 程珊珊,刘婷,白帆,等. 中学生研学旅游基地选择的影响因素研究——基于TPB模型的研究[J]. 河北旅游职业学院学报,2017,22(4):93-99.
[8] 楚义芳. 旅游地开发评价研究[J]. 地理学报,1991,46(4):396-404.
[9] 陈东军,谢红彬. 我国研学旅游发展与研究进展[J]. 世界地理研究,2020,29(3):598-607.
[10] 文风."旅游"与"旅行"——《旅游史》教学中的概念新辨[J]. 历史教学(高校版),2009(3):82-84.
[11] 殷世东,张旭亚. 新时代中小学研学旅行:内涵与审思[J]. 教育研究与实验,2020(3):54-58.
[12] 殷世东. 新时代中小学研学旅行的内涵、类型与实施模式[J]. 现代中小学教育,2020,36(4):1-5.
[13] 杨晓. 研学旅行的内涵、类型与实施策略[J]. 课程·教材·教法,2018,38(4):131-135.
[14] 肖菊梅,李如密. 中国古代游学的发展嬗变、教育价值及现实启示[J]. 河北师范大学学报(教育科学版),2017,19(6):34-39.
[15] 张建东. 宋代游学活动初探[J]. 中州学刊,2012(6):162-164.
[16] 刘玉叶. 中国传统游学活动与现代教育[J]. 郑州大学学报(哲学社会科学版),2009,42(6):51-54.
[17] 刘太祥. 汉代游学之风[J]. 中国史研究,1998(4):43-54.

[18] 郎筠.皮亚杰认知发展理论简析[J].科技信息,2011(15):159-160.
[19] 邱涛.地方性地理研学旅行基地建设研究[J].中学地理教学参考,2017(7):4-6.
[20] 陈颖,谭颖聪.中国研学旅游企业发展现状探究[J].现代商贸工业,2019,40(30):19.
[21] 安朝高,普拉提·莫合塔尔,肖臻泉.我国研学旅游资源空间分布及影响因素研究[J].西北师范大学学报(自然科学版),2022,58(1):99-105,112.
[22] 陈东军,谢红彬.我国研学旅游发展与研究进展[J].世界地理研究,2020,29(3):598-607.
[23] Abubakar A M, Shneikat B T, Oday A. Motivational factors for educational tourism: A case study in Northern Cyprus[J]. Tourism Management Perspectives, 2014(11):58-62.
[24] 白长虹,王红玉.旅游式学习:理论回顾与研究议程[J].南开管理评论,2018,21(2):192-198.
[25] 田瑾,明庆忠.山地研学旅游产品开发研究[J].旅游论坛,2020,13(3):58-69.
[26] 方叶林,黄震方,李经龙,等.中国特色小镇的空间分布及其产业特征[J].自然资源学报,2019,34(6):1273-1284.
[27] 鄢慧丽,王强,熊浩,等.休闲乡村空间分布特征及影响因素分析——以中国最美休闲乡村示范点为例[J].干旱区资源与环境,2019,33(3):45-50.
[28] 吴儒练,李洪义,田逢军.中国国家级研学旅行基地空间分布及其影响因素[J].地理科学,2021,41(7):1139-1148.
[29] 阮浩波,王乃昂,牛震敏,等.毛乌素沙地汉代古城遗址空间格局及驱动力分析[J].地理学报,2016,71(5):873.
[30] 王铁,邰鹏飞.山东省国家级乡村旅游地空间分异特征及影响因素[J].经济地理,2016,36(11):161.
[31] 王松茂,何昭丽,郭英之."丝绸之路经济带"西北五省乡村旅游模范村空间分异及影响因素[J].经济地理,2019,39(4):199.
[32] 曹竞文,李淑杰,齐鲁,等.基于泰森多边形的汪清县农村居民点空间分布特征及其影响因素[J].世界地质,2019,38(1):268.
[33] 魏珍,张凤太,张译,等.贵州少数民族特色村寨时空分布特征与影响因素分析[J].贵州民族研究,2021,42(1):113.
[34] 陶军德,关国锋,汤永玲.哈尔滨市阿城区农村居民点景观格局与空间分布特征分析[J].国土与自然资源研究,2011(5):27.
[35] 刘志林,丁银平,角媛梅,等.中国西南少数民族聚居区聚落分布的空间格局特征与主控因子分析——以哈尼梯田区为例[J].地理科学进展,2021,40(2):257.
[36] 李全林,马晓冬,沈一.苏北地区乡村聚落的空间格局[J].地理研究,2012,31(1):144.
[37] 杨占东,王力斌.基于GIS城镇扩展的空间格局分析[J].地理空间信息,2011,9(3):12.

[38] 于洁.中国研学旅游基地网络关注度时空特征及影响因素研究[D].武汉：华中师范大学，2018.

[39] 林志慧,马耀峰,刘宪锋.旅游景区网络关注度时空分布特征分析[J].资源科学，2012(12):2427-2432.

[40] 静恩明,郭风华,李仁杰.基于新浪旅游博客的河北省A级景区网络关注度研究[J].地理与地理信息学，2015,1(3):118-122.

[41] 胡薇,卢海霞,李帅.基于Python数据的研学旅行游客情感时空变化分析[J].白城师范学院学报,2021,35(5):84-92.

[42] 丛丽,何继红.野生动物旅游景区游客情感特征研究——以长隆野生动物世界为例[J].旅游学刊,2020,35(2):53-64.

[43] 朱竑,高权.西方地理学"情感转向"与情感地理学研究述评[J].地理研究,2015,34(7):1394-1406.

[44] 李君轶,张妍妍.大数据引领游客情感体验研究[J].旅游学刊,2017,32(9):8-9.

教学支持说明

普通高等学校"十四五"规划旅游管理类精品教材系华中科技大学出版社"十四五"规划重点教材。

为了改善教学效果,提高教材的使用效率,满足高校授课教师的教学需求,本套教材备有与纸质教材配套的教学课件(PPT电子教案)和拓展资源(案例库、习题库等)。

为保证本教学课件及相关教学资料仅为教材使用者所得,我们将向使用本套教材的高校授课教师免费赠送教学课件或者相关教学资料,烦请授课教师通过电话、邮件或加入旅游专家俱乐部QQ群等方式与我们联系,获取"教学课件资源申请表"文档并认真准确填写后发给我们,我们的联系方式如下:

地址:湖北省武汉市东湖新技术开发区华工科技园华工园六路

邮编:430223

电话:027-81321911

传真:027-81321917

E-mail:lyzjjlb@163.com

旅游专家俱乐部QQ群号:487307447

旅游专家俱乐部QQ群二维码:研学旅行专家俱乐部

扫一扫二维码,加入群聊。

电子资源申请表

填表时间：_____年____月____日

1. 以下内容请教师按实际情况写，★为必填项。
2. 根据个人情况如实填写，相关内容可以酌情调整提交。

★姓名		★性别	□男 □女	出生年月		★职务	
						★职称	□教授 □副教授 □讲师 □助教

★学校		★院/系	
★教研室		★专业	
★办公电话		家庭电话		★移动电话	
★E-mail（请填写清晰）		★QQ号/微信号	
★联系地址		★邮编	

★现在主授课程情况	学生人数	教材所属出版社	教材满意度
课程一			□满意 □一般 □不满意
课程二			□满意 □一般 □不满意
课程三			□满意 □一般 □不满意
其 他			□满意 □一般 □不满意

教 材 出 版 信 息		
方向一		□准备写 □写作中 □已成稿 □已出版待修订 □有讲义
方向二		□准备写 □写作中 □已成稿 □已出版待修订 □有讲义
方向三		□准备写 □写作中 □已成稿 □已出版待修订 □有讲义

　　请教师认真填写表格下列内容，提供索取课件配套教材的相关信息，我社根据每位教师填表信息的完整性、授课情况与索取课件的相关性，以及教材使用的情况赠送教材的配套课件及相关教学资源。

ISBN（书号）	书名	作者	索取课件简要说明	学生人数（如选作教材）
			□教学　□参考	
			□教学　□参考	

★您对与课件配套的纸质教材的意见和建议，希望提供哪些配套教学资源：